本書荷蒙
行政院新聞局「重要學術專門著作
評審委員會」評定惠予出版補助
謹申謝忱

文史哲學集成

歐陽炯著

呂本中研究

文史哲出版社印行

國家圖書館出版品預行編目資料

呂本中研究 / 歐陽炯著. -- 初版. -- 臺北市：
文史哲, 民 81
頁： 公分. (文史哲學集成；259)
參考書目：面
ISBN 957-547-133-4 (平裝)

1. (宋) 呂本中 － 學識 － 中國詩 2. (宋)
呂本中 － 傳記

851.4521 81002956

文史哲學集成 259

呂本中研究

著 者：歐陽炯
出版者：文史哲出版社
http://www.lapen.com.tw
登記證字號：行政院新聞局版臺業字五三三七號
發行人：彭正雄
發行所：文史哲出版社
印刷者：文史哲出版社
臺北市羅斯福路一段七十二巷四號
郵政劃撥帳號：一六一八〇一七五
電話886-2-23511028・傳真886-2-23965656
實價新臺幣四五〇元

中華民國八十一年（1992）六月初版
中華民國九十四年(2005)十二月 BOD 初版再刷

ISBN 957-547-133-4

自序

世之知有「江西詩派」者夥矣，然未必皆知此派之得名，蓋源於呂本中之「江西宗派圖」也；知源於「江西宗派圖」者，又未必深諳作圖者之生平及其詩作之造詣與詩學之主張也。至於盡悉「江西宗派圖」之始末者，恐尤鮮矣。然而呂本中爲兩宋大詩家之一，方回稱其詩僅次於山谷、後山、與簡齋；其詩學理論首揭悟入說與活法說，開啓後世學詩者之無上法門；其所作「江西宗派圖」，爲宋詩分門別派之始，影響於後世者甚鉅。凡此種種，俱足不朽。然世之治文學史及批評史者，於本中其人其事、其言其詩，多未嘗措意。致徒有一善者，垂名於今；而兼具衆美者，久矣無聞。踵武昔賢、推廣前功者，獨享盛譽於萬代；而篳路藍縷、以啓山林者，反湮沒千載而不傳。名之顯晦，其有命乎！余甚慨焉，乃有此書之作。

本書計分七章：第一章析述呂本中所處之時代環境，藉爲此後各章立論之基礎。第二章考述呂本中之先世，於其父、祖以上五世之事蹟，咸不厭求詳，俾明其淵源之所自。第三章敍述呂本中之生平，對其師承、行實、著述、門生等，皆一一細考之。第四章敍論呂本中之詩，剖析其詩之形式、內容、與風格。第五章縷述呂本中之詩學主張，發其精蘊；而悉據其言，不爲穿鑿。第六章析述其所作之「江西宗派圖」，對此圖之名稱、內容、及作圖時間等，愼加考證。第七章總結呂本中之成就與影響，並評估其在文學史上之應有地位。凡所論辨，悉具本原，未敢爲臆度之辭也。

此文發願於八年前，本擬就呂本中與「江西宗派」，作全面深入之研究，初以俗務紛繁，未遑握管；嗣因範疇過廣，非二、三十萬言所能盡，致蹉跎數載，屢更題綱，三易其稿，今始殺青。儻得發潛德之幽光，祛士林之積惑，固所願也，其敢望乎！

稿成後，蒙 鄭師因百以耄耋高齡，不辭煩勞，賜予 審閱是正，銘感五中。又撰寫期間，承摯友河南郝起龍兄撥冗相助，時惠資料，盛情永念。

文章之事，得失難言；歲月逝矣，若樂自知。茲編所陳，不能無病。識闇才短，誠有負於師門；匡謬補遺，是所望於君子。

己巳年仲夏彭澤歐陽炯謹序於東吳大學

呂本中研究 目錄

第一章　呂本中之時代

趙宋承唐末迄五季百年大亂之後，革故鼎新，在文化、政治、經濟、軍事各方面，皆有空前之更革，頗多異乎隋唐或導夫明清者，故爲國史上最堪究心之一代。今之史家，致意於宋史者日夥，宋史浸浸然爲「顯學」矣，考述之篇，月必數見，殆不待余更爲贅論；然欲知呂本中，不可不悉其時代環境，茲僅就其與本中關涉較深者，摭舉四事，述其犖要焉。四事者，一曰政治上之黨禍慘苛；二曰社會上之佛教盛行；三曰學術上之理學興起；四曰文學上之詩學創新。

第一節　黨禍慘苛

宋太祖簒取周祚於孤兒寡婦之手，用兵二十年，始平定江南，統一全國。惟實行「強幹弱枝」政策，致州郡空虛，邊防薄弱；又「重文輕武」，致將帥無權，士卒疲怠；故於遼夏入侵時，難以拒敵，不得不卑辭厚禮，納幣求和。而人民苦於稅負與徭役，生計維艱，怨聲載道。迨仁宗時，益見官冗兵弱，政弛民貧，外無以禦邊侮，內難以拯民困，國勢阽危，識者憂之。而太宗幽州負創，眞宗澶淵之盟，尤爲繼統之君切齒難忘者，於是有范仲淹之「慶曆變法」，以圖富強；惜其事不成，乃有神宗與王安石之變法，而黨爭遂起。

王安石於英宗朝屢辭除授，行誼高潔，歐陽脩、呂公著兄弟及韓維等，皆稱揚之。神宗居東宮時，已熟聞其名。治平四年（一〇六七）正月，神宗即帝位；閏三月，詔王安石知江寧府，且謂輔臣曰：「安石眞翰林學士也！」吳奎對曰：「安石文行實高出於人。」神宗曰：「當事如何？」奎曰：「恐迂闊。」神宗弗信，卒於九月間拜翰林學士。迨宰相韓琦求去位，神宗問：「卿去，誰可屬國者？王安石何如？」韓琦對曰：「安石爲翰林學士則有餘，處輔弼之地則不可。」帝不答。熙寧元年（一〇六八）四月，安石始至京師，詔入對，安石曰：「陛下每事當以堯舜爲法。……堯舜所爲，至簡而不煩，至要而不迂，至易而不難。但末世學士大夫，不能通知聖人之道，故常以堯舜爲高而不可及耳。」神宗曰：「卿可悉意輔朕，庶幾同濟此道。」後安石見神宗論天下事，神宗曰：「此非卿不能爲朕推行，朕須以政事煩卿。……不知卿所施設，以何爲先？」安石曰：「變風俗，立法度，方今所急也。」神宗以爲然，於是欲用安石爲參知政事。參政唐介論安石「議論迂闊」，侍讀孫固謂安石「狷狹少容」，神宗皆不納。熙寧二年（一〇六九）二月，遂命安石爲參知政事。安石奏立制置三司條例司，行均輸法及青苗法，未踰半年，朝野囂然不安。御史中丞呂誨論其「固無遠略，惟務改作，立異於人。徒文言而飾非，將罔上而欺下。誤天下蒼生，必此人也。」安石求去，神宗詔曰：「天下之事，當變更者非止二三，……卿其反思職分之所當然，無恤非禮之横議，視事宜如故。」可見變法更制，實出神宗之意，安石不過承旨行之耳。安石既留，旋拜同平章事。而農田水利、方田均稅、保甲、免役、市易、保馬等新法相繼並興。羣臣論其非便，不爲翼助，安石不得不起用新進；於是御史中丞呂誨先罷，臺諫如范純仁、程顥、張戩、劉述、劉琦，大臣如富弼、韓琦、文彥博、呂公著、呂公弼、司馬光、蘇軾、蘇轍、范鎭等，皆先後譴黜，朝中老成幾盡。安石門下儇慧巧佞之徒，如呂惠卿、曾布、章惇、呂嘉問、鄧綰、李定等，皆見大用。安石執政凡六年，神宗專信不衰，安石屢以事不遂意求去，神宗皆固留之。然攻新法者仍不絕，神宗亦略知新法所行之事，民間頗以爲苦，會安石稱病力請去，乃於熙寧九年（一〇七六）十月罷安石相。然新法未嘗罷，其未便處，神宗益知之。元豐五年（一〇八二）將改定官制，神宗謂輔臣曰：「官制將行，欲取新舊人兩用之。」又嘗曰：「御史大夫非司馬光不可。」元豐七年，神宗感疾，又謂輔臣曰：「來春建儲，其以司馬光及呂公著爲師保。」蓋已深悔已行之事矣。（註一）

元豐八年（一〇八五）三月，神宗崩，哲宗嗣位，時年十歲，太皇太后宣仁（註二）垂簾。元祐元年（一〇八六）四月，王安石卒，司馬光在洛，先是呂公著已拜尚書左丞，溫公手書貽公著曰：

> 介甫文章節義，過人處甚多，但性不曉事，而喜遂非，致忠直疏遠，讒佞輻輳，敗壞百度，以至於此。今方矯其失，革其弊，不幸介甫謝世，反覆之徒，必詆毀百端。光意以謂朝廷特宜優加厚禮，以振起浮薄之風。苟有所得，輒以上聞。不識晦叔以為如何？更不煩答以筆札，扆前力言，則仗晦叔也。（溫國文正司馬公文集卷六十三：與呂晦叔簡）

司馬光謀國之忠誠，識慮之深遠，及淵然大度，千百年後，猶令人景仰不已。

宣仁太后聽政，起老臣以自輔，授已致仕之文彥博爲太師、平章軍國重事，以司馬光、呂公著並相，劉摯、王巖叟、傅堯俞、呂大防、范純仁、孫覺、梁燾、蘇軾、蘇轍、韓忠彥、呂公孺、劉安石等淳茂方正之士皆復用，時臣民上書請改新法者以萬數，宣仁太后喻宰執「以復祖宗之法度爲先」，司馬光遂欲盡改熙寧、元豐法度，范純仁以爲「去其泰甚者可也」，呂公著主張「更張之際，當須有術，不在倉卒。」於是罷去市易，減損青苗，免納復錢，寬保甲按閱；四方之民，鼓舞頌嘆。

新法既廢，自熙寧元年（一〇六八）以來被罪官吏，皆視其案情予以赦免或寬減。而安石黨羽章惇黜汝州，蔡確流新州，韓縝、蔡京、蔡卞、張璪、呂惠卿、李淸臣、呂嘉問等先後貶斥。元祐四年（一〇八九），梁燾、劉摯密具王安石親黨呂惠卿、章惇等三十人及蔡確親黨曾布、蔡京等四十七人之姓名，進於宣仁太后，牓之朝堂。（註三）論者以爲此擧嫉惡太甚，殆爲他日「元祐姦黨碑」報復之禍根也。（註四）先此一年，尚書右僕射劉摯以吏額事與左僕射呂大防意稍不合，本無嫌隙，然趨利者交鬥其間，於是造爲朋黨之論。元祐五年冬，遂有言者謂御史中丞蘇轍與呂大防相善，「合爲朋黨，動搖聖志。」次年，呂大防欲得戶部員郞楊畏爲助，擢爲殿中侍御史，殊不思楊畏乃呂惠卿門人，及受張璪知遇；又諫官虞策亦張璪所薦拔者；此二人本憤疾舊黨，常懷報復之志。楊畏既受命御史，旋極力攻劉摯及蘇轍，言摯「牢籠士人，朋黨不公」，且列擧劉摯黨人姓名如王巖叟、劉安世、梁燾等凡三十人。（註五）元祐六年十一月，劉摯罷相，出知鄆州。此爲君子自相傾軋，適予小人可乘之機，啓元祐諸賢無窮之後患，而大防不悟也。

元祐八年（一〇九三）九月，宣仁太皇太后崩，哲宗親政。宰相呂大防更超遷楊畏爲禮部侍郎。呂大防當宣仁后垂簾時位宰相踰六年，哲宗年既長，大防第專意輔導，未嘗建議親政。哲宗憾之，心不能平；及宣仁祔廟，言者乞逐大防，哲宗亟從之。楊畏尋上疏萬言，具言神宗時更法立制，可垂萬世，乞恢復施行，以成繼述之道，哲宗嘉納之。次年二月起，王黨李清臣、章惇、蔡京、蔡卞、翟思、張商英、林希、郭知章等一一召還；李清臣、章惇等倡「紹述」之論，哲宗用其說。三月，殿試進士，李清臣作策題，厲詆近年政事，復以熙寧、元豐、元祐政事相參，問孰便者？時初考官多取答策主元祐者，楊畏覆考，專取主熙寧、元豐者。舉人方天若乃蔡京門客，其程文中言「元祐大臣當一切誅殺，其子弟當禁錮之，資產當籍沒之。」卽取爲進士第二名。第五名對策言「先朝法度當損益」，哲宗宣諭降其名次。諸科進士及第出身總六百餘人，遂皆爲掊擊舊黨、擁護新法之人矣。四月，改此年爲紹聖元年，蓋「以紹述爲國是」也。（註六）不數日，章惇爲相，王氏新法次第復行。爲報復被貶在外八年之仇，於是文彥博、范祖禹、蘇軾、范純仁、秦觀、呂希哲兄弟等數十人皆褫職奪官，盡竄嶺海之外。呂大防、劉摯、呂希純、范祖禹、二蘇、秦觀、黃庭堅、程頤、趙彥若、梁燾、劉安世等且再謫三謫。章惇、蔡卞等議司馬光及呂公著皆當發冢斲棺，哲宗未許，第各追所贈官並謚告，及所賜神道碑額，拆去官修碑樓，磨毀奉勅所撰碑文。

紹聖二年（一〇九五），設編類臣僚章疏局，繕錄元豐八年（一〇八五）五月至元祐九年（卽紹聖元年，一〇九四）四月司馬光等臣僚章疏，逐名編類，凡一百四十三秩，具册分送三省，以爲追治之依據，由是元祐之臣無得脫禍者矣。紹聖四年二月，再追貶呂公著、司馬光、王巖叟、孫覺等十餘人。四月，又追貶呂公著及司馬光。章惇欲遣使嶺外，謀盡殺流放之元祐黨人，哲宗不許。諸人已有卒於道中或貶所者，死因頗不明；十二月，梁燾、劉摯又卒於嶺表，士大夫疑兩人爲章惇所害。（註七）元符二年（一〇九九）置看詳元祐訴理局。蓋元祐時設訴理所，於熙寧、元豐間得罪新法者，咸爲除雪，章惇今設局檢核，重爲翻案，凡熙寧、元豐加罪者，依斷施行，士大夫或千里會逮。凡於熙寧、元豐言語不順者，輒施以釘足、剝皮、斬頸、拔舌之刑，其慘刻令人髮指。自哲宗紹聖元年至元符二年，此六年間，元祐諸君子弗論生死，皆被慘禍，而災殃猶未已也。

元符三年（一一〇〇）元月，哲宗崩，徽宗即位，欽聖太后（註八）臨朝聽政。用韓忠彥、曾布爲相，罷蔡卞、章惇，竄斥其黨與蔡京、邢恕、呂嘉問、楊畏、林希、安惇等，追復文彥博、司馬光、呂公著、劉摯等三十餘人官，召還王覿、豐稷等元祐名臣。然時僅六月，太后崩，徽宗親政。曾布本安石羽翼，意欲專政，故力排韓忠彥，漸進紹述之說；徽宗意動，於是蔡京、張商英、邢恕、安惇、呂嘉問等上年斥逐之人，不旋踵又復用矣。元祐諸賢生機乍現，乃倏然滅沒，而二度黨禍以起。

崇寧元年（一一〇二）五月，有臣僚上疏言神宗所爲法度，皆本先王，而元祐黨臣朋姦罔上，紊亂殆盡，紹聖間以罪廢逐，今則又享榮名顯職，分居要路，請使有司查核「姦黨」文案，條析其罪，分別譴黜，以成繼志述事之孝云云，徽宗從之。遂罷韓忠彥相，詔司馬光、呂公著等四十四人皆奪官，蘇轍、呂希哲、呂希純、黃庭堅、程頤等五十餘人並令三省籍記，不得予在京官職。尋超拜尚書左丞蔡京爲右相，京於元祐之人尤挾怨報復，詔禁元祐法，復紹聖役法，且禁司馬光、呂公著、蘇軾等二十一人之子弟仕京。未幾，更詔所有元祐及元符末黨人之子及兄弟，不論有官無官，並令在外居住，不得入京。九月，令中書省編類元符末臣僚章疏，「考其言邪正」；其「陳父子兄弟友恭之義者」，則爲「正言」；又分上、中、下三等，計四十一人，悉加旌擢。其「附會姦慝，誣毀先帝政事者」，皆屬「邪說」；又分邪上尤甚、邪上、邪中、邪下四等，總五百四十二人，或羈管遠方，或責降僻遠，或削職奪官。（註九）同月，蔡京具列「元祐奸黨」姓名，計曾任宰臣者司馬光等八人，曾任執政者梁燾、蘇轍等十六人，曾任待制以上官者蘇軾、范祖禹、劉安世等三十五人，餘官程頤、陳瓘、蘇門四學士等四十八人，及內臣八人，武臣四人，凡一百一十九人，請徽宗御書，刊石於端禮門，並頒天下州軍，於監司長吏廳立石刊記，及置黨人名籍於州縣學，以示後世。（註一〇）此卽爲史家著稱之「元祐黨人碑」。而呂本中之曾祖公著、祖希哲、及叔祖希純、希績皆與焉。崇寧二年三月，詔以元祐學術聚徒教授者，監司覺察，罰無赦。四月，詔毀東坡集印版。旋再詔三蘇、蘇門四學士、及馬涓之文集、范祖禹唐鑑、范鎭東齋記事、劉攽道話等印版悉行焚毀。除前直秘閣程頤名，並追毀出身以來文字。又詔宗室不得與元祐黨人子孫及五服之親通婚，其已定未行禮者並解除之。又詔科舉應試者於家狀內書明其父兄是否黨籍之人。崇寧三年六月，詔以王安石爲「孟子以來，一人而已。」以之配享孔子，位次孟軻。賜王妻京師宅第百間。又詔元符三年上書之「姦黨」與元祐、元符黨人源流相承，應通爲一籍，因之人數大增，凡與蔡京立異者，皆列名其中，計文臣、武臣、內臣等合爲三百九人（註一一），徽宗書而刊諸石，置於文德殿門之東壁。蔡京自書爲豐碑，頒之天下。是爲第二次之「元祐黨人碑」。又詔名在黨籍者，悉焚毀其文字；現居貶謫者，遇大赦不許移放。蔡京等必欲置元祐諸賢於萬刼不復之境，合崇寧元年迄崇寧四年末，所下懲治「元祐姦黨」之詔書乃逾數十通，其用力可云極矣。崇寧五年（一一〇六）正月星變，徽宗始遣黃門夜至朝堂，碎元祐黨人碑，並詔各州郡黨人碑皆除毀。然蔡京等仍秉國柄，政和二年（一一一二）八月，焚元祐諸臣除拜之制詞。政和三年正月，追封王安石爲舒王，子雱爲臨川伯，從祀孔子廟廷。宣和五年（一一二三），福建路印行蘇軾、司馬光文集，詔令毀版，今後舉人傳習元祐學術者，以違制論。次年冬，又申嚴之，詔令蘇軾、黃庭堅片文隻字並令焚毀勿存，違者以大不恭論。至蔡絛撰西淸詩話，專宗蘇、黃，亦爲言者所論，詔落職毀版。

元祐黨禍與哲宗、徽宗相終始，綿亘三十餘年，以致社會擾攘，人心邪慝，學術受害，殆已傷及國本，不僅摧陷元祐諸賢之身家而已。迄欽宗靖康元年（一一二六），始除元祐黨籍、學術之禁，解元符末上書邪等之禁；竄殛蔡京父子，改王安石配享孔子爲從祀，並追所贈王爵；贈司馬光太師，追復呂公著等官。（註一二）「元祐黨人」沉寃一紀，至此方得昭雪。然諸人悉已作古，家道衰落，其子孫因受黨禍波及，益以失於敎養，故在政治上多隱晦無聞（註一三），除禁、追復之詔，殆止於精神意義而已。梁任公曰：「要之宋之朋黨，無所謂君子小人，純是士大夫各爭意氣以相傾軋。」（註一四）其然乎？豈其然乎？元祐黨禍，歷時之久，手段之毒，爲害之深，影響之廣，有甚於前代黨禍，倘果爲「

君子之爭」(註一五)，尤堪爲永世浩歎矣。

【附　註】

註　一　太皇太后高氏嘗謂神宗「追悔往事，至於泣下。」見宋史紀事本末卷十洛蜀黨議。

註　二　英宗后高氏爲神宗母，哲宗祖母。諡宣仁。

註　三　見續資治通鑑卷八十一記元祐四年五月丙戌事，及王明清玉照新志卷一。

註　四　見王明清玉照新志卷一，及楊希閔王荆公年譜博證(引蔡上翔王荆公年譜考略)。

註　五　是爲後世所稱之朔黨。當時又有以程頤爲首之洛黨，以蘇軾爲首之蜀黨，皆君子以類相從者。

註　六　見宋史卷四七一章惇傳。

註　七　事見宋史紀事本末。又全祖望書宋史元城傳後曰：「朱子曰：『忠臣殺身，不足以存國。讒人構禍，無罪就死。劉莘老死不明，今其行狀似云死後以木匣取其首，或云服藥，皆不可考。國史此事，是先君修正云。劉摯、梁燾相繼死嶺表，天下至今哀之。』又云：『當時多是遣人恐嚇之，監司州郡承風旨，皆然，諸公多因此自盡。』予初猶疑其語，今觀元城傳，乃知朱子之言，不盡出傳聞之過也。嗚呼！元祐黨人，竟何罪至此？」見宋元學案卷二十元城學案。

註　八　神宗后向氏，爲哲宗、欽宗之母。諡欽聖。

註　九　元符二年(一〇九九)中書舍人曾肇入對，請「明詔百官庶民，極言時政，無有所隱，然後擇其善者而從之，且報之以賞；其言不足採，若狂誣牴悟者，置之不以爲罪。」徽宗從之，卽令曾肇草詔，頒布天下，詳皇宋通鑑長編紀事本末卷一二三。不逾二年，上書者乃竟得禍。

註一〇　其後詔謝良佐、呂仲甫等九人並出籍，餘黨人一百一十人。見九朝編年備要卷二十六。又元祐黨人實只七十八人，餘人皆因與蔡京立異，而爲京附益入籍者。見梁谿漫志卷三。

註一一　蔡京輩於不附己者，欲終身廢之，必籍爲「元祐姦黨」；於是邪正混殽，其本非賢良者蓋不趾云。參見增入名儒講義皇宋中興聖政卷十三，高宗紹興三年；及梁谿漫志卷三。

註一二　高宗建炎二年，以司馬光配享哲宗，追復蘇軾官。建炎四年，褒錄元祐忠賢，贈蘇門四學士官，官常安民江公望各子孫二人，追封呂公著爲魯國公，贈呂公著及呂大防，呂純仁太師。紹興元年，追贈龔夬、蘇軾官，錄用程頤後。紹興五年，追貶章惇、蔡京、蔡卞。見建炎以來繫年要錄。

註一三　紹興二年十二月甲辰，高宗謂大臣曰：「近引對元祐臣僚子弟，多不逮前人，亦一時遷謫，道路失教。」見增入名儒講義皇宋中興聖政卷十二。

註一四　見梁啓超撰王荆公第三章。

註一五　今人林天蔚曰：「宋代之黨爭，均是君子與君子意氣之爭。」見宋史試析第一章第一節。

第二節　佛教盛行

佛教東漸，或云始於東漢明帝永平（西元五八—七五）求法，正史若後漢書、魏書、隋書皆採此說（註一）；益以韓愈論佛骨表之文出，後世尤深信之。然近代研究宗教史之學者，多以爲傳法之始，當上溯至西漢之季。（註二）

佛法輸入雖始於西漢，佛教之流行中土，則已遲至魏晉之時。東漢末期，宦官爲禍，詔令不行，遂有黃巾之亂，董卓之變，三國之爭；賡續有晉代八王相殘，五胡入侵；以致政治崩潰，社會離亂，先王禮法不存，儒學無用於世；士大夫爲苟全性命，逃避現實，於是隱名遁跡，捨儒學老，六朝玄學之風因以形成。寖以老莊浮誕，不若佛理之精，於是又捨老學佛。士人視佛教爲精神上之避難所，由尊孔而崇佛，是以魏、晉時，佛教漸廣；至南北朝，則因果報應之說，適中人心；士民處水深火熱之中，冀求神佑；於是宮廷、貴族、與庶民，莫不歸心於佛（註三），而寺廟處處，僧尼盈天下矣。（註四）且於時方以門第爲尚，朝廷用人，不重才識，所謂「上品無寒門，下品無士族。」名器爵祿既不足以收攬人材，士之懷才不遇者，乃往往遁入空門，蔚爲高僧，名動朝野，益有助於佛教之傳布。故佛教大盛。惟北魏太武帝及北周武帝之相繼破佛（註五），當時幾陷北朝佛教於殄夷之境；然嗣君踐極，皆立予弛禁，往時所毀者旋還舊觀。隋文帝楊堅統一天下，改弦易轍，用佛教爲統治國家之工具；先下詔修復北周所毀廢之寺院，既而敕令五岳名山及諸州縣皆建僧寺，並聽許人民自由出家，延高僧宣講佛法，鑄造佛像，傳譯佛典，繕寫佛經。煬帝繼志述事，建寺、刻像、寫經、度僧尼，且在洛陽設翻經館，開後世譯經院之先聲。唐高祖、太宗、高宗等雖深信道教，然民間普遍信佛，應乎民情，故亦維護佛教；武后更崇仰佛教，遣使取經，迎譯者譒經，盛況空前。而外有經像遠來，內有名德輩出，佛教益如旭日麗天。「宗而事之者，下乃公卿輔相。」（註六）故文士學者如張說、顏眞卿、李翺、李華、權德輿、李白、王維、白居易、柳宗元、劉禹錫、裴休等，皆識佛理；韓愈亦始而排佛，終而與禪師結緣。（註七）雖然，隋、唐兩代，一般士大夫之研尋佛學、篤信佛教者，爲數終未夥也。

迨唐武宗會昌五年（八四五）下詔毀佛（註八），嚴厲施行，雖爲時纔十月，佛教已飽受摧折矣。宣宗即位，首以恢復佛教爲事，惜唐室旋衰，故佛教亦不振。繼以五代，世亂年荒，中原殘破，唐武之厄已歷百年，佛教之元氣尚未盡復，而後周世宗顯德二年（九五五）之毀佛詔又颷然而降（註九），唐宣宗、懿宗以後中興之佛教，由是復趨零落。直至北宋，始逐漸復興，且將追中唐之盛焉。

宋太祖統一宇內，其政策、法制頗有承周世宗之緒者，然於對待佛教一端，與周世宗大異其趣。太祖以周世宗毀像、鑄錢、遷拆佛寺非社稷之福，故建國之年（九六〇），即詔諸路寺院，經顯德二年所廢而未毀者聽存，其已毀寺所遺留佛像，亦命移置保存；並於御誕節度僧八千人。乾德四年（九六六），資遣釋行勤等一百五十七人往印度求法。其後印度僧及譯人來者亦多。開寶四年（九七一）使內官張從信於益州（今成都）雕大藏經，費時十二年，計成十三萬版，分五千餘卷，爲我國大藏經刻板之始。朝廷首倡，寺院效之，遂有福州、湖州、平江等地之私刻藏經流行於民間。對佛教之傳播，裨益甚大。宋太宗以爲「浮屠氏之教，有裨政治」（註一〇），故亦持復興與維護之旨；甫登大位，即詔度天下童行達十七萬人。太平興國四年（九七九），於御誕節收納兩街僧錄所推薦之僧（註一一），並賜以紫衣及師號，定爲年例。次年，詔重修五臺十寺，峨嵋五寺。太平興國七年，於東京（洛陽）太平興國寺之西偏建「譯經院」（註一二），大量譒譯佛經。並依唐制，令大臣帶譯經潤文使銜。（註一三）次年，復於譯經院之側建「印經院」，專司印經。譯經之事，自唐元和六年（八一一）後，中輟將兩世紀，太宗賡起爲之，其後持續百餘年，迄政和初（一一一一），譯出佛典近三百部。若非因缺乏新經梵本，譯事時斷時續，譯經之數，殆將倍蓰於此。眞宗繼世，雖信道教，然敬佛重法，不亞先朝。禮部侍郎陳恕奏請廢止譯經院，帝不許，譯事較前尤盛。又在京城及各路設戒壇七十二所，放寬度僧名額。天禧三年(一〇一九)，度僧二十三萬餘，尼一萬五千餘。寺院亦相應增進，近四萬所。仁宗、英宗、神宗、哲宗，亦均保護佛教，或度僧，或寫經，或遣僧求法。元豐八年（一〇八五）初，神宗感風眩，臥疾日久，太子（即哲宗）嘗手寫佛經三卷，爲之祈福。(註一四)徽宗初崇佛教，後用道士之言，與道教，自稱教主道君皇帝，宣和元年（一一一九）詔改佛號爲大覺金仙，菩薩爲仙人、大士；僧爲德士，尼爲女德；令德士離寺，使道士入居之。然翌年即降詔自洗，謂前改釋氏名號，乃緣於姦人之言，深爲未允，今一仍舊稱。尋又下詔，大復天下僧尼。是徽宗排佛之擧，爲時不過年餘耳。宋室南遷之後，諸帝對佛教雖未着意提倡，然佛教在江南地區本基礎深厚，故仍盛況不衰。

宋代君主於詔令譯經、印經之餘，且有題爲御製之佛學著述頒行。如太宗晚年有御製秘藏詮二十卷，緣識五卷，逍遙詠十卷，妙覺集五卷，命兩街箋注，並入藏頒行。眞宗繼統之年，即製崇釋論；天禧四年(一〇二〇)，又製釋典法音集箋注三十卷入藏。仁宗亦嘗御製三寶讚，賜予宰輔及譯經院；又製景祐新修法寶序，並予入藏。即此一端，其提倡佛教之意，蓋已明示於朝野，故佛教之勃興，乃不得不然。至於宋代僧人自爲之論著，太祖乾德五年(九六七)即有惠硏重修華嚴經合論一百二十卷、文勝撰大藏經隨函索隱六百六十卷等，此後踵起闡述佛學之撰作，無慮千數百卷。其最著者，則爲禪、臺二宗，爲宣示其「宗門」之爲正宗與正統，競相編纂自佛祖以來之佛教沿革史：禪宗有以道原景德傳燈錄爲首之五燈錄(註一五)，及契嵩之禪宗定祖圖、傳法正宗記，惠洪之禪林僧寶傳，慶老之補禪林僧寶傳，祖琇之僧寶正續傳、隆興佛教編年通論，本覺之歷代編年釋氏通鑑等。天臺宗則有宗鑑之釋門正統，志磐之佛祖統紀等。佛學之書，乃如春花競發，蔚爲壯觀。

帝王好佛，公卿大夫亦紛紛信佛；而文人學士除石介、穆修、歐陽脩等數人外，亦幾無不禮佛者。太宗朝宰相沈倫，因篤信釋氏因果之說，嘗盛夏坐室中，恣蚊蚋咋其膚以徼福；鄉人假粟至千斛，倫悉焚其劵，冀有善報。(註一六)眞宗朝宰相王旦信佛，與楊億爲空門之友，每音問不及他事，唯談論佛經。(註一七)楊億且於大中祥符六年（一〇一三）與趙安仁等合修大中祥符法寶錄二十二卷。仁宗朝宰相杜衍、富弼、文彥博，神宗朝參知政事張方平，徽宗朝宰相張商英等，皆以寫誦佛經、供奉僧徒著名。(註一八)皇祐二年（一〇五〇）文彥博與釋淨嚴集僧俗十萬人念佛，爲當時閧動宇內之盛事。司馬光嘗謂佛教陰府之說爲誕妄(註一九)，然仁宗嘉祐間與王安石、呂公著、韓維等同在從班，暇日多會於禪房，往往談讌終日。(註二〇)王旦、文彥博、司馬光、呂公著、呂大防、韓維、蘇轍、李清臣、張商英等故世後，均奏准設置墳寺，請僧住持，充本家功德院。(註二一)王安石且於元豐八年（一〇八五）捐江寧府上元縣之園宅爲法寧寺，迎僧克文爲開祖；並以私田施予蔣山太平興國寺，以爲其父母及子雱營辦功德、追薦冥福之用。(註二二)而彼等與僧伽往還之事蹟，五燈會元中斑斑可考。歐陽脩雖著本論排斥佛老(註二三)，然其後與佛教大德多人頗有往還，且賦詩文以贈之。本集中存齋文、疏語二十餘首，多用浮屠之說。(註二四)而其妻其子，則皆爲釋氏信徒。(註二五)蘇軾、黃庭堅等大儒，及甚多理學家，如劉安世、楊時、陳瓘、晁說之等，亦皆崇奉佛法（註二六），流風所播，文士翕然從之（註二七）。至有藉談禪說理爲阿附權貴以自售者（註二八）；更有進士策論，以佛書證六經，至全用天竺語以相高者；（註二九）當時風氣，既可想見。北宋既屋，中原士大夫渡江南來，無棲身之所，詔許寄寓佛寺（註三〇）；一住經年，耳濡目染，其不信佛者幾希！眞德秀爲「正學大宗」，然亦沈溺於佛學，垂老津津不倦。全祖望謂「兩宋諸儒，門庭徑路，半出入於佛老。」（註三一）誠然。而上有好者，下必有甚焉，庶民不僅嗜佛，且因信仰虔誠或受實利誘引（註三二），爭爲僧尼。眞宗天禧五年（一〇二一），全國有僧達三十九萬七千餘人，尼六萬一千餘人（註三三）；徽宗大觀四年（一一〇七），天下僧尼增舊十倍（註三四），其數已不可詳知矣。宋代佛教之盛，有如是者！朱熹嘗慨然曰：「釋氏之教，其盛如此，其勢如何拗得他轉。吾人家守得一世、再世不崇尚他者，已自難得，三世之後，亦必被他轉了。」（註三五）蓋已自知排佛之徒勞矣。

於此須表出者：佛教自印度釋迦牟尼創立後，因時代思潮或空間特性之影響，或徒衆對教法之理解與實踐有所歧異，後世遂有各種不同之宗派。諸宗派雖共奉釋迦始祖及主要教法，然各有其獨特之宗義（經論）與宗規（修持方法）。中國佛教之宗派，經六朝經論講習之風，漸次形成，終於隋唐紛紛崛起，各立門庭。（註三六）然會昌法難之後，甚多宗派由盛轉衰，惟禪宗獨盛。（註三七）迄乎宋代，禪宗仍披靡一世，爲佛教之元雄。禪宗在五代又衍生五派：潙仰、臨濟、曹洞、雲門、法眼；惟潙仰數傳後即不明；至宋初，曹洞、法眼亦不振，「雲門、臨濟兩宗，遂獨盛天下。」（註三八）入南宋後，雲

門漸衰，終至傳承無考，曹洞起而代之；其後曹洞又衰，於是四海之內，崇奉佛教者，唯知臨濟矣。（註三九）

【附註】

註一　見後漢書卷一一八西域傳，魏書卷一一四釋老志，隋書卷三十五經籍四佛經跋語。又後漢紀亦有之。

註二　如梁啓超云：「後漢書楚王英傳云……。中國人信仰佛教見於載籍者，自當以英爲首。然以帝子之尊（原註：英爲光武子）而服其教，則在社會中先已植有相當之根柢可知。故教義輸入，不得不溯源於西漢之季也。」見佛教之初輸入。收入中國佛教研究史，佛教出版社印，臺北，民國六十七年。又湯用彤云：「漢明求法，……非向壁虛造。至若佛教之流傳，自不始於東漢初葉。」「譯經並非始於四十二章，傳法之始，當上推至西漢末葉。」見漢魏兩晉南北朝佛教史第一分第二章、求法傳法之考證（七），及第四章、伊存授經、結語。又陳登原云：「佛教來華，當在武、明之間；魚豢所謂漢哀帝時佛教來華，當爲雖不中亦不遠矣之說也。」見國史舊聞卷十八、佛教來華考。

註三　南朝宋武帝、文帝、明帝皆崇信佛教，宋文帝嘗邀沙門慧林參與政事，有「黑衣宰相」之稱。齊高帝、武帝、竟陵王亦護持佛教。梁武帝、簡文帝、元帝、昭明太子皆禮佛持戒；梁武帝捨身同泰寺，至再至三。陳武帝、文帝、後主，虔心奉佛，皆捨身佛寺。北朝諸帝，除北魏太武帝及北周武帝外，餘俱崇奉佛教。

註四　南史卷七十郭祖深傳云：「都下佛寺五百餘所，窮極宏麗，僧尼十餘萬，資產豐沃。所在郡縣，不可勝言。」杜牧詩：「南朝四百八十寺，多少樓臺煙雨中。」此只指東吳一帶之地。至於全土，則「形像塔寺，所在千數。」見宋書卷九十七天竺迦毗黎國傳。在北朝，則「正光以後，所在編民相與入道，略而計之，僧尼大衆二百萬矣，其寺三萬有餘。」見魏書釋老志。

註五　北魏太武帝於太平眞君五年（四四四）詔勅「自王公已下至於庶人，有私養沙門者，皆遣詣官曹，不得容匿。限今年二月十五日，過期不出，沙門身死，主人門誅。」七年一月，西討長安叛徒，偶入佛寺，從者見沙門藏有兵器，出以奏帝，帝命有司按誅之，發現沙門有釀酒具及與貴室女淫亂者，忿沙門非法，乃下詔「自今以後有敢事佛及造佛像者，門誅。有諸佛圖像及佛經，皆擊破焚除。佛教沙門，無少長悉坑之。」後更發詔，勅諸州毁佛像、殺僧尼。北地佛教，一時遂絕。參見魏書卷四下世祖太武帝紀，卷一一四釋老志。

周武帝於建德三年（五七四）五月勅斷佛、道二教，熔尊像、法器以鑄錢；罷沙門道士，並令還民，三寶福財散給臣下，寺觀塔廟盡賜王公。六年正月滅北齊，亦毁其地經像。北方佛法，遂一舉盡滅。見周書卷五武帝紀。

註六　見韓昌黎文集卷二重答張籍書。

註七　詳高觀如撰唐代儒家與佛學，收入佛教與中國文化，張曼濤編，臺北市，大乘文化出版社印，民國六十七年。又昌黎集中贈僧人之詩文十數見，赫然可按。

註八　唐武宗於會昌五年（八四五）五月下詔毁佛，共毁寺院四萬四千六百餘所，還俗僧尼二十六萬餘，奴婢十五萬爲兩稅戶，收膏腴上田數千萬頃；以金銀像付度支，以鐵像鑄農器，以銅像鐘磬鑄錢。見唐會要卷四十七、四十九。此卽佛教史上之「會昌法難」，與後魏太武帝、北周武帝之排佛，合稱「三武之厄」。

註　九　五代後周世宗於顯德二年（九五五）詔令不許私度僧尼，親無侍養者不許出家，無敕寺舍並須停廢，毀無額寺院三萬三百餘所，以銅像鑄周通錢。見舊五代史卷一一五世宗本紀。釋家以此與三武之厄合謂「三武一宗法難。」

註一〇　見續資治通鑑長編卷二十四太平興國八年十月事。

註一一　宋代於鴻臚寺之下，設左、右街僧錄司，掌寺院僧尼帳籍及僧官補授之事。見宋史卷一六五職官五。兩街均置正、副僧錄、講經首座等職，委高僧充任。如撰宋高僧傳之儒僧贊寧，卽于太宗太平興國六年（九八一）任東京右街副僧錄，淳化元年（九九〇）任左街講經首座，眞宗咸平元年（九九八）任右街僧錄，次年任左街僧錄。見釋慈怡編佛教史年表，高雄縣佛光出版社印，民國七十六年；牧田諦亮撰贊寧與其時代，收入張曼濤編佛教人物史話，臺北市大乘文化出版社印，民國六十六年。

註一二　見續資治通鑑長編卷二十三。次年，詔改譯經院名傳法院，兼以培養翻譯人才。案傳法院爲政府機構之一，隸屬於鴻臚寺，見宋史卷一六五職官志五。

註一三　參閱方豪撰宋代佛徒西行求經與譯經的成就，收入包遵彭先生紀念論文集，國立歷史博物館出版，民國六十一年。又宋代譯經潤文使之設置，東方雜誌七卷四期，民國六十二年十月。

註一四　見皇宋通鑑長編紀事本末卷九十，元豐八年三月甲午條。

註一五　眞宗景德年間釋道原作禪宗傳燈錄進奉，敕令改名景德傳燈錄，並令入藏頒行。其後又有臨濟宗李遵勗撰之天聖廣燈錄，雲門宗惟白撰之建中靖國續燈錄，臨濟宗悟明撰之聯燈會要，雲門宗正受撰之嘉泰普燈錄。五燈各三十卷，而內容頗有重複之處，臨濟宗普濟乃刪繁就簡，減原書二分之一，合爲五燈會元二十卷，以便觀覽。自會元出，五燈遂少流通，一若南北史行，而宋齊梁陳八史乃多殘闕也。詳近人陳垣著中國佛教史籍概論卷四。收入中國佛教之歷史研究，臺北市，九思出版社，民國六十年。

註一六　見續資治通鑑長編卷二一十三。

註一七　見宋吳處厚青箱雜記卷一。

註一八　杜衍：苕溪漁隱叢話前集卷二十七引林間錄，記朱承事以醫藥見杜衍公，勸其誦首楞嚴，衍公閱畢大驚服。

富弼：宋鄭景望蒙齋筆談卷下云：「富鄭公……熙寧初再罷相，守亳州，公已無意於世矣。圓照大本者住蘇州瑞光，方以其道震東南；潁州僧正顒，世號顒華嚴者，從之，得法以歸；鄭公聞而致之於亳，館於書室，親執弟子禮。」

張方平：行狀有云：「閱佛典楞伽，淨名而得其理，每曰：儒之誠明，道之正一，釋之定慧，其致一也。」（見樂全集附錄）又方平嘗於熙寧四年撰禪源通錄序，開端卽曰：「楞伽阿跋多羅寶經，乃先佛所說第一眞實妙義，故謂之佛語心品。」（見樂全集卷三十三）可見其以佛門弟子自居。冷齋夜話卷七有「張文定公前生爲僧」條，謂方平嘗手寫楞伽經，暮年出示東坡，坡爲重寫，題方平之名於其右，刻石於滁玉山龍游寺云。

張商英：嘗撰護佛論，凡一萬二千三百餘言，「弘宗扶教之意，至矣盡矣。」見大藏經第五十二卷。元吳澄謂商英此文「厲聲色與人爭辨」。見吳文正集卷六十二跋張丞相護佛論。

註一九　見北溪字義卷下佛老條。

註二〇　見却埽編卷中。

註二一　王旦墳寺，見續資治通鑑長編卷九十七天禧五年二月甲子條。文彥博等墳寺，見皇宋通鑑長編紀事本末卷一二一崇寧四年七月甲寅條。

註二二　本集中有乞以所居園屋爲僧寺並乞賜額劄子，乞將田割入蔣山常住劄子，及詔以所居園屋爲僧寺及賜寺額謝表，依所乞私田充蔣山太平興國寺常住謝表，分見卷四十三，卷六十。四部叢刊初編本。

註二三　見歐陽脩全集，卷三。

註二四　見歐陽脩全集卷三、卷四。

註二五　見蘇文擢撰歐陽修排佛的面面觀，收入邃加室講論集，臺北市文史哲出版社，民國七十四年。

註二六　蘇軾：熙寧元年（一〇六八）在汴京建造大閣，安置四菩薩像；元豐四年（一〇八一）在黃州供養安國寺羅漢；元祐八年（一〇九三）設水陸道場，繪水陸法像，並作贊十六篇；紹聖元年（一〇九四）作阿彌陀像並題贊，安置於金陵清汴寺。見佛教史年表，釋慈怡編，高雄縣佛光出版社印，民國七十六年。又紹聖元年與吳秀才書：「定居之後，杜門燒香，深念五十九年之非矣。」見東坡全集附宋王宗稷編東坡先生年譜。

黃庭堅：元豐七年（一〇八四）途經泗州僧伽塔，作發願文，佛教史年表記其事。文見本集卷二十一。

又本集中有觀音贊、羅漢贊、禪師眞贊、佛菴頌、佛像頌、禪師頌、禪師語錄序、寺院記、禪師塔銘、佛殿功德疏等文百餘篇，可知山谷於釋氏鑽研甚深，信仰甚篤。而以撰荆南承天院記言涉謗訕，於崇寧二年（一一〇三）詔編管宜州（見宋陳均撰九朝編年備要卷二十六），則可謂因信佛而賈禍者矣。

註二七 劉安世：信佛甚篤，嘗謂儒、釋、道、神，其心皆一。並以其師司馬光之詆佛爲非。見宋元學案卷二十元城學案引黃東發語。參閱第三章第二節。

楊時、陳瓘：皆浸淫佛學，見第三章第二節。

晁說之：晚年頗信佛氏之說，曰誦法華，自稱「國安堂老法華」，又稱「天臺教僧」。見宋元學案卷二十二景迂學案本傳。

程子云：「世人之學，博聞強識者豈少，其終無有不入禪學者。」見張子全書卷十四、二程書拾遺。

註二八 宋徐度曰：「呂申公素喜釋氏之學，及爲相，務簡靜，罕與士大夫接，惟能談禪者多得從容。於是好進之徒，往往幅巾道袍，日遊觀寺，隨僧齋粥，談說禪理，覬以自售，時人謂之『禪鑽』云。」見却埽編卷上。

註二九 見三朝名臣言行錄卷八之一。

註三〇 欽宗靖康元年（一一二六）冬十月己巳，詔河北河東京畿清野，令流民得占寺觀以居。見宋史紀事本末。

又韓元吉云：「自中原隔絕，士大夫違其鄉居，類多寄迹浮圖之宇。」見南澗甲乙稿卷十五兩賢堂記。

又光宗紹熙五年（一一九四）四月十三日禮部言：僧道經朝省陳祠乞將寄居寺觀官員士人起離，內有無力蓋屋居住之人，深可憐憫。詔與展五年。見宋會要輯稿第二百册道釋二。

註三一　見鮚埼亭集外編卷三十一題眞西山集。

註三二　僧人得免徭役，免賦稅，甚至犯法者可免刑罰，唐宋時皆然。參見林天蔚著宋史試析第二章，臺灣商務印書館，民國六十七年。

註三三　見宋會要輯稿第二百册，及宋朝事實卷七。

註三四　見九朝編年備要卷二十七大觀四年夏五月條。

註三五　見朱子語類卷一二六。

註三六　中國佛教之宗派有幾，因認定之標準有異，故史家說法不一。案南宋僧宗鑒於嘉熙五年（一二三七）撰釋門正統，述及天台（法華）宗、禪（達摩、佛心）宗、賢首（華嚴）宗、慈恩（法相、唯識）宗、律（南山）宗、密（眞言、灌頂）宗、及淨土宗（蓮宗）。又僧志磐於咸淳五年（一二六九）著佛祖統紀，祖述宗鑒，分述天臺、淨土二教及達摩、賢首、慈恩、灌頂、及南山五宗。又日僧凝然於文永五年（一二六八）撰三國佛法傳通緣起，云中國佛教依弘傳次第，擧十三宗：毘曇、成實、律、三論、涅槃、地論、淨土、禪、攝論、天臺、華嚴、法相、眞言。其說傳入中國，世多從之。今人湯用彤采宗鑒、志磐之說，以爲佛教有天臺、禪、華嚴、法相、眞言、律、三論、三階教等八宗派。孫藩聲謂「今就顯、密二教，大、小二乘分之，仍有十宗。」見湯用彤論中國佛教無十宗，孫藩聲佛教十宗概要，皆收入中國佛教的性質與宗派，臺北市大乘文化出版社，民國六十七年。

註三七　見顏尙文撰隋唐佛教宗派硏究結論，臺北市新文豐出版公司，民國六十九年。

註三八　宋僧惠洪曰：「自嘉祐至政和之初，雲門、臨濟兩宗之裔，卓然冠映諸方者，特爲之傳。」見石門文字

註三九　禪卷二十三僧寶傳序。又宋孫覺云：「近世言禪尤甚，而雲門、臨濟獨傳。上自朝廷學士大夫，其下閭巷擾擾之人，莫不以禪相勝，篤好而力探之，亦皆得其髣髴。」見玄沙師備禪師廣錄序，續藏經第一二六冊。又宋徽宗序建中靖國續燈錄云：「自達摩西來，實爲初祖，其傳二三四五而至於曹溪。……自南嶽、清源而下，分爲五宗，各擅家風，應機酬對，雖建立不同，而會歸則一，莫不劍鋒相拄，鞭影齊施，接物利生，啓悟多矣。源流演迤，枝葉扶疎，而雲門、臨濟二宗，遂獨盛於天下。」見續藏經第一三六冊。據此可知北宋雲門、臨濟二宗之盛。參閱陳垣清初禪諍記卷一第一節，及中國佛教史籍概論卷六，皆收入中國佛教之歷史科研。

元大德四年陳晟序雲外岫語錄云：「禪有五派，今行于四方者，曰臨濟，曰曹洞，然學禪者多宗臨濟，而曹洞爲孤宗。」是知南宋末惟臨濟獨盛。

第三節　理學興起

宋儒之學，後世習稱「理學」或「道學」。（註一）「道學」一詞，初見於王充論衡：

或曰：文吏筆札之能，而治定簿書，考理煩事，雖無道學，筋力材能，盡於朝廷，此亦報上之效驗也。（卷十二量知篇）

謂儒學爲「道學」，此爲始倡。（註二）六朝之後，佛、老亦以「道學」或「理學」名其學。（註三）而以「道學」名宋儒之學，則未悉起於何人何時。考張載嘗云：

朝廷以道學、政術為二事，此正自古之可憂者。（張子全書卷十三：答范巽之書）

此「道學」似仍指儒學。又程頤曰：

> 嗚乎！自余兄弟倡明道學，世方驚疑。能使學者視效而信從，子與劉質夫為有力矣。（伊川文集卷十二：祭李端伯文）

既云「倡明」，可知其所云「道學」，仍屬孔、孟之道，大學、中庸之道。然又曰：

> 不幸七、八年之間，同志共學之人，相繼而逝；今君復往，使余踽踽於世，憂道學之寡助，則予之哭君，豈特交朋之情而已！（伊川文集卷十二：祭朱公掞文）

此云「踽踽於世，憂道學之寡助」，則以「道學」自名其學，而不以當世儒者爲同道矣。「道學」由通名而爲專名，不知是否始於此。然此後程子門人及朱熹之撰述中，「道學」一詞乃迭見。至以理學名宋儒之學，似始於南宋黃震東發，黃氏日鈔有讀本朝諸儒理學書八卷。（註四）宋儒或言性卽理，或言心卽理，故「理」字頗切宋儒學術之要，而不若「道」字之浮泛。因之理學之名，遂廣行於世。

理學何以興起於宋代？夷考其故，約有三端：一曰起因於經學之煩瑣。蓋漢唐鴻儒，皓首窮經，及其末流，竟傾力於文字之訓詁，名物之考據，章句之分析；甚者自衒博學，解說一字，累數萬言不能休，而於經傳之義蘊，鮮有道及，至有白首不能通一經者。（註五）迄乎兩宋，考據之學既不足以饜人心，況踵武其事，亦難邁越前代，於是學者乃返末歸本，轉向於義理之探求，理學因之勃興。二曰起因於文學之虛華。魏晉之後，文學漸盛，六朝之文，三唐之詩，五代之詞，雕琢華美，各領風騷。宋人詩文，已異乎三唐五代，然才智之士，猶薄詩詞之虛華，不屑爲之（註六），轉而趨向於篤實之學術，理學因之以起。三曰起因於佛教之泛濫。宋代佛教盛行，而以禪宗爲主流，前節已略言之。周、程、張、朱，皆出入於禪（註七），深知世之學者所以溺於禪氏，乃因平日讀書雖多，皆不過爲獵取利祿聲名之資，而求道未有所得，此心無安放處；一旦聞禪宗之說，覺其思想境界較高，且「有箇悟門」，「省得氣力」，遂不知「理會自家的原頭」，被其「誘引」而去。（註八）然而心性之說，先儒不亦已言之乎？何假外求？痛孔孟之學，汩沒不彰；佛教之勢，無以遏阻，理學因之以起。

經學以先哲之經傳爲對象，考證經傳中之名物制度；理學以人之身心爲對象，研究修養身心之義理。中庸曰：「君子尊德性而道問學」，經學重在道問學，理學重在尊德性，此宋儒理學所以異乎漢唐之經學也。理學雖起於宋，然在中唐已見消息，韓愈著原道，取大學中「明明德」、「正心」、「誠意」之說，表而出之；且倡「道統」之說；兼斥佛老之非。又有原性一文，言性有三品，情亦有三品（註九）。其徒李翺撰復性書三篇（註一〇），上篇釋性及性命之道，中篇論復性，亦卽修養成聖之法；下篇言人須志於道、力於道。韓、李之論，於宋儒理學實具開啓之功。至於理學先河，當推胡瑗（字翼之，世居安定，學者稱安定先生）、孫復（字明復，退居泰山，學者稱泰山先生）、與石介（字守道，居徂徠山下，魯人稱徂徠先生），故宋元學案述理學諸儒，列諸卷端。黃百家述其父黃震（東發）云：

> 宋興八十年，安定胡先生、泰山孫先生、徂徠石先生，始以師道明正學；繼而濂洛興矣。故本朝理學雖至伊洛而精，實自三先生始。（宋元學案卷二、泰山學案）

全祖望敍錄亦云：

宋世學術之盛，安定、泰山為之先河，程、朱二先生皆以為然。（宋元學案卷一、安定學案）

（註一一）

胡瑗爲宋以來中國第一教育家，嘗爲蘇州教授及湖州教授，有門人一千七百餘人，其在湖學，立經義、治事二齋：凡心性疏通、有器局、可任大事者，入經義齋，講明六經。其入治事齋者，則一人各治一事，又兼攝一事，如治民、講武、堰水、算曆等。（註一二）宋儒言經世之學，安定蓋第一人。孫復著春秋尊王發微一書，又撰儒辱篇以排佛老，謂佛老之徒橫乎中國，乃儒者之大辱。（註一三）石介爲孫復弟子，撰怪說及中國論，斥佛老及浮靡之文；又作辨惑篇，謂天地間必無仙、佛。（註一四）皆宋儒排佛老、黜華采之始。故曰三人開理學之先河也。與三先生同時，名儒尙多。然理學之能卓然自立，成爲有系統之學術者，實由稍後之周、邵、張、程，於此則不能不推周敦頤爲理學初祖矣。

周敦頤，字茂叔，宋道州營道（今湖南道縣人）。晚年家於江西廬山，宅前有溪，取營道之濂溪以名之，故學者稱濂溪先生。眞宗天禧元年（一〇一七）生，神宗熙寧六年（一〇七三）卒。謚元公。濂溪著太極圖說一篇，及通書四十章。（註一五）太極圖說依據易經立論，推本天道以言人事，前半屬宇宙論，後半屬人生論。開卷即云：

無極而太極。太極動而生陽；動極而靜，靜而生陰。靜極復動，一動一靜，互為其根。

此爲宋儒最先論及宇宙問題者。通書則會通易經與中庸，論修己治人，希聖成賢之道。黃宗羲曰：

濂溪為後世儒者鼻祖。通書一篇，將中庸道理又翻新譜，真是勺水不漏。（註一六）通書與太極圖說，相輔爲用，互爲表裏，「蓋先生之學，其妙具於太極一圖，通書之指，皆發此圖之蘊。」（註一七）二者合計不過二、三千言，然而「其宏綱大用，既非秦漢以來諸儒所及；而其條理之密，意味之深，又非今世學者所能驟窺也。」（註一八）若謂此一書一說，已爲理學奠定堅固不拔之始基，殆不爲過。故黃百家云：

> 孔孟而後，漢儒止有傳經之學，性道微言之絕久矣。元公崛起，二程嗣之，又復橫渠諸大儒輩出，聖學大昌。故安定、徂徠，卓乎有儒者之矩範，然僅可謂有開之必先。若論闡發心性義理之精微，端數元公之破暗也。（宋元學案卷十一、濂溪學案上）

邵雍，字堯夫。其先范陽（今河北涿縣）人，父古，徙共城（今河南輝縣）。少居蘇門山之百源，苦學不倦，故宋元學案以百源爲名。眞宗大中祥符四年（一〇一一）生，神宗熙寧十年（一〇七七）卒。謚曰康節。康節精圖書象數之學，知慮絕人，遇事能前知。著有皇極經世（觀物篇）（註一九）、先天卦圖、漁樵問答、伊川擊壤集等。觀物篇言宇宙論及人生論，有云：

> 聖人之所以能一萬物之情者，謂其聖人之能反觀也。所以謂之反觀者，不以我觀物也。不以我觀物者，以物觀物之謂也。既能以物觀物，又安有我于其間哉？（觀物篇六十二）
>
> 人有出人之才，必以剛克中。剛則足以立事業，處患難；若用於他，反為邪惡。（觀物外篇上）
>
> 任我則情，情則蔽，蔽則昏矣。因物則性，性則神，神則明矣。（觀物外篇下）

心一而不分，則能應萬變；此君子所以虛心而不動也。（同前）

君子之學，以潤身為本，其治人應物，皆餘事也。（同前）

二程與邵雍同里巷居三十餘年，知之甚深。程顥銘其墓曰：

嗚呼先生，志豪力雄。闊步長趨，凌高厲空。探幽索隱，曲暢旁通。在古或難，先生從容。

（二程文集卷四）

又宋元學案錄程顥之言云：

明道謂周純明曰：「昨從堯夫先生遊，聽其議論，振古之豪傑也，惜其無所用於世。」周曰：「所言何如？」曰：「內聖外王之學也。」（宋元學案卷十、百源學案下）

可謂推許深至。張崏述邵雍行略云：

先生治易、書、詩、春秋之學，窮意言象數之蘊，明皇帝王霸之道，著書十餘萬言，……本諸天道，質以人事，興廢治亂，靡所不載。其辭約，其義廣，其書著，其旨隱。嗚呼！美矣！至矣！天下之能事畢矣。（同前）

邵雍之學，誠博大精深，此其所以爲理學大儒也。

張載，字子厚。世居大梁（今河南開封）；父迪，知涪州（今四川涪陵），卒於官，妻子不克歸，以僑寓爲陝西鳳翔府郿縣之橫渠鎮人，故學者稱橫渠先生。宋眞宗天禧四年（一〇二〇）生，神宗熙寧十年（一〇七七）卒，謚曰明公。著有正蒙、理窟、易說、西銘、東銘等。正蒙爲宇宙論，開卷卽曰：

「太和，所謂道。中涵浮沉、升降、動靜相感之性，是生絪縕相盪、勝負屈伸之始。其來也，幾微易簡；其究也，廣大堅固。……散殊而可象為氣，清通而不可象為神。」（張子全書卷二：正蒙、太和篇第一）

此謂宇宙之本體爲氣，氣相感相盪，會合沖和，是爲「太和」，卽所謂「道」，而宇宙始創生焉。太和之氣，乃無形而又不可感知，因又稱「太虛」。故橫渠曰：「太虛無形，氣之本體。」（註二〇）又曰：「太虛不能無氣，氣不能不聚而爲萬物，萬物不能不散而爲太虛。」（註二一）可知宇宙之中，唯太和之氣耳。

橫渠之人生論，見於西銘。此文僅二百五十言，謂人類由宇宙生，故天下之人皆爲同胞，天下之物皆爲同類。天地既爲人類之父母，人類卽當以孝父母之心孝天地。而「民吾同胞」，故當以其所以處家人手足者處全人類。此種以萬物出一源，視天下爲一家之思想，乃儒家共許之義，而橫渠論之精要而周備，故二程以下，皆稱賞而推尊之。程顥曰：

西銘，某得此意，只是須得子厚如此筆力，他人無緣做得。孟子以後，未有人及此。得此文字，省多少言語！要之，仁孝之理備乎此。（張子全書卷一：西銘（朱子解義）、附錄西銘總論）

程頤亦云：

西銘之為書，推理以存義，擴前聖所未發，與孟子性善養氣之論同功。（二程文集卷十答楊時論西銘書）

此文流傳至今，幾於人所共知。橫渠之學，以易爲宗，以中庸爲體，以孔、孟爲法。每誡門生「學必爲聖人而後已。」以爲「知人而不知天，求爲賢人而不求爲聖人，此秦漢以來學者大蔽也。」(註二二)橫渠又有名言：

為天地立心，為生民立命，為往聖繼絕學，為萬世開太平。(張子全書卷十四、近思錄拾遺)

此數語不獨表出其精神、器識、與抱負，亦爲後世學者畫一當由之路，指引「成己成物」之大蘄向。今日讀之，猶可想見其一柱擎天，雄視今古之氣象。

二程兄弟，先世居中山（今河北定縣），後徙河南洛陽。兄顥，字伯淳，宋仁宗明道元年（一〇三二）生，神宗元豐八年（一〇八五）卒，諡曰純公。文彥博題其墓曰明道先生。弟頤，字正叔，仁宗明道二年生，徽宗大觀元年（一一〇七）卒，賜諡正公。嘗宅於河南嵩縣西北耙耬山麓，地臨伊川（又名伊水、伊河），世遂稱伊川先生。少時與兄並受業於周敦頤，又學於胡瑗。兄弟齊名，並稱「二程」；後世呼二人爲「大程子」、「小程子」以別之。

二程自十四、五時，即脫然欲學聖人，故卒得孔、孟不傳之學，以爲諸儒倡。(註二三)黃宗羲謂明道之學，以識仁爲主。(註二四)案明道有言曰：

學者須先識仁。仁者，渾然與物同體，義、禮、智、信，皆仁也，識得此理，以誠敬存之而已。不須防檢，不須窮索。若心懈則有防，心苟不懈，何防之有？理有未得，故須窮索。存久自明，安待窮索？(二程遺書卷二識仁篇。又宋元學案卷十三、明道學案上引)

仁者與天地萬物爲一體，渾然無物、我之分，是以天地中萬物，莫非己之四肢百骸。人與萬物感通無隔，不僅無區界，抑且無極限，人既不能不珍愛其自身之四肢百骸，自亦不致不珍愛萬物，故仁心之呈現，即無時、無地、無物而不在。明道又云：

> 醫書言手足痿痺爲不仁，此言最善名狀。仁者，以天地萬物爲一體，莫非己也。認得爲己，何所不至？若不有諸己，自不與己相干。如手足不仁，氣已不貫，皆不屬己。故「博施濟衆」乃聖人之功用。（近思錄卷一）（註二五）

手足痲痺，不知痛癢，醫家謂之「四體不仁」。以此推之，故不辨義理，不知恭敬，無惻隱哀矜之心，無是非善惡之感，是無仁心也。仁爲一切德性之總根源，是以明道曰：「義、禮、智、信，皆仁也。」仁既綜攝諸德，故超越一切德目之上，而爲人道之極至。

明道言人生修養與心理修養，其說甚精。如教人「定性」，順應外物，而不爲外物所累；不自私，不用智，怒發時，宜遽忘其怒，而觀理之是非。（註二六）又其弟子爲學「心口不相應」，即教以「靜坐」（註二七）；蓋爲學時，如雜念膠結，心紛慮亂，如何體察義理？靜坐乃所以收拾此心，祛除雜念，使之志定神凝，虛靈明覺，而後思繹義理，一索可得。所謂「心靜理明」，「智以靜而明」是也。故明道又曰：「靜後見萬物皆有春意。」「性靜者，可以爲學。」（註二八）然「靜坐」非兀然塊坐，非坐禪入定，而爲靜坐以思，靜坐有得。故明道又曰：

> 學者患心慮紛亂，不能寧靜，此則天下公病。學者只要立箇心，此上頭儘有商量。（二程遺書卷

十五）

可見靜坐實涵養本心之入門，亦爲學之要訣。伊川於其兄之學，有闡發，亦有補充。嘗曰：

涵養須用敬，進學則在致知。（二程遺書卷十八。又宋元學案卷十五、伊川學案上引）

劉蕺山謂此二語爲「程門口訣」，（註二九）今人呂思勉謂此「爲伊川之宗旨」。（註三〇）案上句爲明道所常言者。明道不云乎：「學要在敬也，誠也。」（註三一）又曰：「執事須是敬。」「敬勝百邪。」「易之乾卦言聖人之學，坤卦言賢人之學；惟言敬以直內，義以方外，敬義立而德不孤。至於聖人亦止如是，更無別塗。」（註三二）然因明道教人「靜坐」，伊川恐人兀然塊坐，冥然不省，空却一切，與事物無所關涉，故重申「敬」以救之。何謂「敬」？「敬」之功用何在？伊川釋之曰：

大凡人心不可二用，用於一事，則他事更不能入者，事為之主也。事為之主，尚無思慮紛擾之患，若主於敬，又焉有此患乎！所謂敬者，主一之謂敬。所謂一者，無適之謂一。且欲涵詠主一之義，一則無二三矣。至於不敢欺，不敢慢，尚不愧於屋漏，皆是敬之事也。（宋元學案卷十五、伊川學案上）

如何入於敬？伊川曰：

嚴威儼恪，非持敬之道，然敬須自此入。（同前）

動容貌，整思慮，則自然生敬。（同前）

敬乃是身心斂束，然不齊其外，無以養其內；由外表之端整，進於內心之莊肅，爲「敬」之修養程序。蓋「正其衣冠，尊其瞻視，其中自有箇敬處。」(註三三)待涵養既久，則不勉而中，不求敬而自敬矣，所謂「忘敬，而後無不敬也。」(註三四)敬者，主一無適也，此心專一，則不之東，不之西，無偏無倚；不放蕩，不奔逸，居於其位；果如此，自能閑邪存誠，天理明白矣。故伊川又云：

> 主一則不消閑邪。有以一為難見，不可下工夫。如何一者，無他，只是嚴肅整齊，則心便一；一則自無非僻之干。此意但涵養久之，天理自然明白。(宋元學案卷十五、伊川學案上。參見二程遺書卷十五)

至「進學在致知」，則爲伊川所揭。伊川有言曰：

> 學莫大於致知。(二程遺書卷十七)

> 問：學何以至有覺悟處？曰：莫先致知。能先致知，則思一日而愈明一日，久而後有覺也。學而無覺，則何益矣，又奚學為？(二程遺書卷十八)

伊川之意，蓋以「致知」爲治學之本，不能致知，則不能有所得。故其門生問進修之術，伊川答以「在致知」(註三五)；問有志於學而力量不至，則如之何？亦答以「只是致知。」(註三六)然則如何致知？伊川曰：

> 致知在格物。(宋元學案卷十五、伊川學案上)

> 格猶窮也，物猶理也，猶曰窮其理而已矣。窮其理然後足以致知，不窮則不能致也。(同前)

> 窮理亦多端：或讀書講明義理；或論古今人物，別其是非；或應事接物，而處其當；皆窮理

也。（二程遺書卷十八）

何以致知？在明理。或多識前言往行。識之多，則理明。（同前）

今人欲致知，須要格物。物不必謂事物，然後謂之物也；自一身之中，至萬物之理，但理會得多，胸次自然豁然有覺處。（宋元學案卷十五、伊川學案上，近思錄卷三）

觀物理以察己，旣能燭理，則無往而不識。（二程遺書卷十八）

物我一理，纔明彼，卽曉此，合內外之道也。（同前）

伊川謂致知在於格物，格物卽窮理。天下萬事萬物，莫不有理存焉，理無所不在，初不限讀書始可獲致也。學者當依其環境，隨其性分，量其智力，隨事觀理：思其性理，究其義理，求物我、內外合一之理，而非專意於物之理也。

上述周、邵、張、二程，學者稱爲「北宋五子」。其下當數朱熹。朱子於理學少所創闢，其功在集大成。後人稱其致廣大，盡精微，綜羅百代；因得與周、張、二程角立，合稱爲濂、洛、關、閩四大學派。然朱子晚於本中近半世紀，於此可略而不論。至先於本中或與本中同時，以理學名家者，凡百數十人，或言性理，或言象數，或言經世之學，或言歷史之學，勢不能一一具述也。其本中所嘗從遊者，若楊時、游酢、尹焞、劉安世、陳瓘、唐廣仁諸子，則俟於第三章分述焉。

【附註】

註一 或又稱「性理學」，或逕稱「宋學」，今人且從西方學者名之曰「新儒學」；然皆不若「理學」或「道學」爲人所習用。

註二 宋史（卷四二七）道學傳序曰：「道學之名，古無是也。」失考。

註三 劉宋宗炳撰明佛論（一名神不滅論）：「昔遠和尚澄業廬山，余往憩五旬，高潔貞厲，理學精妙，固遠流也。」（見梁釋僧佑編弘明集卷二）又梁釋慧皎高僧傳卷二佛馱跋陀羅傳：「有佛馱跋陀羅者，出生天竺那呵利城，族姓相承，世遵道學。」是以理學、道學名佛家之學矣。

隋書卷三十四經籍志三：「漢時，曹參始薦蓋公能言黃老，文帝宗之。自是相傳，道學衆矣。」蜀馮鑑續事始：「玄宗置道學生徒，隸崇玄館，習老莊文。」（見說郛卷十）清毛奇齡西河集卷一二二辨聖學非道學文：「道家者流，自鬻子、老子而下，……祇私相授受，以陰行其教，謂之道學。……是以道書有道學傳，專載道學人，分居道觀，名爲道士。士者，學人之稱，而琅書經曰：『士者何？理也。身心順理，惟道之從；是名道學，又謂之理學。』」是道家之學亦以道學、理學名之矣。

註四 見黃氏日鈔卷三十三至四十。

註五 參閱二程遺書卷十八「問：漢儒至有白首不能通一經者，何也」條。

註六 程伊川云：「今之學者有三弊：一溺於文章，二牽於訓詁，三惑於異端。苟無此三者，則將何歸？必趨於道矣。」又：「問：作文害道否？曰：害也。……書云：『玩物喪志』，作文亦玩物也。呂與叔有詩云：『學如元凱方成癖，文似相如始類俳。獨立孔門無一事，只輸（原註：一作惟傳）顏氏得心齋。』此詩甚好。古之學者，惟務養性情，其他則不學；今爲文者，專務章句，悅人耳目；既務悅人，非俳優而何？」又曰：「某素不作詩，亦非是禁止不作，但不欲爲此閒言語。且如今言能詩無如杜甫，如云：『穿花蛺蝶深深見，點水蜻蜓款款飛。』如此閒言語，道出做甚？某所以不嘗作詩。」（並見二程遺書卷十八。參見朱熹、呂祖謙編近思錄卷二）

註七　宋代理學家之排拒佛教者，初多浸潤禪典，儒佛雙修。朱熹且自言其科擧中第，在於以釋氏之說爲文，合考官之意。見朱子語類卷一〇四。

註八　「今之學釋氏者，往往皆高明之人，所謂知者過之也。」

「問世之學者多入於禪，何也？曰：今人不學則已，如學焉，未有不歸於禪也。却爲他求道未有所得，思索既窮，乍見寬廣處，其心便安於此。」（並見二程遺書卷十八）

「梁會通問，達摩入來，然後一切被他掃蕩，不立文字，直指人心，蓋當時儒者之學既廢絕不講，……人才聰明便被他誘引將去。」

「問：今世士大夫所以晚年都被禪家引去者，何故？曰：是他底高似你。你平生所讀許多書，許多記誦文章，所藉以爲取利祿聲名之計者，到這裏都靠不得了，所以被他降下。他底是高似你，且是省力，誰不悅而趨之？」「問：士大夫末年多溺於釋氏之說者，如何？曰：緣不曾理會得自家的原頭，但看得些小文字，不過要做些文章，務行些故事，爲取爵祿之具而已。却見得他底高，直是玄妙，又且省得氣力，……所以便溺於他之說，被他引入去。」

「今之學者，往往多歸異教者，何故？蓋爲自家這裏工夫有欠缺處，奈何這心不下，沒理會處；又見自家這裏說得來疎略，無箇好藥方治得他沒奈何底心。而禪者之說，則以爲有箇悟門，一朝得入，則前後際斷，說得恁地見成捷快，如何不隨他去？此却是他自要心性上理會了如此，不知道自家這裏有箇道理，不必外求，而此心自然各止其所。」（並見朱子語類卷一二六）

註　九　見昌黎文集卷十一。

註一〇　見李文公集卷二。

註一一　又黃百家云：「（胡瑗）先生之學，實與孫明復開伊洛之先。」並見安定學案。

註一二　見宋元學案卷一安定學案本傳。

註一三　參見宋元學案卷二泰山學案及孫明復小集。

註一四　參見宋元學案卷二泰山學案及徂徠集卷五、卷八、卷十。

註一五　見周元公集卷一。

註一六　宋元學案卷十一濂溪學案迻錄通書全文，其第一章後附黃宗羲案語如此。

註一七　朱熹語。見周元公集卷一附朱子太極圖通書總序。

註一八　黃百家語。見宋元學案卷十一濂溪學案上。

註一九　今人或以皇極經世與觀物篇爲二書，然四庫全書收皇極經世十四卷，其卷一至卷十二卽觀物篇一至六十二，卷十三爲觀物外篇上，卷十四爲觀物外篇下，則二者實一書而異名。

註二〇　語見張子全書卷二正蒙、太和篇第一。

註二一　同註二〇。
註二二　見宋史卷四二七本傳。
註二三　見宋史卷四二七程頤傳。
註二四　見宋元學案卷十三明道學案上、黃宗羲案語。
註二五　又見宋元學案卷十三明道學案上、語錄。
註二六　見宋元學案卷十三明道學案上引定性書。
註二七　見二程外書卷十二。
註二八　見近思錄卷二，及宋元學案卷十三明道學案上、語錄。
註二九　見宋元學案卷十五伊川學案上引。
註三〇　見呂思勉撰理學綱要篇七、明道伊川之學、頁八十八。
註三一　見二程遺書卷十四。
註三二　並見宋元學案卷十三、明道學案上。
註三三　伊川語。見宋元學案卷十五伊川學案上，及二程遺書卷十八。
註三四　同註三三。
註三五　二程遺書卷十八：「或問：進修之術何先？曰：莫先於正心誠意，誠意在致知。」
註三六　二程遺書卷十八：「問：人有志於學，然知識蔽固，力量不至，則如之何？曰：只是致知。若致知，則知識當自漸明，不曾見人有一件事終思不到也。知識明，則力量自進。」參見近思錄卷三。

第四節　詩學創新

天下之事，日久變生。文學何獨不然？此所以一代有一代之文學也。詩亦不能外乎此。詩盛於唐，百美並臻，宋詩踵躡其後，而不爲所囿，另樹新幟。考其造因，約有主客二端：一曰詩人內在之求變、求新心理；一曰時代沉潛、內省之文化精神。明胡應麟曰：

> 甚矣！詩之盛於唐也：其體則三、四、五言，六、七、雜言，樂府、歌行，近體、絕句，靡弗備矣。其格則高卑、遠近，濃淡、淺深，巨細、精粗，巧拙、強弱，靡弗具也。其調則飄逸、渾雄，沈深、博大，綺麗、幽閒，新奇、猥瑣，靡弗諧矣。其人則帝王、將相，朝士、布衣，童子、婦人，緇流、羽客，靡弗預矣。（詩藪外編三）

詩至唐代，無體不備，無格不具，蓋已登峰造極；宋人欲越出唐之藩籬，有以自立，不得不另闢蹊徑，別開新運。詩人之創作心態如此，此宋詩之所以不得不變也。唐承隋後，內則更定律令，富國強兵；外則開疆拓土，威服四夷；益以胡漢融合，中外交通；其時代之文化精神乃深具開創性、進取性，張皇發越，精光四射；反映於詩人者，則皆逞其才力，創調鑄辭，各極所至，其作品基調以感性爲特徵。而宋於五代分崩離析之後，統一天下，偃武修文，與民休息；其時代之文化精神則爲理性、沉潛、與內斂。此又宋詩之不得不異乎唐詩者也。

宋詩與唐詩相較，自具風貌，自有境界。其風貌、其境界係發乎自然，漸次形成，非一蹴而至。清全祖望云：

> 宋詩之始也，楊、劉諸公最著，所謂西崑體者也。說者多有貶辭。然一洗西崑之習者，歐公；而歐公未嘗不推服楊、劉，猶之草堂之推服王、駱。始知前輩之虛心也。慶曆以後，歐、梅、蘇、王數公出，而宋詩一變。坡公之雄放，荊公之工練，並起有聲。而涪翁以崛奇之調，力追草堂，所謂江西派者，和之最盛，而宋詩又一變。建炎以後，東夫之瘦硬，誠齋之生澀，放翁之輕圓，石湖之精緻，四壁並開。乃永嘉徐、趙諸公，以清虛便利之調行之，見賞於水心，則四靈派也，而宋詩又一變。嘉定以後，江湖小集盛行，多四靈之徒也。及宋亡，而方、謝之徒，相率為急迫危苦之音，而宋詩又一變。（宋詩紀事序）

全氏謂宋詩凡四變，大抵不誤。宋初詩人，尚未擺脫唐人牢籠，或祖樂天，或效晚唐。（註一）眞宗時，楊、劉、錢、李諸家，皆宗尚李義山，號西崑體。迨歐陽脩、梅堯臣、蘇舜欽出，盡翻窠臼，獨創生新。歐詩以氣格爲主，雄深敷愉，且多以文爲詩；梅詩古健奇秀，必求「意新語工」；蘇子美詩奔放險峭，筆力驚人。歐公爲詩運革新之主盟，梅、蘇爲其左右驂，力振五季之衰颯，一掃西崑之浮靡，而宋詩之風貌，鬚眉畢現矣。（註二）此全氏所云之「宋詩一變」也。其後王安石、蘇軾、黃庭堅繼興，皆不肯沿襲唐人以爲依傍。安石少以意氣自許，慨然有矯世變俗之志，其詩頗多生硬奇峭，及議論之語。東坡天生健筆，不主故常，不拘一格；驅書卷爲詩，以文爲詩，以議論入詩，天地萬物，皆入於詩，開古今未有之詩境。(註三)庭堅賦詩，蒐獵奇書，穿穴異聞，工精力到，人所難能；於安石、東坡之外，更闢庭戶。此全氏所謂之「宋詩又一變」也。(註四)而宋詩異乎唐音之新貌，於焉樹立矣。宋詩之形成，以時間論，蓋自仁宗初至徽宗初年，綿歷百年之久。以詩人論，則歐、梅以次諸大家，建功俱偉，不可獨歸江西。至於四靈派乃宗晚唐之姚、賈(註五)，淸苦纖薄；而遺民詩人濡血飲淚爲詩，以淒厲之調，寫悲憤之懷；雖全氏皆謂爲宋詩之「又一變」，然皆已非宋詩之本色矣。

宋詩之別開生面，不同於唐詩者，略有數事：

一、重立意：吾國之詩，以抒情爲傳統(註六)；故唐詩多富於情韻，沁人肺腑。在此境界之中，唐人業已發洩殆盡，率此以往，其道則窮。宋人不欲爲唐之附庸，寄居籬下，則必自造意境，故主張詩以立意爲重。宋劉攽曰：

> 詩以意為主，文詞次之。或意深義高，雖文字平易，自是奇作也。(中山詩話)

詩既以意爲主，故作詩必先立意。而意貴獨創，欲能擺脫前人，一空依傍，則又勢必苦心研摩而後能出。故又須「鍊意」。(註七)鍊意之標準如何？則姜白石云：

> 句意欲深，欲遠，……是為作者。(白石道人詩說)
>
> 詩有四種高妙：一曰理高妙，二曰意高妙，三曰想高妙，四曰自然高妙。(同前)

鍊意須求其深，求其遠，求其高妙，求其奇趣，求其出人意表，一如山谷之「嶠然特出新意」(註八)，東坡之「工於命意，必超然獨立於衆人之上。」(註九)方爲宋人「鍊意」之理想境界。(註一〇)宋人此種特重立意鍊意之主張，影響後世甚鉅，如元范德機云：「作詩必先命意。如構宮室，必法度形制，已備於胸中，始施斤鋏。」（註一一）明李東陽云：「詩貴意。意貴遠不貴近，貴淡不貴濃。」（註一二）清潘德輿云：「詩最爭意格。……格調清高矣，意不精深，可示人而不可傳遠。」（註一三）李重華云：「詩以運意爲先。意定而徵聲選色，相附成章。」（註一四）袁枚云：「意似主人，辭如奴婢。主弱奴强，呼之不至。穿貫無繩，散錢委地。開千枝花，一本所繫。」（註一五）皆可謂承襲宋人論詩重意之說。

唐人運意精深之詩固多。然未嘗特重立意，故有卽景之詩，有興情之詩，有率意之詩，有無意之詩。宋人既以立意爲重，故宋詩以意勝而不以文辭勝，其辭遂偶見枯淡，瘦硬；而以俗語或方言入詩，亦自不避。然王安石、蘇東坡、黃山谷、陳師道等大家，則無不既求「意新」，復求「語工」（註一六），欲與李、杜爭能於一字一句之頃。故清新淡遠，情韻悠長之詩，亦所在多有。胡應麟謂「宋人專用意而廢辭」（註一七），實以偏概全，未爲的論。（註一八）

二、尙理致：宋人作詩必先立意，因深思冥慮以覓新意，自必涉於理路。又以受古文運動之影響（註一九），及理學思想之感染（註二〇），宋詩益趨於說理之途。黃山谷所云：「好作奇語，自是文章病，但當以理爲主。」（註二一）遂爲當時詩人之共識，亦爲當時詩人共同之創作規範。今試以少陵與東坡咏中秋月之詩爲例：

八月十五夜月二首　　杜甫

滿目飛明鏡，歸心折大刀。轉蓬行地遠，攀桂仰天高。

水路凝霜雪，林栖見羽毛。此時瞻白兔，直欲數秋毫。
稍下巫山峽，猶銜白帝城。氣沈全浦暗，輪仄半樓明。
刁斗皆催曉，蟾蜍且自傾。張弓倚殘魄，不獨漢家營。（杜詩鏡銓卷十七）

中秋月　蘇軾

暮雲收盡溢清寒，銀漢無聲轉玉盤。
此生此夜不長好，明月明年何處看。（東坡全集卷八）

老杜二律，句句描摹月色，鮮及其他。而東坡四句中，一、二句寫月，三、四句卽舍景言理。宋詩之富於理致多類此。嚴羽云：「本朝人尚理而病於意興。」（註二二）明李夢陽亦云：「宋人主理而不主調，於是唐調亦亡。」（註二三）其言殆近事實。然清翁方綱曰：

談理至宋人而精，說部至宋人而富，詩則至宋而益加細密。蓋刻抉入裏，實非唐人所能囿也。（石洲詩話卷四）

葉燮亦曰：

宋人之心手，日益以啓，縱横鈎致，發揮無餘蘊。非故好為穿鑿也，譬之石中有寶，不穿之鑿之，則寶不出。且未穿未鑿以前，人人皆作模稜皮相之語，何如穿之鑿之之實有得也！（原詩：內篇）

宋詩尚理致，故研核情事，窮盡性理，出其心靈意匠，舉昔人所蘊而不發者，而一洩無餘焉；然則尚理非宋詩之短，正宋詩之長也。（註二四）

三、主議論：唐人詩未嘗無議論，然不若宋詩之觸目皆是。嚴羽曰：

> 近代諸公，作奇特解會，以文字為詩，以議論為詩，以才學為詩。夫豈不工？終非古人之詩也。（滄浪詩話：詩辯）

元傅若金亦曰：

> 唐詩主於達情性，故於三百篇為近；宋詩主於立議論，故於三百篇為遠。（詩法正論）（註二五）

以議論爲詩，嚴羽謂終非古人之詩，傅若金以爲於三百篇爲遠，不知此正宋詩之所以爲宋詩者。「詩至於唐而格備，至於絕而體窮。」宋人自知創體創調既不可能，遂著力於內容之變化，意境之開展，故宋詩中恒多議論之辭。而此亦重立意、尚理致之必然趨向也。試觀老杜與山谷咏雪之詩，二人筆墨迥異，可爲一例：

> **對雪**　杜甫
>
> 戰哭多新鬼，愁吟獨老翁。亂雲低薄暮，急雪舞回風。瓢棄樽無綠，爐存火似紅。數州消息斷，愁坐正書空。（杜詩鏡銓卷三）
>
> **對雪**　杜甫
>
> 北雪犯長沙，胡雲冷萬家。隨風且間葉，帶雨不成花。金錯囊垂罄，銀壺酒易賒。無人竭浮蟻，有待至昏鴉。（杜詩鏡銓卷二十）
>
> **竹軒詠雪**　黃庭堅

破臘春未融，土膏寒不發。數聲鳴條風，一夜灑窗雪。開軒萬物曉，落勢良未歇。鏗鏗青琅玕，閱此歲凛冽。摧埋頭槍地，意氣終自潔。君子謂此君，全身斯明哲。屋頭維女貞，顏色少澤悅。稍能窺藩籬，亦有固窮節。佳興冉冉生，門外無車轍。寫之朱絲絃，清坐待明月。
（山谷外集詩注卷二）

和答郭監簿詠雪　黃庭堅

細學梅花落晚風，忽黏柳絮下春空。家貧無酒願鄰富，官冷有田知歲豐。夜聽枕邊飄屋瓦，夢成江上打船篷。覺來幽鳥語聲樂，疑在白鷗寒葦中。（山谷詩外集補卷四）

杜詩二首，於咏雪外，兼及感時或自傷孤零。而山谷古體十韻中，僅四、六兩句言降雪，且對雪之形象或降雪景觀不著一字，卽騰踔而出，於綠竹與女貞樹之節概，三致咏嘆，且敍且議。次首雖於雪曲盡形容，然「家貧」一聯，仍不脫議論本色。

宋詩既主議論，乃研切根理，深析透闢，馴至發揮鋪寫，曲折層累以赴之；故辭多樸茂，不雕鏤，不虛飾，致不免以文爲詩，以經史入詩；又往往直寫所見，直抒所感，辭盡於言，意盡句中，明暢之語多，而渟蓄之趣減矣。

四、多紀事咏物：唐詩內涵無所不具，宋人力求出於唐人之外，並在唐人之境界中，求其廣，求其深，求其精，求其細；補唐人之所闕，詳唐人之所略。唐人豈無紀事？杜詩且有「詩史」之稱；然「唐人好詩，多是征戍、遷謫、行旅、離別之作。」（註二六）唐人紀事之詩不多，佳者尤尟，未可以杜詩概之也。宋詩則不然。清翁方綱曰：

> 唐詩妙境在虛處，宋詩妙境在實處。……若夫宋詩，則遲更二、三百年；天地之精英，風月之態度，山川之氣象，物類之神致，俱已為唐賢占盡。即有能者，不過次第翻新，無中生有；而其精詣，則固別有在者。宋人之學，全在研理日精，觀書日富，因而論事日密，如熙寧、元祐一切用人行政，往往有史傳所不及載，而於諸公贈答議論之章，略見其概。至如茶、馬、鹽法，河渠、市貨，一一皆可推析。南渡而後，如武林之遺事，汴土之舊聞，故老名臣之言行學術，師承之緒論淵源，莫不借詩以資考據；而其言之是非得失，與其聲之貞淫正變，亦從可互按焉。（石洲詩話卷四）

翁氏謂宋詩之精詣在於「論事日密」，可謂知言。宋人於耳聞身歷之事，畢陳於詩，故有宋一代之政治措施、社會狀況、人物掌故、學術源流等，史傳所不載者，往往可於詩中見之；甚至任何生活點滴，興之所至，即形之於詩。至於咏物之詩，則數量之繁，對象之廣，作者之多，宋詩皆遠出唐詩之上。唐人所忽視或鄙視之瑣事微物，宋人皆逞其才技，一入於詩，描摩刻畫，委曲詳盡。試以韓駒詩一首為例：

食菜簡呂居仁　韓駒

> 曉謁呂公子，解帶浮屠宮。留我具朝餐，喚奴求晚菘，洗箸點鹽豉，鳴刀芼薑葱。俄頃香馥座，雨聲傳鼎中。方觀翠浪涌，忽變黃雲濃。爭貪歙鉢暖，不覺定盌空。憶登金山頂，僧飯與

此同。還家不能學，永費烹調功。硬恐動牙頰，冷愁傷肺胸。君獨得其妙，堪持餉衰翁。異時聞豪氣，愛客行庖豐。殷勤故煮菜，知我林下風。人生各有道，旨蓄用禦冬。今我無所營，枵腹何由充。豈惟臺無餽，菜把尚不蒙。念當勤致此，亦足慰途窮。（陵陽先生詩集卷一）

此詩記本中煮菜留餐，歷歷如繪，自謂烹調之功，己所不能，令人莞爾。而類此家常小事，則唐人所不肯入詩者也。又如呂本中有咏疥瘡詩：

疥

瘙癢撓膚無春冬，為害略與惡疾同。
只有瘡痂不相負，夜闌長滿寢衣中。（東萊先生詩集卷十八）

疥疾之苦，唯患者知之，嘗患疥疾者，於此詩當能會心。而唐人嫌其鄙俗，則又不屑吟咏者也。

上舉四項，為宋詩與唐詩之大異處。何以自元以降，學詩者非宗唐，即學宋？何以今人論詩之派別，不曰唐，則曰宋，無曰元、明、清者？即由於宋詩自具風神面目，能卓然自立於唐詩之外；而元、明、清詩皆不具特色，不足與唐、宋分庭抗禮也。

宋詩之創新，略如上述。今更言宋人論詩評詩之著。

宋人論詩評詩之文，散見於詩話、筆記、函牘、及單篇論文者，指不勝屈，其中自以詩話為主。詩話之作，始於歐陽脩。唐無詩話之名，其近似宋人詩話之著者，曰品，曰式，曰格，曰範，曰評，考諸唐宋以下諸書志所記，及日本國見在書目錄，總數不逾五十種。（註二七）而以今可見者衡之，其內容多言詩之格律作法，示後學以津梁；以質或量觀之，皆不逮宋人遠甚。蓋唐代詩風鼎盛，唐人多傾其力於創作，遂不暇爲論評之文；且可資論評之對象與材料不足，雖欲論評，亦難於著筆也。逮於宋世，則唐人數千家之詩，皆羅列於前(註二八)。有創作而後有批評，四庫館臣曰：「文章莫盛於兩漢，渾渾灝灝，文成法立，無格律之可拘；建安、黃初，體裁漸備，故論文之說出焉。」(註二九)詩話之興，於理亦然。故詩至唐而盛，詩話至宋而盛。清吳喬曰：「唐人工於詩也，而詩話少。宋人不工詩，而詩話多，所說常在字句間。」(註三〇)謂宋人詩話多，爲事實；謂宋人不工詩，爲偏見；謂宋人詩話所說常在字句間，則大謬。吳氏又云：「唐人精於詩，而詩話則少；宋人詩離於唐，而詩話乃多。」(註三一)何以詩離於唐，則詩話多？詩之內容、風格，與詩話之多寡有何關涉？吳氏於詩尊唐絀宋，乃併宋詩話而貶斥之，誕甚。

宋人自歐公之六一詩話創體肇端後，踵事增華者，蜂擁而出，今所知者，已達一百三十九種之多；而詩格，詩例句圖，及象徵詩評之屬，或僅供初學應舉之著，尚不與焉。(註三二)宋許顗云：

> 詩話者，辨句法，備古今，紀盛德，錄異事，正訛誤也。(彥周詩話自序)

此或僅就其自著之詩話而言。考宋人詩話內容，或探究詩之體制源流，或商榷詩之格律，或研討詩之創作法門，或品評各家之短長高下，或摘句闡析其優劣所在，或記述詩本事及詩人之異聞佚事等，誠兼容並舉，足可供好詩者之品味，學詩者之取資。而如胡仔苕溪漁隱叢話及魏慶之詩人玉屑，采摭宏富；阮一閱詩話總龜，網羅百家；嚴羽滄浪詩話，立一家之說；則尤非唐人之所能爲。故宋人論詩之著，不獨創「詩話」之體，其內容亦較唐人多而且精也。

【附　註】

註　一　蔡寬夫詩話云：「國初沿襲五代之餘，士大夫皆宗白樂天詩。」見宋詩話輯佚。又劉克莊云：「國初詩人，如潘閬、魏野，規規晚唐格調，寸步不敢走作。」見江西詩派小序。

註　二　劉克莊云：「本朝詩惟宛陵爲開山祖師。宛陵出，然後桑濮之哇淫稍息，風雅之氣脈復續，其功不在歐、尹下。」見後村詩話卷二。又四庫全書總目御定四朝詩提要云：「歐陽脩、梅堯臣始變舊格。」見卷一九〇。又清葉燮云：「開宋詩一代之面目者，始於梅堯臣、蘇舜欽二人。」見原詩外篇。

註　三　葉燮云：「如蘇軾之詩，其境界皆開闢古今之所未有，天地萬物，嬉笑怒駡，無不鼓舞於筆端，而適如其意之所欲出，此韓愈後之一大變也，而盛極矣。」見原詩內篇。又趙翼云：「以文爲詩，自昌黎始，至東坡益大放厥辭，別開生面，成一代之大觀。」見甌北詩話卷五。

註　四　宋嚴羽已先全氏言之：「國初之詩，尚沿襲唐人，……至東坡、山谷，始自出己意以爲詩，唐人之風變矣。」見滄浪詩話：詩辯。

註　五　方回云：「永嘉四靈學晚唐，詩宗賈島、姚合；凡島、合同時漸染者，皆陰撏取摘用，驟名於時。」見瀛奎律髓卷二十。

註　六　參閱陳世驤撰中國的抒情傳統。收入陳世驤文存，臺北，志文出版社，民國六十一年。

註　七　宋邵雍詩：「何故謂之詩？詩者言其志。既用言成章，遂道心中事。不止鍊其辭，抑亦鍊其意，鍊辭得奇句，鍊意得餘味。」見擊壤集卷十一。又舊題白居易金針詩格（金鍼集），亦有「鍊意」之說，然此書爲僞托，其作僞時間，不可考。

註　八　語見簡齋詩集卷首劉辰翁序。

註　九　語見宋魏慶之詩人玉屑卷六引潛溪詩眼。

註一〇　清王漁洋謂鍊意爲「安頓章法慘淡經營處」（見劉大勤編師友詩傳續錄），與宋人「鍊意」之旨不合。

註一一　語見范德機詩家一指。

註一二　語見李東陽懷麓堂詩話卷一。

註一三　語見潘德輿養一齋詩話卷三。

註一四　語見李重華貞一齋詩說。

註一五　語見袁枚續詩品。

註一六　梅堯臣云：「凡詩意新語工，得前人所未道者，斯爲善矣。」見六一詩話。

註一七　語見胡應麟詩藪外編。

註一八　龔鵬程撰技進於道的宋代詩學，論宋詩之重意頗詳，可參閱。見古典文學第六集。

註一九　黃山谷嘗曰：「文章者，道之器也。」見豫章黃先生文集卷六，答楊明叔詩題。

註二〇　理學家主張克制人欲，發揮天理。人欲本乎情，情既強自抑制，久而成習，可能使詩人紬於情思，長於考辨。又理學之發達，使宋人面對生活中之一切事物，皆以從容、冷靜、理智之態度，予以透視、思考與反省，其詩自不再局限於抒情之範圍，而邁入論道說理之哲學領域。

註二一　見豫章黃先生文集卷十九與王觀復書。

註二二　語見嚴羽滄浪詩話：詩評。

註二三　語見李夢陽空同集卷五十二缶音序。

註二四　四庫全書總目卷一五三邵雍擊壤集提要謂宋詩「以論理爲本，以修詞爲末。」實則宋詩諸名家未嘗不重「修詞」，前已言之。又龔鵬程撰知性的反省——宋詩的基本風貌一文，論宋詩主意主理，可參。見蔡英俊編意象的流變，臺北聯經出版公司，民國七十一年。

註二五　語出元傅若金詩法正論，後之詩法源流及明朱紱之名家詩法彙編皆收入。清吳喬圍爐詩話卷二引此語，云出詩法源流；今人引此語，又俱謂「吳喬云」；皆失考。

註二六　語見宋嚴羽滄浪詩話：詩評。

註二七　詳見許清雲撰現存唐人詩格著述初探第一章第二節，東吳大學中國文學研究所碩士論文，民國六十七年五月。

註二八　清聖祖御修全唐詩，已錄唐人二千二百餘家之詩，計四萬八千九百餘首。其佚而未收者，必數倍於此，乃可知也。

註二九　語見四庫全書總目卷一九五詩文評類序。

註三〇　見圍爐詩話卷五。

註三一　見答萬季埜詩問。

註三二　見今人郭紹虞著宋詩話考。

第二章　呂本中之先世

呂本中出身中原世家，聲聞煊赫。入宋以還，名德繼起，以文學勳業顯名於當時者，偉然相望。就政治地位言：其五世伯祖蒙正、高祖夷簡、曾祖公著三世爲相，輔翼四朝。蒙正諸子皆仕於朝，居簡且位至兵部侍郎。夷簡五子，四爲顯宦。迄本中祖希哲及諸從祖，父好問及諸從父，曁本中兄弟，無一不任朝官，從父嘉問、游問且官至安撫使；誠可謂累世公卿、代居高位矣。就學術地位言：則家學淵源，一脈流香，自蒙正迄於本中，舉進士者八人，賜進士出身者四人。（註一）而自公著以下，皆爲理學大儒，爲世所宗。呂氏一門，猗歟盛哉！以下分六節，略述呂氏世系，及本中之父祖。

第一節　呂氏世系

夷考載籍，呂氏先古可上溯至炎帝神農氏。據史記齊太公世家曰：

太公望呂尚者，東海上人。其先祖嘗為四嶽，佐禹平水土甚有功。虞、夏之際封於呂，或封於申，姓姜氏。夏、商之時，申、呂或封枝庶子孫，或為庶人，尚其後苗裔也。本姓姜氏，從其

封姓，故曰呂尚。（史記卷三十二）

司馬貞史記索隱於「太公望呂尚者」句下，引譙周曰：

姓姜，名牙。炎帝之裔。伯夷之後，掌四岳有功，封之於呂，子孫從其封姓；尚其後也。（史記索隱卷十）

案張守節史記正義卷一（五帝本紀）引帝王世紀云：「神農氏，姜姓也。……長於姜水。有聖德，以火德王，故號炎帝。」呂尚本姓姜氏，宜其爲神農之裔。唐林寶元和姓纂曰：

呂，炎帝姜姓之後；虞、夏之際封呂（註二），今南陽宛縣西呂亭是也。至周失國，子孫氏焉。

新唐書宰相世系表較姓纂記述爲詳：

呂氏出自姜姓。炎帝裔孫為諸侯，號共工氏，有地在弘農之間。從孫伯夷，佐堯掌禮，使徧掌四岳，為諸侯伯，號太岳。又佐禹治水，有功，賜氏曰呂，封為呂侯。呂者，膂也，謂能為股肱心膂也。其地蔡州新蔡是也。歷夏、商，世有國土。至周穆王，呂侯入為司寇。宣王世改呂為甫，春秋時為彊國所幷，其地後為蔡平侯所居。呂侯枝庶子孫，當商、周之際，或為庶人。呂尚字子牙，號太公望，封于齊。十九世孫康公貸為田和所簒，遷於海濱。……康公未失國時，呂氏子孫先已散居韓、魏、齊、魯之間，其後又徙東平壽張。魏有徐州刺史萬年亭侯虔，字子路；孫行鈞；其後世居河東。（卷七十五上）

綜上所述，可知呂氏之族系出神農，肇始於虞、夏之交；太公望建國於齊，呂氏始盛；及齊既衰，子孫猶以國為姓，布滿天下。呂祖謙云：

呂氏系出神農，受氏虞、夏之間；更商、周、秦、漢、魏、晉，下逮隋、唐，或封或絕。五代之際，始號其族為三院：言河南者，本後唐戶部侍郎夢奇；言幽州者，本晉兵部侍郎琦；言汲郡者，本周戶部侍郎咸休。其昭穆疏戚，世遠軼其譜。而河南者祖為最盛。（東萊集卷十四：東萊公家傳）

又宋王明清曰：

五代時，有姓呂為侍郎者三人，皆名族，俱有後，仕本朝為相。……呂夢奇，後唐長興中為兵部侍郎，孫文穆蒙正相太宗，曾孫文靖夷簡相仁宗，衣冠最盛。（揮麈後錄卷二）

惜乎本中之先古，自周至五代，兩千年間，其世系傳承如何，竟難詳悉；卽呂祖謙所作東萊公家傳，亦略而未述。此中緣由，在宋史中固屢見消息，如梁周翰傳曰：

唐末喪亂，籍譜罕存。（卷四三九）

又劉燁傳曰：

唐末五代亂，衣冠舊族多離去鄉里，或爵命中絕，而世系無可考。（卷二六二）

唐末五代時，禍亂相尋，士民流離失所，世家大族，輾轉遷徙，遂產生下述之結局：一曰家道急遽衰落；二曰籍里屢有更異；三曰家傳譜牒，散佚不存。宋王明清云：

唐朝崔、盧、李、鄭及城南韋、杜二家，蟬聯珪組，世為顯著，至本朝絕無聞人。（揮麈前錄

卷二）

可見隋、唐甚多世家，皆因五代喪亂而中落。獨呂氏一門，反睥睨騰踔，成爲有宋一代著名之望族，殆可謂異數。但居處之不定及譜牒之亡佚，則仍未倖免。（註三）

自五代末季起，本中父祖卽以勳德學問，顯名於世，著在史册。考本中七世祖夢奇，嘗仕後唐爲戶部侍郎（註四）；長子龜圖，宋初官起居郎，知泗州；次子龜祥，卽本中之六世祖，歷官殿中丞，知壽州。龜圖長子蒙正，狀元及第，相太宗、眞宗；次子蒙休，眞宗咸平進士，仕至殿中丞。龜祥長子蒙亨，卽本中之五世祖，舉進士高等，旣廷試，以從兄蒙正居中書故報罷，終大理寺丞；次子蒙巽，虞部員外郎；三子蒙周，太宗淳化進士。蒙亨長子夷簡，卽本中之高祖，三相仁宗。夷簡五子，皆在朝居高位；公著其季也，卽本中之曾祖，爲哲宗名相，兼以學術爲世所稱。公著諸子俱有聲於時，長子希哲，卽本中之祖父，徽宗時直秘閣。希哲長子好問，卽本中之父，高宗朝尚書右丞。

茲據史傳、方志、家乘、碑銘等，考述本中之世系如左表：

呂本中世系表

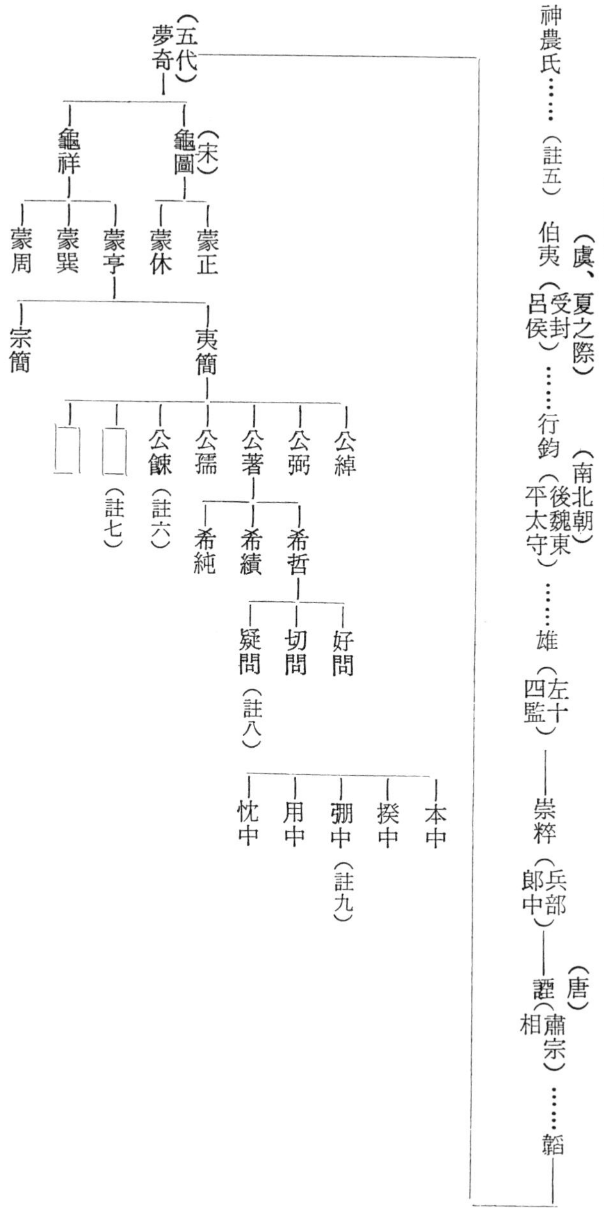

【附註】

註一　舉進士者，有呂蒙正、呂蒙休、呂蒙亨、呂蒙周、呂夷簡、呂宗簡、呂公著、呂廣問等八人。賜進士出身者，計呂公弼、呂公孺、呂希道、呂本中等四人。本中祖呂希哲不應科舉，父呂好問以黨禍未就科學，然皆爲世之大儒。

註二　姓觿卷五引作「太嶽爲禹心呂之臣，故封呂侯，古文膂、呂通用。」

註三　新唐書藝文志有東萊呂氏家譜一卷，宋志未見，可爲譜牒亡佚之一證。故呂祖謙東萊公家傳，於五代以上之先祖，不能述及。

註四　呂祖謙撰東萊公家傳曰夢奇爲後唐戶部侍郎。名臣碑傳琬琰集下卷八收曾鞏撰呂夷簡傳，謂夢奇爲工部侍郎；揮麈後錄卷二曰夢奇爲兵部侍郎，自皆不若祖謙之說可信。

註五　……示系代不詳。

註六　宋史呂夷簡傳云四子，無公餗名；然呂祖謙撰東萊公家傳云夷簡有子五，宋張方平撰呂夷簡神道碑銘（樂全集卷三十六）云夷簡七子，敍列公綽、公弼、公著、公孺、公餗，並謂「餘二子早夭」。又曾鞏記夷簡生平（名臣碑傳琬琰集下卷八），敍五子名與神道碑銘同，而公餗居次。可證宋史之非。至公餗排行以何者爲是，待考，此姑從神道碑銘。

註七　□示闕名。神道碑銘（見前註）云夷簡七子中有二子早夭，未敍其名氏及行次。此姑列于兄弟之末。

註八　希哲有子疑問，史傳失載，此據三朝名臣言行錄卷八及伊洛淵源錄卷七引家傳。

註九　本中兄弟名氏行次，見東萊公家傳及宋史呂好問傳。宋元學案卷二十七和靖學案曰弸中爲切問之子，誤。

第二節　五世伯祖——呂蒙正

本中之五世伯祖呂蒙正，字聖功；後晉開運三年（九四六）生。蒙正曾祖韜，仕莫州莫縣主簿。祖夢奇，後唐戶部侍郎。父龜圖，後周起居郎；入宋仕原官，遷知泗州。（註一）蒙正少時，父龜圖有內寵，與妻劉氏不睦，併蒙正逐之。蒙正母子淪躓窘乏，無處棲身，投洛陽龍門山僧寺利涉院。僧識其非凡子，爲鑿山巖爲龕居之。（註二）宋邵伯溫云：

> 公在龍門時，一日行伊水上，見賣瓜者，意欲得之，無錢可買。其人偶遺一枚於地，公悵然取食之。後作相，買園洛城東南，下臨伊水起亭，以「饐瓜」為名。（聞見錄卷七）（註三）

其少時貧乏如此。至後代有「飯後鐘」之誤說。（註四）而宋元戲曲，以蒙正事迹而敷演之者，乃疊出重見矣。（註五）

宋太宗太平興國二年（九七七），蒙正擢進士第一，名冠天下士。歷官左補闕、知制誥、翰林學士、參知政事等職。三度入相，先後相太宗、眞宗計八年。咸平六年（一〇〇三）春以疾罷歸，封萊國公，後進封徐國，又封許國。大中祥符四年（一〇一一）卒，享年六十六。（註六）謚曰文穆。有子十人，女六人。（註七）諸子皆仕於朝，九子居簡官至兵部侍郎。

茲略述蒙正之學術、德行、與功業於后：

一、學術

蒙正奉母居龍門山，雖饔飧不繼，然痛自刻責，晝夜苦讀不懈，嘗泣淚滿所讀書。有詩云：

八灘風急浪花飛，手把魚竿傍釣磯。
自是鈎頭香餌別，此心終待得魚歸。（註八）

其毅力與決心，於此可見。如是者八年，於是學問宏富，文章雄奇，士友交譽，聲動天下。（註九）宋富弼云：

太祖開寶末，公侍母氏赴舉東都。時太宗以晉王尹開封，聞公名，召見；復索其所著文，大稱之，期以公輔之器。（呂文穆公蒙正神道碑。見名臣碑傳琬琰集上卷十五）

太宗太平興國二年（九七七），蒙正狀元及第，文名益盛。富弼撰神道碑稱有文集二十卷行於時，明焦竑撰國史經籍志著錄僅十卷，今已佚。歐陽脩六一詩話云其未第時已有詩名；今可見者，僅宋詩紀事（卷三）及宋詩紀事補遺（卷二）所載四首耳。

二、德　行

蒙正偕母爲父所逐，刻苦勵學之餘，躬事薪汲，力奉慈養。及登仕，跪而泣請二親復合，孝養備至。宋富弼曰：

公嘗誥時，會令君（註一〇）朝京師，公跪而泣於令君、徐國，且告曰：「大人母氏皆老矣，不肖子不忍見茲睽忤不偶，願復故好，敢以死請。」語訖，又伏於前，泣下不止。令君、徐國不得已，憐而從之，然終異堂而處。公晨暮交走，咸盡色養。人於是始知公之純孝大行於其家也。

（呂文穆公蒙正神道碑）

蒙正侍君忠貞謇諤，遇事敢言，不避斧鉞。每論時政，有未允者，必固稱不可。太宗嘗於上元觀燈時歡宴近臣，顧謂左右曰：「五代之際，生靈凋喪，周太祖自鄴南歸，士庶皆罹剽掠，當時謂無復太平之日矣。朕躬覽庶政，萬事粗理，今致此繁盛，乃知理亂在人。」蒙正避席曰：「乘輿所在，士庶皆走集，故繁盛如此。臣嘗見都城外不數里，饑寒而死者甚衆，不必盡然。願陛下視近以及遠，蒼生之幸也！」太宗頳顏不語。王禹偁以直言敢諫稱，時亦在列，聞其對，爲之汗下；蒙正侃然復位，了無懼色。（註一一）

蒙正襟懷寬懿，能容人忍辱，受誣不辨。除參知政事，初入朝堂，有朝士於簾內指之曰：「是小子亦參政耶？」蒙正佯爲不聞而過之。同列怒，令詰其人官位姓名，蒙正遽止之。罷朝，同列猶不能平，悔不窮問。蒙正曰：「若一知其姓名，則終身不復忘，固不若毋知也。且不問之何損？」時皆服其量。（註一二）又張紳知蔡州，坐贓免官，有爲紳營解於太宗曰：「紳亦洛人，家甚富，豈好貨者也？昔呂某就學苦貧，有求不獲，今挾權報之耳。」太宗驟信，立還紳官，而以他事罷蒙正相，蒙正怡然不自明。踰年，考課院得紳贓實，太宗悟，復黜紳爲絳州團練副使。蒙正旋再入相，於當日讒之者終不問。（註一三）明王洙曰：

宋自趙普誣陷李美、中傷盧多遜，後作相者，卒多以無量誤國。若安石不能容韓、富，丁謂不能容李迪、萊公，蔡京不能容元祐諸賢，秦檜不能容岳飛，汪、黃不能容李綱，張浚不能容趙

鼎，史彌遠不能容周必大，陳宜中不能容文天祥。嗚呼！求雅量如呂穆公，難矣。（史質卷三十）

蒙正本性渾厚，位躋臺輔後，益謹飭謙抑。有一朝士家藏古鏡，自言能照二百里景物，欲因蒙正之弟來獻以求知，其弟伺閒從容言之，蒙正笑曰：「吾面不過楪子大，安用照二百里哉！」弟遂不復敢言。若朝士所言爲眞，則此鏡幾與今世之望遠鏡無異，而有過之。然蒙正對此稀世之珍竟無所動心，其潔身自持，不納財賄可知。宋朝故事，宰相子起家即授水部員外郎，蒙正長子從簡當得之，蒙正固讓，奏曰：「臣昔忝甲科及第，釋褐止授六品京官。況天下才能，老於巖穴，不能霑寸祿者無限。今臣男始離襁褓，一物不知，膺此寵命，恐罹陰譴，乞以臣釋褐時所授官補之。」自是宰相子止授六品京官，因以爲著例，終宋之世不易。（註一四）蒙正以謙抑謹飭持其身，亦以此教其子孫。宋富弼曰：

公退居於里，常召諸子立庭下誨之曰：「吾觀舊史，見唐中葉後至周末，亂離相繼不絕，卿相往往不得其死，而無歸全之所。吾幸生盛時，碩茂尊顯，今又奉身至此，知夫免矣。矧若曹皆得為王官，其無為世冑子弟之為者，以自蹈不淑，且重汙吾，而將以累吾家。」（呂文穆公蒙正神道碑）

蒙正子孫皆業有所成，其得自蒙正之義訓，蓋不尟矣。

三、功　業

蒙正狀元及第後，初任將作監丞（官等六品），通判昇州。太平興國八年（九八三）冬即擢爲左諫議大夫、參知政事，參預國政。端拱元年（九八八）二月，拜中書侍郎、兼戶部尚書、同中書門下平章事，監修國史。自始仕至登相位，時纔一紀耳。淳化二年（九九一）九月罷相，在位三年八閱月。淳化四年（九九三）十月，自吏部尚書守本官同中書門下平章事，迄至道元年（九九五）四月，再居相位一年六閱月。罷爲尚書左僕射，出判河南府（洛陽）兼西京留守五年。眞宗咸平三年（一〇〇〇）召以本官兼御史中丞，知審官院。次年三月，除昭文館大學士，以本官同中書門下平章事。又次年，拜司空兼門下侍郎。咸平六年（一〇〇三），蒙正苦風眩，凡七上表求退，九月罷相，在位兩年七閱月。前後在州府十一年，任朝官十五年。三度總領政務，居相位近八年。（註一五）

蒙正爲政本乎仁義，對內淸靜質簡，對外不主攻伐，故天下昇平，海內晏然。宋富弼曰：

> （公）領萬務必本於仁義教化，而不專尚條約，鈞酌衡量，咸適其宜。中外靜明，翕然稱治。（呂文穆公蒙正神道碑）

朱熹述太宗與蒙正問對之言：

> 呂蒙正曰：「老子稱治大國若烹小鮮。夫魚，擾之則亂。近日內外皆來上封，求更制度者甚衆，望陛下漸行淸淨之化。」……上喜曰：「朕終日與卿論此事，何愁天下不治？苟天下親民之官，皆如此留心，則刑淸訟息矣。」（五朝名臣言行錄卷一引談苑）

太宗忿於西北二敵弗服，常議討伐，蒙正以爲治國之要，在內修政事，則遠人來歸，自致安靜。富弼記曰：

公切諫：「兵者傷人匱財，不可屢動。漢武郡國萬里外，可謂快其志矣，然天下已困，終悔之。唐文皇親征遼碣，手運土木，卒無功而還，亦悔。是二主者，曠百代無比，而用兵皆不免於悔，爲後世非笑。陛下及其未有以悔也，惟早慎之。直宜以道德恩信橫于中而澹乎外，則夷狄自賓。與夫命死官舉凶器，校其所不足與校於無用之地而又倖勝於萬一者，豈不遠哉！」帝傾聽褒納，自是伐議遂寢，但用應兵而已。（呂文穆公蒙正神道碑）（註一六）

蒙正具知人之明，而又用人唯才，量才器使。「精於選任，憸庸者不得進。」（註一七）囊中常貯一小册，每四方官員替罷謁見，必令擧所知之人才，客去隨即分類疏記之。倘有一人而爲數人所稱許者，其人必賢也。朝廷求賢，取之囊中。故其爲相，百官皆稱職者。人言其無能爲，事權多爲同列所爭；蒙正曰：「我誠無能，但有一能，善用人爾。此眞宰相之事也。」（註一八）太宗欲遣人使朔方，諭中書選才而可責以事者，蒙正退以名上，太宗不許。他日又問，蒙正以前所選對；他日三問，蒙正終不易其人。太宗盛怒，投其奏書於地曰：「卿何執耶？必爲我易之！」蒙正徐對曰：「臣非執，蓋陛下未諒耳。」因固稱其人可使，餘人不及。「臣不欲以媚道妄隨人主意，以害國事。」同列皆悚息不敢動。蒙正揷笏，俯而拾其奏書，徐懷之而下。太宗退謂左右曰：「蒙正氣量，我不如。」既而卒用蒙正所選者，復命果大稱旨。（註一九）此不獨見蒙正之忠直執著，尤足見其知人善任。告歸後，眞宗幸其宅視疾，問曰：「卿諸子孰可用？」對曰：「臣諸子皆豚犬不足用。有侄夷簡，任潁州推官，宰相才也。」夷簡後果三居相位。此一以見蒙正之爲國薦才，不私其子；一以見蒙正之能知人。當富弼十許歲時，蒙正卽許爲國器，謂「此兒他日名位與吾相似。」後富弼果爲宋代名相。其善於鑑人類如此。(註二〇)

蒙正執政時，謀謨設施，潛運默化；但素以謙抑自持，不求聲聞，凡嘉猷偉畫，皆不作已出，而一歸之於帝，故人無知者。其有須論議別白而後方從者，遂傳焉，則天下稱道，想望其人。趙普爲宋之開國元老，蒙正晚輩驟進，與普同在相位，普甚推許之。(註二一)以盡瘁積疾，七上表求退，歸鄉近十年，眞宗卒不許其致仕，第詔令休息頤養，思復起用。眞宗朝陵寢，封泰山，兩過洛陽，皆幸其第。及獲其死訊，爲之不能視朝者三日。(註二二)倘非知其能，念其功，思其人，烏克至此哉！

附：五世祖——呂蒙亨

呂蒙亨，本中之五世祖。嘗舉進士，禮部奏名處高等，方從兄蒙正執政，引嫌不就廷試。後歷下蔡、武平主簿。太宗至道初，獲吏部選銓，得引對，太宗顧判銓王旦曰：「此其文學政事有過人者！」卽授光祿寺丞，遷大理寺丞。早逝。(註二三)長子夷簡，爲仁宗朝宰相，次子宗簡，亦進士及第。

【附　註】

註　一　參見名臣碑傳琬琰集上卷十五收宋富弼撰呂文穆公蒙正神道碑，及大明一統志卷三十五人物門五代條。

註　二　參閱富弼撰神道碑，宋史卷二六五本傳，及避暑錄話卷下。

註　三　宋李廌洛陽名園記，有呂文穆園。見説郛卷二十六。

註　四　「飯後鐘」本爲唐宰相王播或段文昌之事，見王定保唐摭言卷七，林坤誠齋雜記卷下，孫光憲北夢瑣言卷三。蒙正經歷與彼二人相似，後人不察，遂誤以寺僧齋後扣鐘事傅會之。元馬致遠著有呂蒙正風雪齋後鐘一劇，今人龔弘撰呂蒙正張齊賢天子門生成賢相，仍沿其誤，見民國七十七年五月十二日中央日報長河版。

註　五　宋元南戲今存十二種，有呂蒙正風雪破窰記。元雜劇六大家中，關漢卿、王實甫、馬致遠等，皆嘗以蒙正之事蹟爲題材編劇行世。

註　六　參閱富弼撰神道碑及宋史本傳。享年據神道碑。宋史本傳及明王洙史質俱云蒙正享年六十八，非是。

註　七　宋史本傳及宋史新編本傳俱云蒙正有子七，失考。此據神道碑。

註　八　詩見聞見錄卷七。

註　九　見富弼撰神道碑及避暑錄話卷下。

註一〇　蒙正爲執政後，父龜圖贈尚書令，母劉氏封徐國太夫人。見富弼撰神道碑。

註一一　見富弼撰神道碑及宋史本傳。

註一二　見涑水記聞卷二。

註一三　見宋史本傳及東都事略卷三十二。

註一四　參閱五朝名臣言行錄卷一，宋史本傳，東都事略卷三十二。

註一五　參閱宋宰輔編年錄，富弼撰神道碑，續資治通鑑長編卷五十五。

註一六　參閱宋史本傳，東都事略卷三十二。

註一七　見富弼撰神道碑。

註一八　見五朝名臣言行錄卷一。

註一九　參閱富弼撰神道碑，宋史本傳，東都事略卷三十二，古今紀要卷十七。

註二〇　見聞見錄卷八，史質卷三十。

註二一　見五朝名臣言行錄卷一。

註二二　參閱富弼撰神道碑，宋史本傳，東都事略卷三十二。

註二三　參見宋張方平樂全集卷三十六呂公神道碑銘，宋史卷二六五呂蒙正傳。

第三節　高祖——呂夷簡

本中之高祖呂夷簡，字坦夫；宋眞宗咸平三年（一〇〇〇）進士擢第。補絳州軍事推官，歷濱州太守、兩浙提點刑獄、刑部員外郎、起居舍人，知制誥、刑部郎中、龍圖閣直學士、開封知府等職。仁宗卽位，以給事中參知政事，毗贊七年，遂於天聖七年（一〇二九）二月拜相。明道二年（一〇三三）四月罷，授武勝軍節度使，檢校太傅同中書門下平章事、判陳州。半歲召還，復爲宰相。景祐四年（一〇三七）四月罷，以鎭安軍節度使、檢校太師、同平章事、判許州；徙天雄軍。康定元年（一〇四〇）五月，復召輔政。慶曆元年（一〇四一）封許國公，兼樞密使。慶曆二年冬感風眩，不能朝，拜司空、平章軍國事，聽三五日一至中書，裁決可否。夷簡頻表固請老，次年三月乃以太尉致仕。三居相位，凡十年六閱月。宋興以來，大臣以三公平章軍國者四人，而公著父子居其二，時論榮之。（註一）慶曆四年（一〇四四）卒，年六十六。（註二）諡曰文靖。有子七，女二。長子公綽，歷知制誥，刑部郎中，翰林侍讀學士，權知開封府，知審刑院。次子公弼，賜進士出身，歷都轉運使，權知開封府，三司使，神宗朝進樞密使。三子公著，登進士第，神宗朝爲御史中丞，同知樞密院事；哲宗元祐元年拜相。四子公孺，賜進士出身，官陝西轉運副使，歷知數州；哲宗時，知開封府，遷刑部侍郎，戶部尚書。五子公餗，贈右贊善大夫。餘二子早夭。（註三）

茲略述夷簡之學術、德行、與功業於后：

一、學術

夷簡敏學多聞，精識强記，殫究簡册，經耳目者不忘。屬辭雄贍，長於理道，朝廷典册，多出其手。（註四）宋史本傳云有集二十卷，然陳振孫直齋書錄解題所收僅五卷，陳氏曰：「文靖不以文鳴，而其詩清潤和雅，未易及也。」（註五）惜此五卷今亦不可見，僅宋文鑑存文一篇、詩二首，宋詩紀事存詩二首，宋詩紀事補遺存詩四首而已。（註六）陳氏書錄又載夷簡試卷一卷，謂爲咸平二年壽州應舉之程文。（註七）其他編撰之書，尚有宋三朝國史一百五十卷（註八），三朝寶訓三十卷，五朝寶訓六十卷，三朝太平寶訓二十卷，一司一務敕三十卷，天聖編敕十二卷，三朝訓鑒圖十卷，天聖令文三十卷，及景祐新修法寶錄二十一卷。諸書久佚，惟法寶錄尙存十四卷。(註九)觀夷簡編修此書，是知其於經史詩文之外，於佛學亦浸漬不淺也。

二、德　行

夷簡賤財貨，輕爵祿。少時貧甚，岳母使密置銀笏於臥內，夷簡視之如無物也。他日取去，亦不問。(註一〇)及爲官，於儻來之名，倖致之位，輒辭却之。爲參知政事時，侍帝郊祠，故事：郊祠畢，輔臣遷官。至是有司援舊以請，夷簡倡同列辭讓不拜，後遂以爲例。爲昭文館大學士，監修國史，史成，夷簡辭進官。大內火災，宮室盡焚，夷簡奉詔爲修大內使，內成，詔進尙書右僕射兼門下侍郎，以特酬其勞。夷簡請均同列，懇讓不拜。(註一一)

夷簡仁愛爲懷。仁宗嘗問輔臣：「四方奏獄來上，不知所以裁之，如之何則可？」夷簡曰：「凡奏獄必出於疑，疑則從輕可也。」仁宗以爲然；終仁宗之世，疑獄一從於輕。(註一二)有儒者張球，與夷簡素不識，一日獻詩云：「近日廚間乏所供，孩兒啼哭飯籮空；母因低語告兒道：『爺有新詩上相公。』」夷簡得詩，立以俸百緡遺之。(註一三)其事雖細，亦足徵夷簡之仁心也。

夷簡侍君，忠誠不罔。蜀賊李順叛，執送闕下，左右稱賀。既而屬御史臺按之，非是，賀者趣具順獄，夷簡時爲刑部員外郎兼御史臺知雜事，抗顏曰：「是可欺朝廷耶？」卒以實奏。忤大臣意，不顧也。(註一四)

夷簡推賢援能，不念舊惡。景祐三年（一〇三六），范仲淹以天章閣待制知開封府，屢攻夷簡之短，坐落職知饒州。康定元年（一〇四〇）復舊職知永興軍，會夷簡自大名復入相，言於仁宗曰：「仲淹賢者，朝廷將用之，豈可但除舊職耶！」卽除龍圖閣直學士、陝西經略安撫使。眞宗以夷簡爲長者。仲淹面謝曰：「鄉以公事忤犯相公，不意相公乃爾獎拔！」夷簡曰：「某豈敢復以舊事爲念耶！」及仲淹知延州，移書諭趙元昊以利害，元昊復書語極悖慢，仲淹具奏其狀，而焚其書不以聞。夷簡本人臣無外交之義，深罪仲淹之非，然廷議時，有主仲淹可誅者，夷簡但謂「止可薄責而已」，仲淹乃僅降一官知耀州。（註一五）蓋夷簡知仲淹之志出於忠，故不念舊嫌，曲加庇護也。西北邊患，夷簡奏遣仲淹、韓琦、富弼等名臣周旋經略，二邊以寧。及病篤，猶薦仲淹、韓琦、富弼、文彥博、龐藉、梁適、曾公亮等可大用。（註一六）而乃有謂夷簡之遣范、韓、富諸人使邊，爲「名用仇而實間之」者（註一七），噫！其言之險，而不欲成人之善者如此！矧皇祐三年（一〇五一）仲淹知青州，時夷簡子公著爲潁州通判，仲淹過潁，呼公著誡之曰：「太博，近朱者赤，近墨者黑。歐陽永叔在此，太博宜頻近筆硏。」（註一八）其對故人子規勸懇切如此，不類有芥蒂存乎胸；是則夷簡與仲淹，彼此心無嫌怨。而後人必欲以排仲淹之名加諸夷簡，何耶？此余所以每思章實齋「史德」之說，未嘗不慨然太息也。

仁宗初繼位，章獻太后臨朝，夷簡言事，常稱引前代母后臨政所以致禍之由，藉以勸戒。（註一九）其後於仁宗前贊成廢后，史家以夷簡爲發乎私怨，深咎其非。然郭后之立，本非仁宗初願；郭后之廢，實先出仁宗之意。觀郭后於莊獻太后稱制時，恃勢驕橫，太后旣薨，又嘗譖毀宰相，復因爭寵怒批尙美人頰，致傷及帝頸，其悍梗可知。（註二〇）懲於前代后妃常有干預國政之事，則夷簡成廢后之議，安知其非爲社稷計耶？觀其於所斥朝士，旋復收用，未嘗終廢（註二一）；怒范仲淹言事而貶謫之，迨夏戎入犯，卽懽然相約，戮力平賊；又陝西轉運使孫沔上書指夷簡黜忠言，廢直道，以姑息爲安，以避謗爲智，至以漢之張禹，唐之李林甫擬之；雖意切語峻，而夷簡見書不以爲忤，且謂人曰：「元規藥石之言，但恨聞此遲十年耳。」（註二二）可知夷簡非無容人之量也。

夷簡嘗撰門銘一文，今迻錄於左，以見其一生所以自規自養者如此：

門銘

古者盤盂几杖，規戒存焉。今為門銘，竊類於此：

忠以事君，孝以養親。寬以容衆，謹以修身。清以軌俗，誠以教民。謙以處貴，樂以安貧。勤以積學，靜以徵神。敏以給用，直以全真。約以奉己，廣以施人。重以臨下，恭以待賓。貫之以道，總之以仁。在家為子，在邦為臣。斯言必踐，盛德聿新。勒銘於門，永代書紳。（宋文鑑卷七十三）

三、功業

夷簡主政，以保民愛民爲務。方其提點兩浙刑獄時，適京師大建宮觀，伐材木於南方，有司希旨，嚴限期日，役徒斬材或殞林壑，吏輒誣以亡命，捕繫妻子。夷簡抗疏條白，請展緩採伐之期。又伐木浮河，調伕挽送，而盛冬水涸，挽運艱苦，夷簡請散遣伕役，俟春回水漲，以卒番送。眞宗從之，且勉曰：「觀卿奏，有爲國愛民之心矣。」(註二三)又知濱州時，暇日閱征稅簿籍，見田鏄之筭，深以爲非，蓋始於五代之末也，嘆曰：「先儒有言，王道本於農。此何名哉！」奏請除之。朝廷推其法於他州，自是天下農器無征。又河水泛濫，連年爲患，夷簡究利害，固堤防，分導水勢，民賴以安。(註二四)夷簡去後，州民思其恩，爲立生祠。(註二五)作相後，嘗讀論語，或問之，答曰：「某爲宰相，如論語中節用而愛民，使民以時兩句，尚未能行；聖人之言，終身誦之可也。」(註二六)可知夷簡之施政，乃以孔孟學說爲指南。其懷仁居義，蓋亦植基於此。

夷簡知開封府，雅得治術，威而不猛，寬而無犯，治政清淨，府廷肅然。其後言尹京之政者，譽爲吏師。(註二七)

西夏犯宋，夷簡自許州移鎭魏州，浚濼城洫，增補器備，充實兵員，輪番集訓，聲勢震懾戎境，河朔人心大固。帝嘗手詔問策，夷簡備陳西北守禦之計，朝議賴以適從。(註二八)

五代之亂，天下學校久廢，夷簡深知教育爲立國之根本，故請詔飭諸州郡皆建學校，爲國育才。又以爲庶政須有一定之程序與規範，因奏令宋綬編次「中書總例」，謂人曰：「自吾有此例，使一庸夫執之，皆可以爲相矣。」(註二九)

太后崩，仁宗親政，夷簡手疏陳八事，曰：正朝綱，塞邪徑，禁貨賂，辨佞壬，絕女謁，疎近習，罷力役，節冗費。其條奏甚詳，勸帝語甚切，而皆爲治之本者。(註三〇)

自西鄙用兵，劉平死於陣。議者以朝廷使宦者監兵，主帥節制不得專，故平失利，乞罷監兵。仁宗以問夷簡，夷簡曰：「不必罷，但擇謹厚者爲之。」仁宗委夷簡擇人，夷簡曰：「臣待罪宰相，不與中官私交，無由知其賢否。願詔押班保擧，有不職，與同罪。」翌日，都知押班叩首乞罷監兵。於是士大夫嘉夷簡之有謀。(註三一)

契丹兵壓境，范仲淹奏乞城京師以備狄，衆是其說，唯夷簡以爲非，曰：「雖有契丹之虞，設備當在河北，奈何遽城京師以示弱乎？使虜深入，而獨固一城，天下殆矣。宜建都大名，示將親征以伐其謀。」乃建北京。識者韙之。(註三二)

夷簡三入爲相，屈伸舒卷，動有操術。自仁宗初立，太后臨朝十餘年，天下晏然，夷簡之力爲多。時近臣頗有以言事去職者，或勸夷簡宜引退，夷簡曰：「先帝待我厚，期以宗廟安寧，死不愧於先帝。故平、勃不去，所以安漢；仁傑不去，所以安唐。使吾亦潔虛名而去，治亂未可知也。」故孜孜燮輔，知無不爲，雖禍之未形，事之將然，必先爲之救禦。論者許爲名相。(註三三)

夷簡當國既久，不能無病，屢爲言者所詆，情懷難遣，故有「鬢似秋霜心似灰」之語(註三四)，然一眚難掩大德，仁宗仍眷倚不衰。慶曆二年（一〇四二）季多感疾，仁宗憂甚，勅開寶浮圖設道會，爲之祈壽；御府出萬金藥，仁宗復剪髭賜之，手詔曰：「古人有言：髭可療疾。雖無痊驗，今朕剪髭合湯藥，表予意也。」甚謂「恨不移卿之疾在於朕躬」，四方義士傳聞詔語，有泣下者。夷簡訃聞至京，仁宗哭發聲，語左右曰：「乃心國家，而任大事如呂夷簡，可復得乎！病不就訣，歿不臨酹，吾恨何既哉！」後嘗大書「方正忠良」四字及題碑額曰「懷忠之碑」以賜之。(註三五)雖時論及後代史家於夷簡之行事間有非之者，然仁宗於其生前遇之特厚，信之不移(註三六)；於其卒後哭之甚哀，四致奠賻，兩度廢朝；可謂恩榮始終，異於羣臣者矣，則夷簡之有功於宋，無可疑也。宋史論曰：

> 呂夷簡、張士遜皆以儒學起家，列位輔弼。仁宗之世，天下承平，因時制宜，濟以寬厚，相臣預有力焉。……方夷簡在下僚，諸父蒙正以宰相才期之。及其為相，深謀遠慮，有古大臣之度焉。(宋史卷三一一)

又宋王偁曰：

> 夷簡相仁宗，策功立名，有益於世。方其主治喪之禮，則其見遠矣；消監兵之策，則其意深矣；請建都之議，則其謀偉矣；斯善持宰相之權者與！噫！夷簡誠有絕人之才，故能達權而應變；然其功最大者，乃在於處仁宗母子之際，使人無可乘之隙，消患於未萌，制治於未亂，朝廷以之安靜，公卿士大夫亦賴以無禍。此其所以有後也哉！(東都事略卷五十二)

其言皆平允有見。斯所以夷簡身後得配仁宗廟，享俎豆於宋世矣。

【附　註】

註　一　見三朝名臣言行錄卷八。

註　二　卒年據鄭師因百撰宋人生卒考示例。享壽據宋張方平撰呂公神道碑銘及曾鞏撰呂夷簡傳略，分見樂全集卷三十六、名臣碑傳琬琰集下卷六。

註　三　宋史卷三一一本傳云夷簡四子，呂祖謙撰東萊公家傳及曾鞏撰呂夷簡傳略云夷簡有子五，宋張方平撰呂公神道碑銘云夷簡七子，此從神道碑銘。參見本章第一節註六。

註　四　見宋張方平樂全集卷三十六呂公神道碑銘。

註　五　見直齋書錄解題卷二十。

註　六　呂希哲呂氏雜記卷下記夷簡詩二首，宋文鑑已收入。宋詩紀事卷九收夷簡詩四首，二首與宋文鑑同。宋詩紀事補遺收夷簡詩四首，見卷十二。

註　七　見直齋書錄解題卷十七。

註　八　宋志作一百五十五卷，此據晁氏讀書志及陳氏書錄。

註　九　見宋藏遺珍。

註一〇　見呂氏雜記卷下。

註一一　見宋史本傳。

註一二　見東都事略卷五十二。

註一三　見宋人軼事彙編卷六引青瑣高議。

註一四　見宋史本傳。

註一五　見司馬光涑水紀聞卷五。

註一六　見東都事略卷五十二。

註一七　見五朝名臣言行錄卷六記呂夷簡事引談叢語。
註一八　見童蒙訓卷中。
註一九　見五朝名臣言行錄卷六引行狀。
註二〇　參見宋史本傳，東都事略卷五十二，涑水紀聞卷五，皇宋通鑑長編紀事本末卷三十三。
註二一　宋史本傳云。
註二二　參見五朝名臣言行錄卷七記范仲淹事，文忠集卷二十范公神道碑銘，涑水紀聞卷八，續資治通鑑長編卷一三九。
註二三　參見宋史本傳及樂全集卷三十六呂公神道碑銘。
註二四　參見宋史本傳，樂全集卷三十六呂公神道碑銘，五朝名臣言行錄卷六。
註二五　見元于欽齊乘卷六。
註二六　見聞見錄卷七。
註二七　見樂全集卷三十六呂公神道碑銘。
註二八　見五朝名臣言行錄卷六。
註二九　同前註。
註三〇　見宋史本傳及五朝名臣言行錄卷六。
註三一　見東都事略卷五十二。
註三二　同前註。

註三三　見史質卷三十。

註三四　夷簡三入中書，後有詩曰：「政事堂前花盛開，去年春色又重來，主人雖在花應笑，鬢似秋霜心似灰。」見呂氏雜記卷下。

註三五　參見宋史本傳，涑水紀聞卷五，欒全集卷三十六呂公神道碑銘，五朝名臣言行錄卷六。

註三六　孫沔云：「夷簡在中書二十年，三冠輔相，所言無不聽，所請無不行，有宋得君，一人而已。」見續資治通鑑長編卷一三九。

第四節　曾祖——呂公著

本中之曾祖呂公著，字晦叔，登宋仁宗慶曆二年（一〇四二）進士第。初仕奉禮郎，累遷刑部郎中、天章閣待制兼侍講、諫議大夫、龍圖閣直學士、翰林學士兼侍讀、禮部侍郎、御史中丞、戶部侍郎同知樞密院事、尚書左丞、門下侍郎，並歷知數州及開封府。哲宗元祐元年（一〇八六），拜尚書右僕射兼中書侍郎，與司馬光同輔政；光薨，公著獨總揆務。元祐三年懇辭位，拜司空、同平章軍國事。詔建第於東府之南，啓北扉，以便執政會議；凡三省、樞密院之職，皆得總理。一月三至經筵，三日一入朝。自宋興至元祐，大臣以三公平章軍國者四人，公著父子居二，士豔其榮。元祐四年（一〇八九）二月卒，享年七十二。哲宗親臨奠祭，敕有司治葬，贈太師、申國公，謚正獻。御書碑首曰：「純誠厚德」。哲宗紹聖元年（一〇九四），章惇爲相，以翟思、張商英等居言路，論司馬光、公著更熙、豐法度，商英憾公著嘗黜己，攻之最力，章惇用其言，削公著贈謚，毀所賜神道碑，再追貶官職。哲宗元符三年（一一〇〇），追復太子太保。崇寧初，蔡京擅朝，指公著爲姦黨首惡，始置元祐黨籍，紀名刊石端禮門，又以其姓名頒天下，詔監司、郡守並立石於廳事。其後徽宗因災異感悟，毀石刻，除黨禁。高宗建炎四年（一一三〇），追封魯國公，還贈謚。（註一）

公著子三人，長子希哲，元祐中爲崇政殿說書，徽宗初，以直秘閣知曹州。次子希績，元祐中爲淮南路轉運副使，知壽州。三子希純，哲宗時拜中書舍人，出爲寶文閣待制、知亳、潁諸州。

茲略述公著之學術、德行、與功業於后：

一、學術

公著幼嗜學，至於廢寢忘食，父器異之。及壯，多與當世賢豪大儒遊，聞見日廣，學行益優，年三十餘，已有重名。通判潁州時，郡守歐陽脩與爲講學之友。歐公雖於夷簡多有論詆（註二），而於公著則屢推賞之。後歐公入爲翰林學士，薦公著文學行誼，宜在左右。及歐公使契丹，契丹主問中國學行之士，首以公著對。（註三）公著嘗爲仁宗、英宗、神宗之侍講（侍讀），英宗嘗語執政稱其善。神宗將立太子，謂執政曰：「來年皇子出就學，當以呂公著、司馬光爲師保。」於是公著又爲哲宗侍讀。（註四）公著學問純粹，識慮深敏；尤精於講說，用語簡約，而理無不盡，朝論許爲當世之冠。與司馬光同侍講筵，光退語人曰：「每聞晦叔講，便覺己語爲煩。」王安石與公著同爲館職，安石博辯有文，意氣干雲，當時閤中皆知名士，每評論古今人物治亂，衆人之論必止於安石，而公著獨以精識約言服之。（註五）安石出守常州，嘗致書云：

備官京師二年，疵吝積於心，每不自勝。一詣長者，卽廢然而返。夫所謂「德人之容，使人之意也消」者，於晦叔得之矣。以安石之不肖，不得久從左右，以求其放心而稍近於道，猥以私養竊祿，所以重貪污之罪：惓惓企望，何以勝懷！（東萊詩話引）

熙寧時，劉涇撰太學頌，曰：「有四大儒，越出古今：王氏父子，呂氏兄弟。」（註六）呂氏兄弟者，公弼與公著也。公著學養之深，卽此可見。故淸全祖望曰：

慶曆以後，尚有諸魁儒焉，於學統或未豫，而未嘗不於學術有功者：范蜀公、呂申公、韓持國，一輩也；呂汲公、王彥霖，又一輩也；豐相之、李君行，又一輩也；尚論者其敢忽諸？」

（宋元學案卷十九：范呂諸儒學案）

因以公著、范鎮等並立范呂諸儒學案。

公著頗喜佛學，晚年尤多讀釋氏書，與僧院及究心佛學者相過往。其子希哲曰：

正獻公守潁時，有誠大士在湖西薦福院講華嚴經，潁倅張隱之比部喜內學，舊與誠遊，一日，誠爲素饌，召隱之。公聞之，使人語誠，欲掇坐。誠卽加籩豆之實，而隱之家亦備蔬俎甚豐，公又盛爲具以往。人言有此院來，未有此盛會也。公問佛許十二時中以二時外學，誠曰：「如醫卜之類歟？」隱之曰：「外學者，學佛、學法耳。然則不許其外學時，正念而已。正念者，無念也。曹洞所謂正位是也。」（呂氏雜記卷下）

宋徐度曰：

呂申公素喜釋氏之學。及為相，務簡淨，罕與士大夫接，惟能談禪者，多得從容。（却掃編卷上）

佛門修行，以正念爲要；公著亦深會斯旨而踐履之。家傳曰：

司馬溫公博學有至行，而獨不喜佛。公每勸其留意。且曰：「所謂佛學者，直貴其心術簡要爾，非必事事服習為方外人也。自以服儒衣冠，燕居講道，未嘗為沙門機警語，獨於先佛及祖師之言，掇其至要而默識之，大率以正心無念為宗。（三朝名臣言行錄卷八引）

朱熹排佛，然深許公著之言，以爲言佛家心法，只取其簡要，此「呂氏之學」也。（註七）公著深明禪理，而不溺於禪，取其所長，以補己之不足，誠可謂滙納衆流，融通儒釋矣。

公著遺有詩文集二十卷及掌記一卷，皆久佚；今僅宋文鑑中存詩一首，及詔書、奏疏等文共八篇；又宋名臣奏議存其章疏三十篇；又宋詩紀事補遺存詩十首（註八）。

二、德　行

公著自少講學，即以治心養性爲本。平居雍容溫煦，無疾言，無遽色，無窘步，無惰容。居家恒端服危坐，非着帽垂紳，不出廬舍，嘗言「君子當正其衣冠，尊其瞻視。」所爲公私文牘，書法皆端

正不苟，平生未嘗行草書。（註九）

公著於世利紛華、聲伎遊宴、以至博奕奇玩，皆淡然無所好。幼時不肯博戲，後亦常誡子弟不許博，曰「勝則傷仁，敗則傷儉。」平生寡嗜欲，薄滋味，暑不揮扇，寒不附火。衣食儉素，自少而然。其簡重清靜，殆出天性。（註一〇）宋朱弁曰：

> 呂申公公著當文靖秉政時，自書鋪中投應舉家狀，敝衣蹇驢，謙退如寒素；見者雖愛其容止，亦不異也。既去，問書鋪家，知是呂廷評，乃始驚嘆。（曲洧舊聞卷四）

及年近不惑，猶手書古人詩「好衣不近節士體，粱穀似怕腹中書。」兩句張於屏風（註一一），蓋自警勿入於奢放也。

公著平生不與人較曲直，聞謗不辨，以德報怨。少時嘗書於座右曰：「不善加己直爲受之。」（註一二）其初自懲艾也如此。故年愈長而德愈進。元豐中，賈種民任大理官，爲蔡確鷹犬，專中傷善良，嘗以獄事誣及公著，時公著爲樞密，種民帶吏直入樞府，令公著供文字，狀甚無禮。元祐間，種民爲駕部員外郎，御史彈奏其惡，詔黜爲通判，公著時在相位，恐人謂爲挾怨報復，遂面奏哲宗收回前命；他官不服，奏曰：「種民醜惡，衆所共知，奈何以公著故，屈朝廷公議？」公著復爲請，乃除知臨江軍，既而又以臨江僻遠，改知通利軍。時人以是美之。司馬光病中與公著簡，稱其「端方忠厚，天下仰服。」堪謂實錄。（註一三）

公著不務名利，於他人奔競營求之官職，皆視若浮雲。初入朝，仁宗詔試館職，不就。仁宗獎其有恬退之節，特賜五品服。其後擢知制誥，又三辭不拜。神宗元豐元年（一〇七八），除翰林學士承旨，亦懇辭不就。其知開封府及樞密院，皆自請罷職。歐陽脩極賞公著高退之節，方公著爲司封員外郎時，詔授歐公給事中，歐公卽奏擧公著以自代，其文有云：

> 呂公著出自相門，躬履儒行，學贍文富，器深識遠，而靜默寡欲，有古君子之風。用之朝廷，可抑浮俗；置在左右，必爲名臣。非惟臣所不如，實爲今難得之士。（文忠集卷九十一）

歐公又以爲宜擇沉默端正、守節難進之臣，置之諫署，則既無干進之疑，其言庶可取信於人主。而公著「富貴不染其心，利害不移其守。」故又薦公著爲諫官。（註一四）歐公又有答公著書曰：

> 脩行能素薄，仰慕清德，夢寐之勤，自謂終身不可跂及。唯得託附高名，以見後世。（呂氏雜記卷下引）

其推譽公著，可謂至矣。

神宗熙寧二年（一〇六九），公著爲御史中丞。以忤王安石，遂遭貶出。熙寧十年（一〇七七），起知河陽，程顥以詩送行曰：「曉日都門颭旆旌，晚風鐃吹入三城。知公再爲蒼生起，不是尋常刺史行。」（註一五）未幾，求在京宮祠。初提擧中太一宮。元豐三年（一〇八〇），拜樞密副使，公著又上表懇辭；司馬光在洛陽聞之，以書遺都下友人曰：

> 晦叔進用，天下皆喜，以爲治表。聞其猶力辭，光不敢致書，君宜勸之早就職。（三朝名臣言行錄卷八引）

富弼亦寓書致意曰：

公之名德聞於天下，然嘗以直道迕執政，士大夫未敢遽望登進。忽報拜命，出於事外，人甚驚喜。此得於輿論，非敢佞也。（同前）

元豐五年（一〇八二），公著又上奏乞解樞密，章繼上，面請尤切，乃除資政殿學士、定州路安撫使。（註一六）哲宗卽位，起公著爲相，居位三年，數度請辭。五世孫祖謙謂其「去就之際，極於介潔。其在朝廷，小不合便脫然無留意，故歷事四朝，無一年不自引求去。」（註一七）觀其於至和年間猶手書東漢延篤與李文德書於座右（註一八），可知其本性樂於詩書，淡於世事，而又恒以不諂不黷自勵也。

公著宅心仁厚，好德樂善。其居官俸祿，常用以施濟親友；初爲相，受賜所散至十之九。三公俸賜，率以周九族；家無餘積，米不足，至糴以繼之。（註一九）知河陽時，聞民窘乏，輒寬其役錢。（註二〇）爲樞密時，韓絳請復肉刑，神宗欲可其議，公著曰：「後世禮教疏而刑獄繁，肉辟不可復，將有踊貴屨賤之譏。」王珪欲取開封死罪囚試以劓、刖，公著力言不可，曰：「刖而不死，則肉刑遂行矣。議乃寢。（註二一）初，從司馬光議，凡役人皆不許雇人以代，然東南及西蜀諸路，民有高貲、或子弟業儒，皆當爲弓手、執賤役，既不許募代，甚以爲苦。公著聞其弊，卽令一切聽募雇，民情大悅。（註二二）程頤盛稱公著之德行，嘗以「雍也，仁而不佞」擬之。（註二三）又語門人子良曰：

納拜之禮不可容易，非己所尊敬、有德義服人者不可。余平生只拜二人：其一呂申公，其一張景觀奉議也。（二程遺書卷二十二上：伊川語錄）

王安石與公著爲同年進士，安石嘗曰：「呂十六不作相，天下不太平。」(註二四)其盛德爲名流所敬，觀上述歐陽脩、司馬光、王安石、程頤、富弼諸人之語，可以概見。

公著晚年浸漬佛學，益究禪理，上節已略述及。觀其所取資於釋氏者，乃在「心術簡要」，以爲治心養性之助，是其晚年猶進德不懈，又可知也。

三、功業

公著不求爲官，既爲官，則純誠盡公，忠於所事。但求有便於國，不以私利害動其心(註二五)。爲郡守時，率五鼓起，秉燭閱案牘，黎明出廳決民訟，賓僚至者不拘時見，以故府無廢事，下情易通(註二六)。治平中知蔡州，釀水泉灌田，易軍營草舍以瓦，修孔子廟，薦擧孝行，善政爲多(註二七)。元豐五年（一〇八二）除定州安撫使，上謝表曰：

謹當細大必躬，夙宵彌勵；進不敢希功而生事，退不敢弛備以曠官。(宋文鑑卷六十七)

當時人人傳誦，以爲摭實。(註二八)其立朝時，益致所以事君之義，多所獻替，於政之良窳、吏之臧否、民之疾苦，皆直言不諱，無所廻避。元豐年間，夏人幽其主，神宗擧兵伐之，秦、晉民力因是大困，大臣俱不敢言，公著數白其害。及西師無功，而永樂城陷，神宗臨朝嘆曰：「邊民疾弊若此，獨呂公著爲朕言之，他人未嘗及也。」(註二九)及秉國鈞，每搜訪四方利害，有可以施舍便民者，手筆記錄，因大赦而行之，多至數十事。如盡貸青苗、市易息錢，及其他逋負，貧不能償者，凡蠲放數百萬；

官吏坐違法去官經赦原者，概予收敘等；於是四方歡呼，以爲天子以憂民爲意，無不稱慶。（註三〇）

公著爲侍講，於經傳所載治亂安危之要，聞之足以戒者，皆爲帝反覆申陳之。哲宗卽位，公著上言曰：「人君卽位之初，當正始以示天下，修德以安百姓。修德之要，莫先于學。學有緝熙於光明，則日新以底至治者，學之力也。臣待罪講讀，謹條上十議，以裨聰明。一曰畏天，二曰愛民，三曰修身，四曰講學，五曰任賢，六曰納諫，七曰薄斂，八曰省刑，九曰去奢，十曰無逸。」各條之下，皆有釋論，如論薄斂略曰：「昔鹿臺之財，鉅橋之粟，商紂聚之以喪國，周武散之以得民；由是觀之，人主當務仁義而已，何必曰利？」爲君之道，幾無出此十篇者，可爲人君座右銘。（註三一）

公著以爲朝廷宜有忠鯁敢言之士，以規人主之失，去偏聽獨任之弊。故每見臺諫貶絀，卽疏救之，至不惜以去就爭。英宗親政，加公著龍圖閣直學士；不久，御史呂誨、傅堯俞、范純仁等五人坐論濮王事貶，公著爭之不可，因累章乞補外任。帝曰：「學士朕所重，未可去朝廷。」公著仍求去不已，家居者百餘日，遂出知蔡州。神宗卽位，召爲翰林學士兼侍讀、知通進銀臺封駁司。司馬光以論事罷御史中丞，公著封還制書；詔以誥付閤門，公著又言：「制命不由門下，則封駁之職，因臣而廢。乞理臣之罪，以正紀綱。」帝婉言勸諭，公著請不已，竟解銀臺司。神宗嘗言唐太宗能以權智御臣下，公著對曰：「太宗所以成帝業者，以能屈己從諫爾。」帝善其言。哲宗時，右司諫賈易以言事訐直詆大臣，將峻責，公著爭久之，至曰：「不先逐臣，易責命亦不可行。」乃止罷諫職，出知懷州。公著退謂同列曰：「諫官所論，得失未足言；顧主上春秋方盛，慮異時有進諛說惑亂者，正賴左右諫諍耳，不可豫使人主輕厭言者也。」中書呂大防、左丞劉摯、右丞王存聞之，私相顧而嘆曰：「呂公仁者之勇，乃至於此！」（註三二）公著且奏請增置諫臣，以開言路，哲宗從之。

公著治事，不欲擅權獨斷。先是執政三、五日一集政事堂，事多決於其長，同列莫得預。及公著秉政，改爲每日一聚，共議國是；後遂爲定例。又官制三省並建，而除授臣僚及興革廢置，中書省獨爲取旨，門下省審覆，尚書省奉行而已。公著謂三省均輔臣也，正如同舟並濟，當一心並力，以修政事，奏請事干三省者，由執政同進呈取旨而各行之。後亦爲定制。（註三三）凡此興革，其有裨於國，自不待言。而前者使宰相博采周咨，集思廣益；後者符三省各司所職，不相侵奪之義；皆切合現代政治之精神。行之於千餘年前，誠屬難能。

公著議論政事，盡誠去飾，博取衆人之善以爲善；至其所當守，則毅然不可回奪。王安石與公著素相厚，安石立朝，公著與司馬光之引薦實多。安石嘗曰：「晦叔爲相，吾輩可以言仕矣。」（註三四）後安石秉政，公著爲御史中丞，安石意其必助己，不料公著恒論其非，章奏連上，不爲少屈。安石怒，誣以惡語，貶知潁州。其後與司馬光共輔政，盡罷新法，民讙呼鼓舞以爲便。

政治有賴於人才，而按正常之人事制度，依例考選，循資漸進，則人才必老死曯下。熙寧初，公著奏請增館閣之選，以長育人才。又曰：「人才類伏下流，而資格愈峻，則簡拔愈難。審其才可用，宜不次用之；試而無效，則已之。」又以爲仕者之俸，平居已苦不足，一旦歸老，則妻子不免凍餒，是以雖廉潔之士，或隱忍而不能去；故凡文武官致仕，非素有罪戾者，宜給與適度俸祿，使得終餘年；歲時州郡致酒粟之問，以示尊崇。神宗多用其言。及爲哲宗相，又復賢良方正科，以致異能之士。按公著所主張者，與今日政府所行之培育人才、遴拔才俊，及官吏退休制度，若合符節；而公著已施之於宋代矣。公著既重視人才，亦善於知人。如司馬光在仁宗皇祐、至和年間，名猶未甚輝赫，公著卽語人曰：「若君實者，可謂實過其名也。」後溫公隆名蓋代，貴賤皆知；而知於衆人未知之先者，則公著而已。公著好賢，故對人才既勤於發掘，亦樂於薦用。遇士大夫有以人物爲意者，必問其所知與所聞，參互考實，以達於上。舊制薦學學官博士皆嚴其資格，限以年齒，公著數爲論列，始寬其科條，前後所薦學官如王回、吳孜、姜潛、張載皆一世大儒，王存、顧臨爲元祐名臣，常秩、吳申、黃履、朱臨、盛僑亦顯於世。處士程頤隱居不仕，公著命衆博士卽其家敦請，以爲太學正；頤固辭，公著卽命駕過之。頤致書申謝云：

> 頤處乎今之世，才微學寡，不敢枉道妄動，雖親戚鄉閭間，鮮克知其所存者，矧敢期知於公卿大夫乎？伏承閣下屈近侍之尊，下顧愚陋，仰荷厚禮，媿不足以當之。噫！公卿不下士久矣，頤晦於賤貧，世莫之顧，而公獨降禮以就之，非好賢樂善之深，孰能如是乎？幸甚！幸甚！
>
> （二程文集卷六）

他如程顥、張戩之爲御史，程頤之爲侍講，及周敦頤、孫覺、范純仁、劉摯、蘇轍、王巖叟、李常、王存、顧臨、黃庭堅、曾肇等之轉官，皆公著所薦。而公著與被薦者，或素昧平生。周敦頤自常調除轉運判官，嘗以啓謝公著云：

在薄宦有四方之遊，於高賢無一日之雅。（童蒙訓）

神宗嘗謂執政曰：「呂公著之於人材，其言不欺，如權衡之稱物。」其薦賢如此。故陳襄論公著曰：「道德醇明，學有原本，事君以進賢汲善爲己任，可謂知務矣。」（註三五）至其用人，則無遠邇疏密，一以至公待之；及爲相，除吏皆一時之選，天下賢士，收拾略盡。初嘗以數幅紙書當世名士姓名，既而失之；後復見此紙，則所書人悉用之矣。公著初以議新法被逐，及神宗崩，太皇太后宣仁垂簾，召公著還。宣仁欲於神宗朝大吏之罪顯惡鉅者降詔斥逐，其餘則示以寬恩，更不追劾，使各安職；言者交章論其不可，公著以爲當然。及其力救賈種民，人或議其太恕，以爲除惡不盡，將貽異日患，公著曰：「爲政去其太甚者耳，文景之世，漏網吞舟。且人才實難，當使之自新，豈宜使之自棄耶？」（註三六）方其爲潁州太守時，嘗有詠癭木壺詩曰：

天地產衆材，任材謂之智。棟桷與楹杙，小大無有棄。方者以矩度，圓者中規制。嗟爾木之癭，何異肉有贅。生成擁腫姿，賦象難取類。隱栝所不施，鈎繩為爾廢。大匠盼而往，惻然乃有意。孰非造化功？而終朽不器。刳剔虛其中，朱漆為之僞。斞漿把酒醴，施用惟其利。犧象非不珍，金罍非不貴，設之於楹階，十目肯注視。幸因左右容，及見為奇異。性雖有不善，在教之揉勵。才亡不可用。由上所措置。飾陋就其長，皆得為良士。執一以廢百，衆功何由備？是惟衆人心，能通天下志。（宋文鑑卷十七、宋詩紀事卷十四）

此詩充分表現其陶育人才與運用人才之觀念。不執一以廢百，不因小惡而掩其大善，此公著所以能網羅天下士，而天下士亦樂於効命也。公著愛才、惜才、知人、用人如此，獨於其子希哲，心知其賢，而未舉薦於朝。宋史本傳以蒙正薦夷簡爲喻，論曰：

知子之賢而不能薦，殆猶未免於避嫌，而有愧於從祖云。（宋史卷三三六）

是以公著未薦希哲爲病。然「內舉不避親」，唯大賢能之。古今之世，父居高位，而拔擢其不肖子侄以攫取利祿者，衆矣；政綱以此敗壞，寒士因而氣沮。公著不薦其子，所以正紀綱，厲風俗也；而宋史非之，不亦過乎！

科舉考試之旨，在甄拔政治人才，備爲國用，故進士可致公卿，而大臣實多出身進士。然則考試科目，自不宜專重詩賦，其理至明。否則天下士皆專意於文學，而茫昧於國事，則何貴乎科學？公著在仁宗朝，嘗奏請進士試宜先策論；神宗初，又獻議以經術取士。及知熙寧三年（一〇七〇）貢學，遂密奏曰：「天子臨軒策士，而用詩賦，非舉賢求治之意。……今來殿試，乞以詔策咨訪治道。」是歲神宗遂以策試進士。後王安石專政，盡罷詩賦，一用經義；而以春秋爲破缺不可讀，廢其學；又與其子雱及呂惠卿等，撰定詩、書、周禮義，模印頒天下，庠序專以設教，科學專以取士；凡士子應試者，自一語以上，非新義不得用；於是學者不復思索經意，亦不復誦正經，惟誦安石之書以干進。又多以佛書證六經，至全用天竺語以相高。安石既向意字學，復以字書去取天下士，於是學者不復解經，而專解字，往往辨析字畫，說一字至數百言，去經意益遠。元祐初，公著拜相，是時中外議者皆咎經義而思詩賦，公著曰：「仲尼六經，何負於後世？特安石課試之法爲謬耳。安石解經，亦未必不善，惟其欲人同已爲大謬耳。」乃定制：進士初場試經義，次賦詩論，策對。經義許參用古今諸儒之說及已見，毋專取王氏。禁主司不得於老、莊書出題，擧子不得雜用申、韓刑名之學及引釋氏書爲程文。又立春秋科，太學置春秋博士二員。凡此更張，在政治上與文化上之價值與影響，均至深且鉅。就政治言：其一，經由經義、詩賦、策對三試甄拔之進士，其才智絕不止雕蟲，其識見應不至迂闊，而當爲淹博通達、善於文學、深諳治道之通才，可以蔚爲國用。其二，問對限於儒家之說，儒學遂由學術之主流進而爲政治之主導，於是凡百施政，一以儒家思想爲依歸。就文化言：其一，安石以一家之說，錮天下人之心，鉗天下人之口；公著則破王氏之偏執，恢復學術思想之自由，鼓勵學術研究之創新。其二，太學講讀春秋，重行肯定春秋學之價值，使五經得以保全，三傳不致亡佚於宋。

公著出入仁宗、英宗、神宗、眞宗四朝，公忠體國，仁厚端方，蘇頌稱其「文章識度，諸儒所宗；論議風采，中外推伏。」(註三七)蘇軾謂其「訏謨經遠，精識造微。」至以裴度、杜如晦擬之。(註三八)物望之隆，不在司馬光下。元豐四年(一〇八一)，懇辭樞密，神宗賜手札曰：「顧在廷之臣，可託中外腹心之寄，均皇家休戚之重，無逾卿者。可亟起視事！」元祐初，與司馬光並相，光卒，公著獨當國；可知當時廷臣無可與方駕者。秦觀稱其「器足以任天下之重，識足以致無窮之遠，學足以探天人之賾，術足以遇事物之變。」(註三九)史家謂爲「守成之良相」(註四〇)，又謂其「持正以成天下之務，賢於其父。」(註四一)誠非過譽也。

【附　註】

註一　參見宋史卷三三六本傳，東都事略卷八十八，名臣碑傳琬琰集下卷十本傳，古今紀要卷十九，建炎以來繫年要錄卷五。

註二　見歐陽脩全集卷四論呂夷簡箚子等三文。

註三　參見宋史本傳，宋史歐公傳，及三朝名臣言行錄卷八。

註四　參見宋史本傳，名臣碑傳琬琰集下卷十本傳，三朝名臣言行錄卷八，聞見錄卷十一、十二。

註五　見宋史本傳。

註六　見呂希哲撰呂氏雜記卷下。

註七　見朱子語類卷一三〇。

註八　呂正獻集二十卷，見直齋書錄解題卷十七。宋文鑑收公著詩文，分見卷十七、三十一、三十五、五十一、五十二。宋名臣奏議收公著章疏共三十五篇，其中五篇與宋文鑑同。宋詩紀事卷十四存公著詩一首，與宋文鑑同。宋詩紀事補遺存公著詩十首，見卷二十七。

註九　參見宋史本傳，三朝名臣言行錄卷八，呂氏雜記卷下。

註一〇　參見宋史本傳，童蒙訓卷上。

註一一　見三朝名臣言行錄卷八。

註一二　見三朝名臣言行錄卷八。宋元學案補遺卷十九記王伯厚曰：此語本後漢張霸戒子之語。

註一三　參見三朝名臣言行錄卷八，朱子語類卷一三〇。

註一四　見歐陽脩全集卷四：薦王安石呂公著箚子。

註一五　參見宋史本傳，東都事略卷八十八，童蒙訓卷下。

註一六　參見宋史本傳，三朝名臣言行錄卷八。

註一七　見東萊別集卷六：滎陽公家塾廣記。

註一八　見三朝名臣言行錄卷三。延篤文略曰：「吾嘗昧爽櫛梳，坐於客堂。朝則誦羲、文之易，虞、夏之書，歷公旦之典禮，覽仲尼之春秋。夕則消搖內階，詠詩南軒。……且吾自束脩已來，爲人臣不陷於不忠，爲人子不陷於不孝，上交不諂，下交不黷，從此而歿，下見先君遠祖，可不慙赧。」詳後漢書卷六十四延篤傳。

註一九　見三朝名臣言行錄卷八。

註二〇　見古今紀要卷十九。

註二一　參見三朝名臣言行錄卷八，名臣碑傳琬琰集下卷十本傳。

註二二　見三朝名臣言行錄卷八。

註二三　見二程遺書卷七。

註二四　見聞見錄卷三、卷十二，宋名臣言行錄後集卷八。

註二五　參閱宋史本傳及名臣碑傳琬琰集下卷十本傳。

註二六　參閱古今紀要卷十九，明一統志卷十二、二十三、二十六諸州府名宦條。

註二七　見明一統志卷三十一汝寧府名宦條。

註二八　見三朝名臣言行錄卷八。
註二九　見三朝名臣言行錄卷八，宋史本傳，名臣碑傳琬琰集下卷十本傳，東都事略卷八十八傳。
註三〇　見皇宋通鑑長編紀事本末卷九十四。
註三一　見宋名臣言行錄卷八。全文見宋文鑑卷五十二及宋名臣奏議卷一。
註三二　參見宋史本傳，三朝名臣言行錄卷八，名臣碑傳琬琰集下卷十，皇宋通鑑長編紀事本末卷一〇三。
註三三　參見宋史本傳，宋名臣言行錄後集卷八，呂氏雜記卷上。
註三四　參見宋史本傳，聞見錄卷十二。
註三五　見陳襄古靈集卷一熙寧經筵論薦司馬光等三十三人章藁。
註三六　上述諸事，參見童蒙訓卷上，東都事略卷八十八，名臣碑傳琬琰集下卷十，三朝名臣言行錄卷八，宋史本傳，宋元學案補遺卷十九，皇宋通鑑長編紀事本末卷九十四、九十五、九十八。
註三七　見蘇魏公集卷三十一呂公著守御史中丞制。
註三八　見東坡全集卷一〇六除呂公著特授守司空平章軍國事。
註三九　見蘇門六君子文粹卷三十六：淮海集卷一，上呂晦叔書。
註四〇　見宋史本傳後論。
註四一　見東都事略卷八十八。

第五節　祖——呂希哲

本中之祖父呂希哲，字原明。初以蔭入官，父執王安石（註一）嘗謂凡士未官而事科舉者，爲貧也；有官矣，而復事科舉，是僥倖富貴利達而已，學者不由也。希哲聞之，遽棄科舉，一意古學。（註二）初，久滯筦庫，終父喪，始爲兵部員外郎。哲宗識其經術操行，詔爲崇政殿說書。擢右司諫，辭不拜。會紹聖黨論起，以秘閣校理出知懷州，俄分司南京，居和州。徽宗即位，召爲光祿少卿，力請外補，以直秘閣知曹州。旋遭崇寧黨禍奪職，復歷知相州、邢州、太平州，罷奉宮祠，羈寓淮、泗間十餘年。政和中卒，享年七十八。（註三）因受封滎陽子，故其後世尊稱爲滎陽公云。（註四）子二，長好問，字舜徒，欽宗時爲御史中丞、兵部尙書，建炎初爲尙書右丞，資政殿學士、知宣州。次切問，字舜從，仕會稽縣令。

希哲初因不事科舉，故未能躋身高位；後又被崇寧黨禍，蹇厄於州郡間，終至困頓以終。觀其知太平州時，政聲卓著，民仰之若神明（註五），可知深富經邦濟世之才，倘得置身廟堂，則功業之隆，安知不在父祖上耶！今僅述其學術與德行於后：

一、學　術

希哲幼受教於焦千之，廬陵歐陽脩之再傳也。既壯，從胡瑗於太學，又遍從孫復、石介、邵雍、李覯、二程子、張子等講讀辯問，又從王安石學。（註六）當代名儒，皆相與遊。後世論北宋之學，象數則濂溪、康節，性理則二程、橫渠，經術則荆公、泰伯，而希哲皆收蓄之，博採衆長，致其廣大。家傳曰：

公始與程先生頤俱事胡先生瑗，居並舍。公少程先生一二歲，察其學問淵源非他人比，首以師禮事之。……而明道程先生顥及橫渠張先生載兄弟、孫公覺、李公常皆與公遊，由是知見日益廣大。然公亦未嘗專主一說，不私一門，務略去枝葉，一意涵養，直截勁捷，以造聖人。專慕曾子之學，盡力乎其內者。其讀經書，平直簡要，不為辭說，以知言為先，自得為本，躬行為實，不尚虛言，不為異行。當時學者，莫能測其深淺也。（三朝名臣言行錄卷八、伊洛淵源錄卷七並引）

希哲既獲名師畏友，日有進境，而其父仍督之甚嚴。據呂本中云：

熙寧間，滎陽公居中國魯夫人憂而居京師，嘗至洛中省覲，正獻公令滎陽公日講周易一卦。（東萊呂紫微師友雜志）

本中又云：

滎陽公初以師禮事伊川，後從諸老先生甚衆。後來程門弟子，如謝顯道、楊中立，亦皆以師禮事滎陽公。（同前）

謝、楊之於希哲，一若希哲之於伊川，古人為學之虛心服善，誠可為後世法。而希哲學問之精深，亦可知矣。

希哲晚年已名傾朝野，然仍勤學不輟。羈寓淮、泗時，生計困乏，時有在陳之厄，猶夷然不以爲意，靜坐一室，不問家事，每日讀易一爻，遍考古今諸儒之說，默坐沉思，隨事解釋；夜則與子孫評論古今，商榷得失，久之方罷。嘗有詩云：「除卻借書沽酒外，更無一事擾公私。」（註七）其潛心學問如此。

希哲儒學精深，子好問、切問、孫本中等十餘人，皆承其學，故清全祖望於宋元學案中，特爲之立滎陽學案。

希哲晚年更從高僧遊，深究釋家，於是融會儒佛，欣然有得，蔚爲一己之精見。家傳曰：

> 公自少年既從諸老先生學，當世善士，悉友之矣。晚更從高僧圓照師宗本、證悟師顒修，盡究其道，別白是非，斟酌深淺而融通之，然後知佛之道與吾聖人合。（伊洛淵源錄卷七引）

其所撰呂氏雜記中，頗言禪理，但仍尊儒學，謂「祖孔子而尊孟軻，學之正也。苟異於此，皆學之不正也。」（卷上）然又曰：「顧子敦奉使，北人問嘗學佛否？答曰：臨未嘗從事於此。又言王明叟不喜佛事釋氏學。二君皆儒臣也，其言如此，蓋儒學有所未至耳。」（卷下）其意蓋謂佛與聖人合，祖孔尊孟，不必排佛；苟儒學通徹，亦不至排佛。故其孫本中問「二程先生所見如此高遠，何以却佛學？」希哲答曰：「只爲見得太近。」（註八）胡安國甚非佛學，而極推重希哲，或問安國：「呂公何故學佛？」安國曰：「呂公儒釋兼通。」（註九）案希哲之父公著晚年深研禪理，以爲治心養性之助，實乃參融儒釋（詳上節），朱熹謂「此呂氏之學也」（註一〇）；希哲更別白是非，斟酌融通，可謂繼志述事矣。而清全祖望云：

> 滎陽少年不名一師，初學於焦千之，廬陵之再傳也；已而學於安定，學於泰山，學於康節，亦嘗學於王介甫，而歸宿於程氏；集益之功，至廣且大。然晚年又學佛，則申公家學未醇之害也。要之，滎陽之可以為後世師者，終得力於儒。（宋元學案卷二十三滎陽學案）

希哲固「得力於儒」，然謂其學佛爲公著家學未醇之害，實恪守一端之說。蓋「德無常師，主善爲師。」「不主一門，不私一人，善則從之。」（註一一）爲希哲家傳之學風；而融通儒釋，正呂氏家學之特色也。

希哲著有呂氏雜記二卷（註一二），歲時雜記二卷，呂氏家塾廣記一卷。家塾廣記已佚，歲時雜記亦僅說郛節錄九則，得以窺其崖略耳。（註一三）又東萊詩話存詩二首，宋文鑑（卷二十八）存詩二首。（註一四）

二、德　行

希哲母治家嚴而有法度，教希哲事事循蹈規矩。甫十歲，祁寒暑雨，侍立終日，命之坐始坐，不問不得對。平居雖天甚熱，在父母長者之側，必衣服唯謹，不得去巾襪縛袴。行步出入，無得入茶樓酒肆。市井里巷之語，鄭衞之音，未嘗一經於耳。不正之書，非禮之色，未嘗一接於目。（註一五）希哲幼受庭訓如此之嚴，故德器成就，乃大異於衆。

希哲德行卓異，少負盛名。父公著嘗語張耒曰：「此子不欺暗室。」神宗熙寧初年，希哲監陳留稅務，時汪輔之居陳留，恃才傲物，所接士大夫率遭侮慢，獨於希哲敬服之。張載聞之，語人云：「子曰：『雖蠻貊之邦行矣』，吾於呂原明見之。」(註一六)平居簡靜自處，不以事物累志。呂氏雜志曰：

滎陽公在淮陽時，東萊公為曹官，所居廨舍無几案，以竹縛架上，置書冊；器皿之屬，悉不能具，處之甚安。其簡儉如此。(伊洛淵源錄卷七，三朝名臣言行錄卷八並引)

生平不稱人之短，受誣謗不辯。嘗曰：「『恩讎分明』此四字，非有道者之言；『無好人』三字，非有德者之言也；後生戒之。」(註一七)或問其爲小人詈辱，將何以處之？答曰：「上焉者，知人與己本一，何者爲詈，何者爲辱，自然無忿怒心也。下焉者，且自思曰：我是何等人，彼爲何等人，若是答他，却與此人等也。如此自處，忿心亦自消也。」(註一八)

希哲清介自立，其志不在釣聲名，希利祿。父公著作相時，二弟希績已官省寺，希哲獨滯筦庫。久之，乃判登聞鼓院，力辭。公著嘗手書遺之曰：「當世善士，吾收拾略盡，獨爾以吾故置不試，命也夫！」其母聞之，笑曰：「是亦未知其子也！」(註一九)終希哲一生，不阿附，不干求。守官京師日，不謁臺諫，官遇遷轉，方一見執政，過此不見也。(註二〇)王安石秉政，將置其子雱爲侍講，以希哲有賢名，欲先用之，希哲固辭曰：「辱公相知久，倘從仕，將不免異同，則疇昔相與之意盡矣。」(註二一)方其知邢州日，劉安世適守潞州，與邢州爲鄰，其子疑問勸與劉書通勤懇，希哲曰：「吾素與劉往還不熟，今豈可先意相結，私相附託耶？」卒不與書。（註二二）晚年嘗云：「自少官守處未嘗干人舉薦。」以爲子侄之戒。（註二三）元祐中，姚輝中草希哲除司諫制詞有云：

> 道學至於無心，立行至於無愧。心若止水，退然淵靜。（呂本中童蒙訓卷上引）

徽宗建中靖國元年（一一〇一），工部尚書兼侍讀豐稷（相之）遷禮部尚書，薦希哲自代，其詞云：

> 具官呂希哲，心與道潛，湛然淵靜，所居則躁人化，聞風則薄夫敦。（呂本中童蒙訓卷上引）

當時謂之實錄。（註二四）希哲崇寧間徙知太平州，李格以啓事賀之，略云：

> 知府侍講，蘊命世之雄才，賦經邦之遠器。……危誠獨立，直己不回。從容進退之儀，挺達始終之節。（呂本中童蒙訓卷下引）

自遭黨禍奪官後，居宿州、眞陽間十餘年，衣食不給，至有絕糧數日者，希哲處之晏然，閉門讀書，不以夷險縈心，不以毫髮事托州縣。（註二五）

希哲爲郡守時，輒令公帑多蓄鰒魚諸乾物，及筍乾、蕈乾等，以待賓客，俾減免殺生。（註二六）是其仁心善念，已及於禽獸矣。

希哲深信「人皆可以爲堯舜」，嘗曰：「世人喜言『無好人』三字者，可謂自賊者也。」（註二七）己則專意涵養，務自省察校量，以自進益，嘗曰：「自攻其惡，無攻人之惡。蓋自攻其惡，日夜且自點檢，絲毫不盡，卽不慊於心矣，豈有工夫點檢他人耶！」（註二八）又以爲正人必先修己，己身不修，未可以正人、教人、化人。嘗曰：「修己以正人，謂之善正；修己以教人，謂之善教；修己以化人，謂之善化。以身化人者，吾見其人矣；以心化人者，未之見也。」(註二九)又曰：「吾嘗夜而計過，然自閒居來，嘗自省己，頗無過事。……予生五十有三年，苟極富貴之樂事，窮山水之勝遊，豈惟心力已有所不逮，於殘年晚日，鋪排亦不能矣。若汲汲爲善，則亦未晚，要無虛日云耳。」(註三〇)其自警修省如此。

希哲道德之高，聲聞之遠，所至學士大夫靡不從者。晚年名望益重，遠近皆師尊之。元符三年，自和州謫居起知單州，道過山陽，經一市橋，橋壞，希哲墮水而不傷。山陽高士徐積時年近七十，(註三一)作詩贈之曰：

我敬呂公，以其德齒。敬之愛之，何時已已。
美哉呂公，文在其中。見乎外者，古人之風。
惟賢有德，神相其祉。何以祝公？勿藥有喜。(伊洛淵源錄卷七引)

【附註】

註一　呂祖謙題伯祖紫微翁與曾信道手簡後云：「(正獻公)平生交友如王荆公、劉侍讀、曾舍人，屈指不滿十，雖中間以國論與荆公異同，元豐末守廣陵鍾山，猶有書來，甚惓惓。且有絕江款郡齋之約會，公召歸乃止。……侍講于荆公，乃通家子弟。」見東萊集卷七。

註二　見三朝名臣言行錄卷八。

註三　事蹟見宋史卷三三六本傳，享年見東都事略卷八十八、古今紀要卷十九。

註　四　呂祖謙撰東萊公家傳：「希哲以經入侍哲宗崇政殿，封滎陽子。」見東萊集卷十四。明一統志卷二十九人物門謂封滎陽公，誤。今人言希哲「久居滎陽，人稱爲滎陽先生。」（見學園三卷三期胡信田文），則爲想當然之詞。

註　五　見明一統志卷十五太平府名宦門。

註　六　參見宋史本傳，邵伯溫聞見錄卷十二，宋元學案卷九百源學案，卷二十三滎陽學案。

註　七　參見伊洛淵源錄卷七，三朝名臣言行錄卷八。

註　八　見伊洛淵源錄卷七引家傳。

註　九　見東萊呂紫微師友雜志。

註一〇　見朱子語類卷一三〇。

註一一　同註九。

註一二　呂氏雜記原書久佚，今傳四庫本乃館臣據永樂大典所載裒合成帙者。今傳明陶宗儀原編及清陶珽重編之說郛所收侍講日記、呂侍講雜記、酬酢事變、發明義理等，皆出呂氏雜記而別立書名者。考說郛本侍講日記及發明義理所錄，不見於四庫輯本者凡十則，可知輯本不完。

註一三　清陶珽重編說郛卷六十九收歲時雜記一卷，題呂原明撰。案原明爲希哲字。

註一四　宋詩紀事卷三十五收希哲詩二首，一見於東萊詩話，一見於宋文鑑。

註一五　參見伊洛淵源錄卷七，童蒙訓卷上。

註一六　參見童蒙訓卷上，三朝名臣言行錄卷八。

註一七　見宋元學案補遺卷二十三。

註一八　見三朝名臣言行錄卷八。

註一九　見宋史本傳。

註二〇　同註一八。

註二一　參見伊洛淵源錄卷七，宋史本傳。

註二二　參見伊洛淵源錄卷七，三朝名臣言行錄卷八。

註二三　見童蒙訓卷中。

註二四　見童蒙訓卷上，三朝名臣言行錄卷八。

註二五　見伊洛淵源錄卷七。

註二六　見呂氏雜記卷下，童蒙訓卷中。

註二七　參見呂氏雜記卷上，伊洛淵源錄卷七。

註二八　參見童蒙訓卷上，伊洛淵源錄卷七，三朝名臣言行錄卷八。

註二九　見呂氏雜記卷上。

註三〇　見呂氏雜記卷下。

註三一　徐積字仲車，爲胡瑗弟子，中進士第，徽宗時仕宣德郎。見宋元學案卷一安定學案。又呂希哲呂氏雜記卷上及呂本中童蒙訓卷上，皆記述其行實。

第六節　父——呂好問

本中之父呂好問，字舜徒。以蔭補將作監主簿。初監在京雜賣場，時乃祖公著秉國政，在事者以好問爲宰相孫，不以簿領累之，好問愈益自勵，晝夜治文書，若有程督之者。徙監金鳩門文書庫，調眞州春料船場。紹聖黨事起，父希哲謫和州，好問自免歸。徽宗初，監在京綾錦院。崇寧初，權臣修元祐之怨，治黨錮甚急，好問亦以元祐子弟坐廢，沉淪逾二十年。然學問大成，譽望日尊。徽宗內禪前二日，下詔解黨禁，除新法，盡復祖宗之故。欽宗卽位，大臣交口薦好問，欽宗雅聞其名，趣召之，除左司諫、諫議大夫，賜進士出身。閒兩月，諭曰：「朕夜閱班簿，廷臣無出卿右者。且以卿元祐子孫，朕特用卿，令天下知朕意所嚮。」擢御史中丞。好問於政事武備，勇於建言。金人陷眞定，攻中山，廷臣震駭狐疑，猶以議和爲解，不爲出師；好問率臺屬請對爭之，劾大臣庸懦誤國，辭旨痛切；大臣怒，欲出好問知袁州，欽宗憫其忠，下遷吏部侍郎。尋進兵部尚書。及聞北狩之議，悲憤請老，同列交止之。金人立張邦昌爲楚帝，好問遣使詣大元帥康王勸進，誘導邦昌歸政元祐皇后。高宗立，除尚書右丞兼門下侍郎。以論羣臣處圍中事與丞相李綱不合，而言者希合侵好問，高宗出手札爲之解，好問仍連章求去；建炎元年（一一二七）六月，除資政殿學士、知宣州。次年請祠，提舉臨安府洞霄宮。進封東萊郡侯。紹興元年（一一三一）卒於桂州，享年六十有八。子五人：長子本中，嘗任中書舍人。次子揆中，終於郊社齋郎。三子弸中，累官駕部員外郎（註一）。四子用中，累遷兵部員外郎。五子忱中，歷任提舉江南東路常平茶鹽公事，右朝奉郎、知饒州。

茲分述好問之學術、德行、功業於后：

一、學術

好問一生，經籍之外無他嗜。幼好學，髫嬉童習，皆不屏自絕。父希哲，道學爲世所宗，好問早得其傳。稍長，奉父命嚴事田述古（胡瑗門人）、田腴（張載門人）、李潛諸先生（註二），又從晁說之游（註三），學益成，行益修，諸公長者，皆折輩行與之交。及監金鳩門文書庫，職閒無事，更大肆力於經術，日與碩師鴻生講道窮巷中，忘晦明寒暑之變。崇寧黨禍，坐廢十餘年；政和中丁內外艱，終制不復仕進，客潁昌之陽翟者又十二年；閟光韜華，嗒焉與世忘，惟沉潛學問，浸淫典籍之中。年六十矣，猶自課誦五經，日終一帙；晨起環庭除諷詠，聲琅琅然，雖少年有所不逮。其道學得父祖之傳，益以二十餘年之潛修，故譽望日隆，賢臨一時。呂祖謙曰：

> 宣和之季，故老踵相躡下世，獨公與楊公中立無恙。諸儒為之語曰：「南有楊中立，北有呂舜徒。」蓋天下倚以任此道者唯二公云。（東萊集卷十四：東萊公家傳）

好問當時之學術聲名，卽此可知。故清全祖望續修之宋元學案中，好問居其四焉（註四）。惜其著述散佚，今僅宋名臣奏議存其上欽宗章疏六篇（註五），他皆不傳。

二、德　行

好問幼知禮義。賓客過訪，父命出拜於堂，好問唯諾進趨無違禮，父執輩輒以成人待之。侍講吳安詩見之嘆曰：「呂氏有子矣。」及長，益以節義自持。哲宗朝監在京雜賣場，時州縣貢物皆交有司斥賣，以佐國用，主事者頗有下其估以自私，好問獨漠然如不見，終秩未嘗售一物。初，父祖常以官俸賑宗族，少所蓄積；黨禍之後，家愈窶，或日旰竈薪不屬，好問上奉二親，下任數百指之責，從容養志，奏甘毳，娛顏色，怡怡然忘其貧，如是者七年。僞楚之朝，爲國家大計，忍死以受汚命，然却俸祿不納，至饘粥不繼，鄰僧哀其窮，丐米遺之，賴以稍濟。（註六）

好問雍容安分，不急於進取。初入仕，祖公著方爲宰相，門生故吏半朝廷，爭欲致好問，若稍自降屈，出一語，則躋臺躐省唯自擇；然好問深自晦匿，未嘗掛謁刺於權門之籍，時論歸其靖退。公著薨，天子加恩諸孫，將擢寺監丞，好問固辭，推以與從父兄。及其司揚州儀曹時，蔡卞爲帥，自知不爲公論所右，欲扳善類自解，待好問特異，好問以禮自持，卞不得親。及卞知樞密院，同府掾屬，拔擢略盡，獨好問滯於故官。卞遣其黨諷之以利曰：「子少答我公，即坐階顯列矣。」好問終不應。（註七）

晚年入朝廷，自矢忠義，屢疏蔡京、童貫之惡，劾大臣顢頇誤國之非，以孤身徧犯衆怒，無懼謫逐。其後從欽宗兩陷金營，出入白刃間，左右喘汗無人色，好問裕然如平時。雖隨駕大臣多人被戮，好問與敵酋應答，仍抗顏不少下，旁立者爲之縮頸。及張邦昌僭立，好問以身爲世臣，志存社稷，不欲闔門以保命，亦不敢死節以潔身，故屈己就事，以規興復。雖應邦昌之請，攝門下省，然止治兵部事，曰：「受命於上，不可改也。」且拒受邦昌俸祿，兵部符檄仍稱「靖康二年」。不避滅族之禍，謀畫奉迎，卒以社稷復歸趙氏。忠誼之節，知者稱之。高宗既立，委爲尙書右丞。時丞相李綱對士大夫之在圍城者，概欲以叛逆罪之，好問衡諸事實，以爲不宜，而臺諫多李綱所厚，紛論圍城事，竟有謂好問嘗汙僞命，不可立新朝者，高宗出手札曰：「呂好問於邦昌僭號之初，卽募人賫白書，具道京城內外之事；金人甫退，又遣人勸進。考其心跡，非他人比，言官所不知。」好問不自伐其功，仍力求去，自言「臣今求退，乃其時也，乃初心也。」章連上至七八，終去職。（註八）後進晚出，不知本末，偶有譏之者，胡安國每爲之辯：

> 河間劉長歷，丞相莘老之孫也，來見曰：「諸人事邦昌者，固不足論，獨呂舜徒可惜。」余曰：「舜徒固自不同。在圍城中，遣人以蠟彈致元帥。蓋累朝輔相，身為世臣，同國休戚，故偷生忍死，必欲復趙氏社稷。偽楚之朝，幹正大事，誘導邦昌使之歸宰相班，勸進元帥，皆其力也。微斯人，則邦昌外倚金人為重，內有范瓊之兵，王時雍、馮澥、李回等已為之用，京師人不知世間有三綱，但云得邦昌救其死命，莫不德之；占據都城，呼吸羣小，亦大索處置。使舜徒死節，第潔一身耳，以此易彼，故寧受汙辱，以救大事。」（東萊公家傳引）

本中撰師友雜志亦云：

> 胡康侯與唐恕處厚，皆推明東萊公圍城中所立，為可以激勸後世。或以為不然者，二公必與之

辯論。

方其除尚書右丞，制書有云：「儒術之茂，闇然實章；信厚之資，老而彌篤。」（註九）可謂知言。終好問一生，多歷阨困湮鬱，排抑詆挫，然樂天知命，志節凜然，誠無愧於父祖也。

三、功　業

好問初致力於經術，雅不欲干利祿；中年後久困黨禍，無以展其濟世之才。至年登耳順，始為欽宗收召，躋身朝廷。先是徽宗內禪，有求治之詔；欽宗卽位，亦有求治之意；然蔡京雖罷相，而黨戚遍內外，於政事之更張，率陰謀沮格，必欲不行。又於金人之入侵，事前不為禦敵之備，臨事復不欲出師拒遏，但謀和議。好問既拜言職，勇不自恤，累疏蔡京過惡，乞投之海外；請迅革蔡京、童貫等所為，黜蔡京、童貫等所引，以致太平。金人釋都城之圍後，大臣意其不能再至，邊事益弛，好問預見虜騎去必復來，力言講求武備之重要與迫切，條陳守禦之策甚悉。他如建白收王安石王爵，以定名分；褒表江公望、張庭堅、任伯雨、龔夬等，以開諫爭；刊青苗斂散之令，以紓民力；湔元符上書獲譴之臣，以起士氣等；章前後數十上。欽宗數對輔臣稱好問「論事有體」。嘗奏對值帝當進膳時，好問請退，欽宗固留之畢其說，漏下數刻乃罷。故時纔兩月，卽由左司諫擢諫議大夫，進御史中丞，眷矚日隆。及金人壘都城下，欽宗悔不用好問言，拜兵部尚書。惜時已不濟矣。

靖康元年（一一二六）閏十一月，都城陷敵，欽宗召好問入禁中，好問晝夜不去帝側；後從帝兩幸金營，帝既留，好問奉遣還都城慰撫吏民。及徽、欽北狩，金人捐河以南委之張邦昌，好問以復宋爲己任，甘冒族誅之危，以君臣大義說邦昌，力勸不可眞有立位之意，當還政于趙氏(註一〇)。邦昌將有僭越處，好問卽先勸阻。斡正籌畫，竭盡心智。且傾囊募勇士，持帛書走康王府勸進。靖康二年（一一二七）四月，金人退兵，好問趣邦昌亟遣使詣康王，輸誠推戴，並擁元祐太后先垂簾聽政，而邦昌易服歸太宰班。建炎元年（一一二七）五月，康王入纂大統於南京(註一一)，是爲高宗。太后遣好問奉手書詣行在所，高宗勞之曰：「宗廟獲全，皆卿之力也！」卽拜尚書右丞。制書有云：

從容片言，綽有回天之力；險夷一致，益堅衛上之忠。肆圖邦命之新，進總文昌之轄。倚老成於典型之重，登世臣於故國之遺。朕之股肱，誼同休戚。……(註一二)

好問不自伐其功，且於言官論其嘗汙僞命時，卽飄然遠引。及薨，四方士大夫以文致奠，紀其功業者甚衆，如御史中丞常同曰：

京師之禍，廟社傾隳。公以一身，扶顛持危。安劉之業，平、勃難之。(東萊公家傳引)

丞相呂頤浩曰：

二聖未歸，公不敢死；竭力戴上，以為天子。(同前)

常氏以風節聞，其言世所取信；頤浩亦身在兵間，熟當時事者也。然則有宋能延續國祚一百五十餘年，寧非好問之旋乾轉坤，有以成之者哉！而於此偉人奇勳，後世史家竟有置而不論者，殊有失褒貶之義。宋史本傳既表好問之功，然云「侍御史王賓論好問嘗汙僞命，不可以立新朝。」之下，接敍「

好問自慙，力求去。」「自慙」二字，至謬！蓋好問處艱難之際，折姦遏佞，委曲圖成，於宋有再造之功，其跡其心，高宗所深知，何「自慙」之有？「史筆」如此，可爲掩卷嘆息矣。惟明許重熙論曰：

靖康之際，上下易常；喪君有君，好問其見天地之心焉。……褫奪僥倖之姦魄，喚醒附依之愚悵；挈位號還之故主，置誹謷聽之人言；可謂篤於扶傾，靜以達變者矣。（南宋書卷十）

其言甚允。

【附註】

註一　宋元學案卷二十七以弼中爲切問子，誤。參閱本章第一節。

註二　分見宋元學案卷一田述古傳、卷十九李潛傳、及卷三十一田腴傳。

註三　見宋元學案補遺卷二十三。

註四　宋元學案中，好問登安定、范呂諸儒、滎陽及呂范諸儒等四學案。

註五　分見宋趙汝愚編宋名臣奏議卷四十五、六十七、九十五、一一九。

註六　見東萊公家傳。

註七　同前註。參閱南宋書卷十本傳。

註八　見東萊公家傳，參閱三朝北盟會編卷一〇八。

註九　文並見宋汪藻浮溪集卷十一及宋孫覿鴻慶居士集卷二十六。究爲何人所撰，已不可考。

註一〇　好問說張邦昌語，參見東萊公家傳、南宋書卷十本傳、及三朝北盟會編。

註一一　南京爲當時之睢陽城。（見宋歐陽澈歐陽修撰集卷七，頁四一六。）

註一二　同註九。

第三章　呂本中之生平

第一節　里　貫

呂氏發祥於蔡州新蔡（註一）。案蔡州屬禹貢之豫州，春秋爲蔡、江、沈、房、呂等十三國之地，後屬魏。秦兼天下，立爲三川郡；漢改汝南郡。東魏改爲蔡州，以古國名之也。其後屢改稱，唐寶應元年（七六二）復爲蔡州，宋因之。領縣十，新蔡其一。新蔡，古呂國也（註二）。民國廢州、郡之稱，以新蔡縣屬河南省。

本中之先世，或云出東平，或謂出河東，或云東萊人，或稱河南人，又或言本中爲壽州人，爲開封人。史傳之說，紛紜莫一，後世殊未易明。茲逐一抉理，略釋其本末如次：

碑傳稱本中先世出於東平（註三）。蓋周穆王時，呂侯入爲司寇，王命作呂刑以訓；至西漢，其裔孫呂通，封於東平；其後國除，爲郡著族。本大支茂，祚胤繁昌。（註四）後世之呂，多出東平。案東平郡屬禹貢兗州之域，秦爲薛郡地，漢爲東平國。劉宋及後魏並爲兗州東平郡，隋因之，唐爲鄆州，宋置東平府，屬京東西路。(註五)今改縣，屬山東省。

碑傳又謂本中先世河東人。(註六)案河東屬禹貢冀州之域，堯、舜所都蒲坂也。秦置河東郡，漢、魏、晉因之。隋廢郡改蒲州，唐改河中府，治河東縣；宋仍之。河東郡諸縣地，今入山東、山西、陝西諸省。郡有九姓，呂其一也。(註七)據呂氏宗譜云：呂尚五十三世孫呂潼爲北魏河東太守，遂與從弟呂濛（北魏咨議參軍）自廣陵遷河東。(註八)呂氏之居河東，蓋肇於此。(註九)然元和姓纂（卷六）記東平之呂與河東之呂爲二支，則本中先世既出東平，不當又屬河東；豈兩地本爲一系，而東平更爲河東之先乎？(註一〇)

史又云：「呂本中，其先東萊人。」(註一一)案東萊屬禹貢青州之域，春秋爲萊子之國；左傳曰齊侯伐萊，滅之，遷萊子於郳(註一二)；郳在齊國之東，故曰東萊。其地秦屬齊郡，漢高帝四年（前二〇三），韓信虜齊王，廣分齊郡，因置東萊郡，治掖縣。隋開皇三年(五八三)改爲萊州，後旋改旋復。(註一三)民國置省、縣之治，廢東萊名，以郡轄諸縣歸山東省。呂氏何時始遷東萊，史無可考；觀新唐書藝文志有東萊呂氏家譜一卷，則呂氏之居東萊，當在隋唐或更早，且必爲郡之著族，故本中南渡後，時人尊稱曰東萊先生，於呂祖謙亦呼爲呂東萊云。

史又言本中先世爲河南人。(註一四)案本中六世伯祖龜圖，仕後周爲起居郎，知泗州，徙家河南。(註一五)考泗州屬禹貢徐州之域，秦爲泗水郡地，漢以後數易名，後周大象二年（五八〇）改爲泗州，隋改下邳郡，唐復爲泗州，屬河南道。宋屬淮南東路。(註一六)又案大定元年（五八一）後周亡，史傳曰龜圖徙家河南，宜在此年之後；其所稱「河南」，似指河南道爲言。然河南道轄三十一州、府，二百二十縣；龜圖徙家之處，當以河南府爲是。今洛陽東南鄉有相公莊，傳爲龜圖長子蒙正之故居所在(註一七)，未知龜圖是否卽徙居於此也。

史謂本中爲壽州人。(註一八) 蓋本中六世祖龜祥，以殿中丞守壽春，有惠政；及歿，民愛留其妻孥，不忍舍去，遂家焉；子孫因占籍爲壽州人。(註一九)故今傳壽州志，人物紀僑寓門於五代列有呂龜祥，名賢門於宋代列有呂夷簡及其子孫等共十三人。(註二〇)案壽春郡本禹貢揚州之域，戰國楚考烈王自陳徙都於此，號曰郢，秦滅楚，置九江郡。其後爲揚州，爲豫州，爲淮南郡，爲壽陽郡，改變無恒。隋初置壽州，唐天寶初改壽春郡。乾元初復爲壽州。宋爲淮南西路壽春府。(註二一)今爲安徽省壽縣。自東晉以后，此郡常爲南北兩朝沙場，有八公山，史稱謝玄禦苻堅於肥水，秦師望山上草木皆爲旌旗狀，卽此山也。(註二二)

史或稱本中爲開封人。(註二三)案本中高祖夷簡相仁宗，自壽春徙京師(註二四)；此後其子孫卽定居開封，迄於南渡。本中父好問奉高宗卽帝位，徙家江南，流寓無恒所，宋史（卷四三四）呂祖謙傳謂好問始遷婺州，實無根之說(註二五)。

據上所述，呂氏之居東平、河東、及東萊，俱年代悠邈；而本中之直系先世是否嘗定居於此，未可知也。故史傳稱本中先世之爲東平人，或河東人，或東萊人，皆係以郡望爲言(註二六)；此蓋依唐人重郡望之習，相沿未改耳。(註二七)至於郡望有三，則或史傳之誤，或係先後新舊之異。而時人既稱本中爲東萊先生，則今言本中之郡望，自以東萊爲是。至史傳云本中高祖夷簡及祖希哲爲河南人，係以其六世伯祖龜圖徙家河南之故；然其五世祖蒙亨、高祖夷簡、祖希哲皆未嘗居河南，自不得以龜圖寓此，遽謂夷簡、希哲爲此處人也。(註二八)至云本中爲壽州人，爲開封人，乃以本中之里貫爲言。兩郡皆本中祖居之地，然自壽州徙開封已歷四世，時達百年，則本中之里貫，似以從開封較勝。

【附　註】

註　一　此據第二章第一節引新唐書卷七十五上宰相世系表之說。同節引元和姓纂(卷六)云在南陽宛縣，恐誤。案南陽在周代爲申國，秦立南陽郡，漢置宛縣，爲南陽郡治。後世屢廢屢改，唐天寶初復爲南陽郡。(見太平寰宇記卷一四二)又史記齊太公世家云四嶽之後，或封於呂，或封於申。又元和姓纂(卷三)於申姓云：「姜姓炎帝四嶽之後，封於申，號申伯，周宣王元舅也。」可知呂、申二氏同源，然封地自異，南陽宛縣應爲申氏之發祥地也。

註　二　參見元和郡縣志卷十，太平寰宇記卷十一，輿地廣記卷九。

註　三　見名臣碑傳琬琰集上、卷十五宋富弼撰呂蒙正神道碑及卷二十六范鎮撰呂公弼神道碑，又集中、卷十五王珪撰呂公綽墓誌銘。

註　四　參閱名臣碑傳琬琰集上、卷十五呂蒙正神道碑，元和姓纂卷六呂姓，古今萬姓統譜卷七十五呂姓，及通志卷二十六氏族略。

註　五　參閱元和郡縣志卷十一，明一統志卷二十三。

註　六　見名臣碑傳琬琰集下、卷十呂公著傳，及東萊集附錄卷一呂祖謙壙記。

註　七　參見元和郡縣志卷十四，太平寰宇記卷四十六。明一統志卷二十所記略異。

註　八　見民國六年刊呂賢銘修旌德呂氏宗譜卷二轉錄舊譜之文。

註　九　名臣碑傳琬琰集上、卷十五宋富弼撰呂文穆公蒙正神道碑，言呂氏先世「唐末徙籍太原」。案太原府於唐屬河東道，於宋屬河東路；然不可據此卽謂爲河東人。蓋古人籍里皆以州郡爲言，故徙籍太原，但可稱太原人，不當云河東人也。

註一〇　元和姓纂卷六於呂姓之下，敍東平曰：「呂侯之後，……後魏東平太守呂行均，……。」敍京兆曰：「後魏定州刺史范陽公呂祥，狀云：本出東平。」敍馮翊曰：「狀云：本望東平，後居馮翊蒲城。」敍河東則自黃門侍郎平章事呂諲起，記諸人嗣胤，不言望出東平。是以呂諲出河東，而河東之呂與東平之呂非爲一系也。然唐元結撰呂公表（見次山集卷九），稱「東平呂公」，則以呂諲出自東平矣。而新唐書宰相世系表五上則稱後魏東平太守呂行鈞之後世居河東，而列呂諲爲呂行鈞之裔孫，合河東之呂與東平之呂而爲一。惜衞密撰呂諲廟碑早佚（清張仲炘輯湖北金石志卷五云），無以考呂諲之祖系，則河東之呂是否出於東平，殆將懸疑於千古矣。又案全唐文卷五二三梁肅撰東平呂公神道碑銘，言魏末有東平侯呂通之後裔汝陽公呂思禮始居河東，其說與新唐書及呂氏宗譜皆異，未知可信否，俟考。

註一一　見宋名臣言行錄別集上卷七呂本中條。參閱宋史卷三一一呂夷簡傳。

註一二　見左傳襄公六年。

註一三　參見元和郡縣志卷十三，太平寰宇記卷二十，明一統志卷二十五。

註一四　見宋史呂蒙正傳，東都事略卷三十二呂蒙正傳及卷五十二呂夷簡傳，明一統志卷十七和州流寓門呂希哲條，卷三十四漢中府流寓門呂希純條。
註一五　見古今萬姓統譜卷七十五呂夢奇條，明一統志卷二十五萊州府人物門五代呂夢奇條。
註一六　參閱元和郡縣志卷十，太平寰宇記卷十六，宋史卷八十八地理志四。
註一七　見中原文獻十二卷五期史梅岑撰先賢呂蒙正瑣記。
註一八　宋史卷三一一呂夷簡傳曰：「祖龜祥知壽州，子孫遂爲壽州人。」故名臣碑傳琬琰集下卷八收曾鞏撰呂夷簡傳及宋史新編卷九十七呂夷簡傳，皆稱夷簡壽州人。而後世據此亦謂本中爲壽州人。
註一九　參閱宋張方平樂全集卷三十六呂夷簡神道碑銘，古今萬姓統譜卷七十五呂龜祥條。
註二〇　見壽州志卷七。明栗永祿等纂修，嘉靖二十九年刊本。
註二一　參見太平寰宇記卷一二九，明一統志卷七。壽春郡於唐隸淮南節度使，今傳元和郡縣志缺佚不載，見文淵閣四庫全書本元和郡縣志卷二十六館臣案語。
註二二　見輿地廣記卷二十一。
註二三　見南宋館閣錄卷八史館修撰條。又名臣碑傳琬琰集中卷十五呂公綽墓誌銘亦曰：「其先開封人。」
註二四　見宋名臣言行錄別集上卷七呂本中條，及東萊集附錄卷一呂祖謙壙記。又宋人軼事彙編卷六引異聞總錄曰：「呂文靖公宅在京師榆林巷。」
註二五　考呂祖儉所爲祖謙年譜，於淳熙六年下云：「公之祖駕部自南渡轉徙，終於婺州，家遂寓婺。」（見東萊集附錄卷一）案好問五子，其三曰弸中，嘗任駕部員外郎；弸中子大器，大器子祖謙。可知本中家族之居婺，實始於弸中，非好問也。而宋史（卷四三四）呂祖謙傳曰：「尚書右丞好問之孫也。自其祖始居婺州。」則誤以好問爲祖謙之祖，又不知好問未嘗爲駕部，遂以弸中之遷婺移諸好問矣。至宋元學案卷五十一東萊學案呂祖謙傳云：「曾祖東萊侯好問，始居婺州。」則雖知宋史於祖謙祖系之誤，而不更爲考證，但改「祖」爲「曾祖」而已。今人言祖謙之籍里者，學位論文中已數見，其他著述中言及者更不知凡幾，然皆沿宋史及宋元學案之誤說，未見有發其謬者。

註二六　郡望，指郡之著族。宋趙彥衞云：「唐人尚氏族，推姓顯於一郡者，謂之望姓。如清河張、天水趙之類。」（雲麓漫鈔卷三）

註二七　清王士禎云：「唐人好稱族望，如王則太原，鄭則滎陽，李則隴西、贊皇，杜則京兆，梁則安定，張則河東、清河，崔則博陵之類；雖傳誌之文亦然。迄今考之，竟不知爲何郡縣人，殊可恨。」（池北偶談卷二十二）宋人襲唐，亦習稱郡望，宋趙彥衞云：「世人惑於流俗，不究本宗源流，執唐所推望姓，認爲己之所自出，謁刺之屬，顯然書之，至於封爵亦如是，殊失尊祖敬宗之義。」（雲麓漫鈔卷三）

註二八　呂祖謙爲呂蒙亨之七世孫，其父祖自蒙亨以下，皆未嘗居河南；而所撰東萊公家傳（見東萊集卷十四），乃自號其族出河南，蓋以蒙正自炫。故不得據此文謂本中先世爲河南人也。

第二節　師承

人之一生，其思想、觀念之形成，道德之表現，得之於先天者甚寡，而受後天環境之影響者，蓋十居其九。而後天諸影響因素，又以師門之力爲最焉。至於學問之造詣，事功之成就，其有賴於師長之教勸，尤不待言。

本中少時師事父祖；及長，從游於當世諸賢。師友雜志曰：「崇寧初，始聞楊時中立之賢於關沼止叔，久方見之，而獲從游焉。」時本中年未弱冠也。其後，又問學於游酢、尹焞，復造劉安世、陳瓘、唐廣仁之門請益，其學問端緒深遠者如此。故欲知本中，不可不知楊、游諸儒也。

一、楊　時

楊時，字中立，南劍州將樂（今福建省將樂縣）人。宋仁宗皇祐五年（一〇五三）生，高宗紹興五年（一一三五）卒，享年八十三。（註一）學者稱龜山先生。

龜山自少穎異，天資夷曠，資稟仁厚。熙寧九年（一〇七六）中進士第，受官不赴，杜門積學。以師禮謁程明道於潁昌，而從學焉。其歸也，明道目送之，謂座客曰：「吾道南矣。」又與游酢至洛見伊川，執弟子禮甚恭，一日，伊川瞑坐，二人侍立不去，既覺，顧二人曰：「賢輩尚在此乎？今既晚，且休矣。」出門，則雪深一尺矣，其時龜山年已不惑云。初仕徐州司法，數轉知瀏陽、餘杭、蕭山，皆有惠政，民畫像事之。龜山不求聞達，而德望日重，四方之士，不遠千里從之游。路允廸、傅墨卿使高麗，高麗王問：「龜山先生今在何處？」還，以聞，遂召爲秘書郎。（註二）歷邇英殿說書，右諫議大夫、兼侍講，兼國子祭酒。高宗卽位，以呂好問薦，除工部侍郎，兼侍讀。遷龍圖閣直學士。已而告老，以著書講學為事。享年八十三，諡文靖。有龜山集及語錄行世。宋史入道學傳。黃宗羲為立龜山學案。

龜山立朝，屢上疏直諫，極陳時政之弊凡十餘事，及畫戰守之策。又請消弭黨爭，凡祖宗之法，有宜於今者舉而行之，當損益者損益之，不必問其為元祐為熙、豐也。又力排和議；童貫等喪土棄軍，姚古擁兵自保，龜山皆上疏乞正典刑，以肅軍政。（註三）胡安國謂龜山所建白者，當時宰執若能聽用，國事牛可得救云。（註四）龜山又奏蔡京禍國，乃王安石倡邪說姦言，敗壞心術，有以啓之，請追奪王爵，毀配享像。胡安國謂此章為取王氏心肝之劊子手段。

龜山為二程高弟，推廣師說，務極其趣，東南學者推之為程氏正宗；然其學得之明道者為多。胡安國嘗謂「龜山所見在中庸，自明道先生所授。」（註五）龜山有云：

> 中庸曰：「喜怒哀樂之未發，謂之中；發而皆中節，謂之和。」學者當於喜怒哀樂未發之際，以心體之，則中之義自見。執而勿失，無人欲之私焉，發必中節矣。（答學者書）

龜山言「中」，主張體之於喜怒哀樂未發之際，乃默坐澄心，體認天理之意，亦即明道之路數。又嘗曰：

> 某嘗有數句教學者讀書之法云：以身體之，以心驗之，從容默會於幽閑靜一之中，超然自得於書言象意之表。此蓋某所為者如此。（龜山集卷十二：語錄三）

此讀書之法，實亦循明道「靜坐」之訓而來。至其以惻隱說仁，以「萬物與我為一」說仁之體（註六），爲本諸明道之義，亦不待言。

龜山天資仁厚，寬大能容物，又不見涯涘，不爲崖異絕俗之行。與人交，終始如一。謝良佐云：「昔在二先生門下，伯淳最愛中立，正叔最愛定夫，觀二人氣象亦相似。」(註七) 呂本中亦云：「嘗聞於前輩長者，以爲明道先生溫然純粹，終身無疾言遽色，龜山先生實似之。」(註八)

宋儒多好佛學，龜山亦然。程伊川云：「游酢、楊時先知學禪，已知向裏沒安泊處，故來此，却恐不變也。」(註九) 觀龜山與楊仲遠第六書云：「儒、佛之論，造其極致，則所差杪忽耳。」(註一〇) 其意似謂儒、禪之別，僅在初入手處，至高妙精微處，幾無以異。又嘗曰：「圓覺經言作、止、任、滅是四病，作卽所謂助長，止卽所謂不芸苗，任、滅卽是無事。」「形色，天性也。……謂形色爲天性，亦猶所謂『色卽是空。』」「維摩經云：『眞心是道場』。儒、釋至此實無二理。」「總老言經中說十識第八『庵摩羅識』，唐言白淨無垢，……白淨無垢卽孟子之言性善是也。」(註一一) 則龜山雖未「流於異端」(註一二)，而於釋氏之論，固亦心許之也。故黃震曰：「龜山氣象和平，議論醇正，說經旨極切，論人物極嚴，可以垂訓萬世。使不閒流於異端，豈不誠醇儒哉！」(註一三)

二、游　酢

游酢，字定夫，建州建陽（今福建省建陽縣）人，生於宋仁宗皇祐五年（一〇五三），卒於徽宗宣和五年（一一二三），享年七十一。建陽西北有廌山，定夫嘗讀書於此，故學者稱廌山先生。

廌山少時卽以文行知名，老師宿儒，咸推先之。伊川一見，謂其資可與適道。時明道知扶溝縣，設庠序以教邑人子弟，召廌山職學事，廌山欣然而往；得其微言，因受業焉。與謝良佐、楊時鼎足而三，號程門高弟。元豐六年（一〇八三）第進士，仕越州蕭山尉，召爲太學錄，遷博士，以奉親不便，求知河清縣。范純仁判河南，待以國士，有疑輒咨之。及入相，復以爲太學博士。徽宗立，拜監察御史，後出知漢陽軍及和、舒、濠州。廌山性穎悟，富治劇才，更數州縣，皆處之裕如，多有惠政，民戴之如父母。伊川嘗謂楊時曰：「游君德器粹然，問學日進，政事亦絕人遠甚。」（註一四）爲程子見稱如此，其所造可知矣。著有易說、詩二南義、中庸義、論語孟子雜解，及詩集十卷。今存廌山集四卷，已非完書矣。宋史入道學傳。黃宗羲爲立廌山學案。

廌山儀容辭令，燦然有文，望之知爲成德君子。程伊川稱其「固是穎然，資質溫厚。」（註一五）平素事親無違，交友有信，遇僚屬有恩。決獄精練，人服其明。嘗解論語「吾日三省吾身」章曰：

> 此特曾子之省身者而已。若夫學者之所省，又不止此。事親有不足於孝，事長有不足於敬歟？行或愧於心，而言或浮於行歟？慾有所未窒，而忿有所未懲歟？推是類而日省之，則曾子之誠身，庶乎可以跂及矣。（〇山集卷一：論語雜解）

其教人者如此，則其所以處己者，亦可知矣。

廌山師事二程前，已醉心禪學。呂本中曰：

> 定夫後更為禪學。大觀間，本中嘗以書問之云：「儒者之道，以為父子、君臣、夫婦、朋友、

兄弟，順此五者，則可以至於聖人。佛者之道，則去此然後可以至於聖人。吾丈既從二程先生學，後又從諸禪老游，則二者之論，必無滯閡。敢問所以不同何也？」游丈答書云：「佛書所說，世儒亦未嘗深考。往年嘗見伊川先生云：『吾之所攻者，迹也。』然迹安所自出哉？要之此事須親到此地，方能辨其同異；不然，難以口舌爭也。」（師友雜志）

游定夫嘗言前輩先生往往不曾看佛書，故詆之如此之甚。其所以破佛者，乃佛書自不以為然者也。（同前）（註一六）

伊川嘗慮廌山入程門後，其所信者終不變（見前引伊川語），果然。

三、尹　焞

尹焞，字彥明，一字德充。洛陽人。祖源，字子漸，世稱河內先生；叔祖洙，字師魯，世稱河南先生；皆以文學知名。焞生於宋神宗熙寧四年（一〇七一），卒於高宗紹興十二年（一一四二），享年七十二。（註一七）

焞年十七，即師事程頤。哲宗紹聖元年（一〇九四）應進士試，發策有「誅元祐邪黨」之問，焞曰：「以此策士，吾尚可以干祿乎？」不對而出，且終身不就舉。頤既歿，焞授徒於洛，聲聞大盛，士大夫宗仰之。欽宗靖康元年（一一二六），种師道薦其學行可備講說，召入京，焞不肯留，賜號和靖處士放還。呂好問、梅執禮、邵溥、胡安國等合奏：「尹焞學窮根本，德備中和，言動可以師法，器識可以任大，……望特加識擢，以慰士大夫之望。」以金兵犯闕，不報。次年，金人陷洛，焞闔門被害，焞死復甦。劉豫僭號，以禮聘焞，繼脅之以兵，焞不屈。流離至蜀。高宗紹興五年（一一三五），侍講范沖舉焞自代，除崇政殿說書，焞累辭。後張浚入相，上章復薦，詔以秘書郎兼說書，焞力辭不允，始入見就職。歷遷祕書少監、太常少卿兼說書、權禮部侍郎兼侍講。秦檜主和，焞上疏極言不可，又遺書責檜，檜大怒，除徽猷閣待制兼侍講，焞固辭，乃提舉江州太平觀。年七十，上表乞致仕，居會稽二年而歿，諡曰肅。著有和靖集及論語孟子解。宋史入道學傳。黃宗羲爲立和靖學案。

和靖師事伊川垂二十年，天資最魯，而用志最專。終日竦然，家人問飢渴飲食，然後唯阿應之，不爾不言；又常以片紙書格言至論，粘之窗壁間，以自警戒（註一八），故讀書每有自得。如論三省吾身、敬以直內、及動靜一理、義與命等，伊川皆歎賞之。（註一九）伊川嘗言「晚得二士」（註二〇），一爲張繹，一即和靖。伊川教人專以「敬以直內」爲本，和靖獨能力行之（註二一），故伊川曰：「我死而不失其正者，尹氏子也。」（註二二）而和靖窮居講論，不肯少自貶屈，誠敬純一，終生不移，自謂「一生不敢作過」（註二三），果如伊川所期。嘗誡弟子曰：

學者切不可以富貴為大事。富貴儻來之物，纔役心於此，則不可為學矣。（和靖集卷五）

故其初奉詔爲崇政殿說書，辭免之章凡二十上；晚除權禮部侍郎兼侍講，凡十辭；眞所謂視名利若浮雲者。史家曰：

當是時，學於程頤之門者固多君子，然求質直弘毅、實體力行若焞者蓋鮮。（宋史卷四二八道學二）

其言誠是。宋周紫芝贊之曰：

先生誦聖人之言，行聖人之道，退不以矯，進不以躁，用能隨隱顯以無心，歷險夷而一操。彼佞人之譎譎者，又奚足以窺先生之所造也？（宋元學案補遺卷二十七和靖學案補遺引）

亦非溢美之辭。然朱熹謂「程門高弟如謝上蔡、游定夫、楊龜山輩，下梢皆入禪學去。」（註二四）而不及和靖。黃震亦曰：「程門之傳，惟先生最得其正，其餘率染異論。」（註二五）後人遂以爲和靖不近禪（註二六）。案呂本中云：

彥明嘗說不消分別此是釋氏說，此是孔子說。如此時，却是私也，但只論道理如何。（師友雜志）

彥明嘗說古人只是為己，所以得力。却是今禪家直截，會時便會，不會便去，更沒許多之乎者也。今從事聖人之學，都只被理會之乎者也，却不理會緊要處。（同前）

又和靖嘗以母命，日誦光明經一部；其在虎丘時，且每旦起頂禮佛。（註二七）則和靖雖口不談禪，而於釋氏之教，實深許之也。

四、陳　瓘

陳瓘，字瑩中，號了翁，南劍州沙縣（今福建省沙縣）人，學者稱了齋先生。生於宋仁宗嘉祐五年（一〇六〇），卒於徽宗宣和六年（一一二四），享年六十五。諡曰忠肅。

了齋少好讀書，中元豐二年（一〇七九）進士甲科。元祐初，簽書越州判官。太守蔡卞察其賢，每事加禮，而了齋測知其心術，屢引疾求歸，章不得上。紹聖初，章惇入相，用了齋爲太學博士。惇與蔡卞合志，倡紹述之說。卞黨議毀資治通鑑，了齋因策士題特引神宗所製序文以問，卞黨意沮。了齋遷秘書省校書郎，奏言「堯、舜、禹皆以『若稽古』爲訓，『若』者，順而行之；『稽』者，考其當否，或若或稽，必使合於民情，所以成帝王之治也。」且論天子之孝，與士大夫之孝不同。哲宗感悟，約期再見，有變更時事之意，執政聞而恨之，黜通判滄州。除樞密院編修，辭不赴，知衞州。徽宗卽位，召爲右正言，遷左司諫，極論蔡卞、章惇之罪。紹聖七年，出知無爲軍。明年，還爲著作郎。遷右司員外郎兼權給事中。宰相曾布使客告以將卽眞，了齋語子正彙曰：「吾與丞相議事多不合，今若此，是欲以官爵相餌也。吾有一書論其過，將投之以決去就。」布覽之大怒，出知泰州。崇寧中，除名竄袁州、廉州，移郴州。稍復宣德郎。子正彙在杭告蔡京有動搖東宮迹，流海上；送了齋通州安置。議者以所著尊堯集言多詆誣，編管臺州。人莫敢以居屋借賃，遂館於僧舍。蔡京命郡守脅以死，了齋抗聲爭辨，終不能害。則每十日必爲之徙一寺，不使一日少安。在臺五年，乃得自便。卜居江州，旋令居南康，纔至，又移楚州。蓋蔡京爲翰林學士承旨時，了齋力言京不可用，披姦發慝，京最忌恨，故得禍最酷，名隸黨籍，轉徙道途無寧歲，至必欲殺之以快意。幸徽宗保全，得免橫禍。然卒以窮死。遺文五十卷，已佚，今僅傳易說一卷。宋史卷三四五有傳。

了齋雖閑居，容止常莊，言不苟發，雖盛暑見子孫輩，未嘗不正衣冠。而秉性謙和，與物無競；與人議論，率多取人之長，尤好獎進後輩，一言一行，苟有可取，卽譽美傳揚，謂己不能。又力學不懈，每日有定課，自鷄鳴而起，終日寫閱，不離小齋，倦則就枕，既寤卽興，不肯偃仰枕上；每夜必置行燈於床側，自提就案，數十年如一日。(註二八)初爲倅湖州，裘葛不能蔽體，簞瓢不足充口，而溫然盛德之容，了無含慍，談笑舒愉，幽居甚樂。(註二九)其少時已進德如此，晚更可知矣。故遭再四竄徙，百端窘辱，皆安之不以爲撓。嘗曰：「天下之死一耳。死於瘴癘，死也；死於囹圄，亦死也；死於刀鋸，亦死也；吾今一視之，俱無所擇。」(註三〇)

了齋學問之博，識見之精，論議之偉，節概之高，固世所同欽；而其負經邦緯世之材，亦士大夫所共知者，惜不爲時用也。范純仁晚年益以天下自任，尤留意人材，或問其可爲今日用者，答曰：「陳瓘。」又問其次，曰：「陳瓘自好也。」蓋言了齋可獨當天下之重也。宣和末年，人憂大厦之將顚，或問游定夫以當今可以濟世之人，定夫曰：「四海人材不能周知，以所知識，陳了翁其人也。」(註三一)了齋既歿，南劍州立祠祀之，楊時爲撰文曰：

剛大之氣，充塞宇宙；先知之明，爲時蓍龜。非命世之才而能自拔於流俗者，未之有也。

(龜山集卷二十四：南劍州陳諫議祠堂記)

蓋一時之公論如此。

了齋承豐稷之學，豐稷見於宋元學案之范呂諸儒學案，黃宗羲更爲了齋別立陳鄒諸儒學案，冠了齋於學宗之首。全祖望又云了齋私淑邵雍、司馬光、及二程子。然二程語錄中頗述了齋之事(註三二)，則其於二程，似不僅私淑而已也。了齋弟子徧東南，惜其文不傳，幸呂本中童蒙訓記其言行十餘則，得以略窺其精語云。

了齋亦深浸佛學，嘗曰：「吾生平學佛，故於死生之際，了然無怖。」又曰：「佛法之要，不在文字，亦不離於文字，只金剛經一卷足矣。世之賢士大夫，無營於世，而致力於此經者，昔嘗陋之，今知其亦不癡也。」(註三三)然李綱爲御史被謫，致書了齋求華嚴奧旨，若將忘世者，了齋以狄梁公得筏猶捨之語報之，且勉其繼踵李文靖、王文正二公於筌筏之外。又張天覺好佛，亦好道，了齋以詩柬之曰：「辟穀非眞道，談空失自然。何如勳業地，無媿是神仙。」(註三四)可知了齋之學佛，亦其寄也。然其久困患難，了無所畏，且能於苦處中習行安樂法，則未始非得力於釋氏之教也。

五、劉安世

劉安世，字器之，大名（今河北省大名縣）人。生於宋仁宗慶曆八年（一〇四八），卒於徽宗宣和七年（一一二五），享年七十八。謚曰忠定。學者稱元城先生。

元城師事司馬光，熙寧六年（一〇七三）舉進士，不就選，復從學者數年，始出仕。光閒居，元城時節問訊不絕，及爲相，元城獨無書，光激賞之，薦爲秘書省正字。(註三五)光薨，用呂公著薦，擢右正言。時執政頗與親戚官，元城奏：「祖宗以來，大臣親戚子弟不敢受內外華要之職。自王安石秉政，專用親黨，務快私意，累聖之制，掃地不存。今廟堂之上，猶習故態。」因歷疏太師文彥博、司空呂公著等八人，皆耆德魁宿，不少假借。又論奏蔡確、黃履、邢恕、章惇等，使俱貶。遷起居舍人兼左司諫，進左諫議大夫，改寶文閣待制、樞密都承旨。紹聖初黨禍起，章惇、蔡卞用事，黜知南安軍，未至，三貶新州別駕，安置英州。蔡京乞誅滅元城等家，讒雖不行，猶徙梅州。惇、卞必欲置之死，因使者入海島誅陳衍，諷使者過元城，脅使自裁。又擢一土豪爲轉運判官，使殺之，判官疾馳赴梅，尚距二十里，嘔血而斃，危得免。投荒七年，凡兩廣遠惡地無不歷之。徽宗即位，始移衡州，與蘇東坡相遇於道，東坡曰：「器之鐵石人也。」（註三六）起知潞州、鄆州、眞定府，蔡京既相，連七謫至峽州羈管。稍復承議郎，卜居江寧以終。士庶婦女哭之者日數千人。遺文集二十卷，資治通鑑音義十卷（註三七），俱佚。今傳盡言集十三卷，皆平生所爲章劄。又元城語錄三卷，則弟子撰集其語爲之。宋史卷三四五有傳。司馬光弟子不傳者多，其著者數人而已，而元城得其剛健。門人呂本中、劉勉之、曾幾等，皆有聞於世。清全祖望特於宋元學案中別立元城學案。

元城問司馬光盡心行己之要，光教之以「誠」，又教以「自不妄語始」（註三八），元城終身行之，言行一致，表裏相應。其論時事，論經史，皆考訂是非，別白長短，不詭隨，不雷同。爲言官時，以辨邪正、退小人爲急，正色立朝，扶持公道。每面折廷爭，至帝盛怒，則執簡却立，伺怒稍解，復前抗辭，且前且却者或至四五，觀者皆汗縮竦聽，目之曰「殿上虎」，一時無不敬懾（註三九）。崇寧初知潞州，部使者觀望治郡中事，無巨細皆詳考，然竟不得毫髮過，雖過往驛券，亦無違法予者，部使者亦歎伏之。（註四〇）平居未嘗有惰容，與客談論踰時，身不傾倚，手足不移。終身不書草字，以戒苟且。（註四一）年既老，名望益盛。宣和年間，內侍梁師成得幸，能生死人，心服其賢，欲引以爲重，致

書許大用，元城還其書不答。人皆爲元城危之，而元城自若也。(註四二)

元城信佛，自謂參禪有得，人或不以爲然，則甚不平。(註四三)與弟子尋常亦談釋氏，有曰：

孔子，佛之言相為終始。孔子之言：「毋意、毋必、毋固、毋我。」佛之言曰：「無我、無人、無衆生、無壽考。」其言次第，若出一人。……故儒、釋、道、神四者，其心皆一，但門庭施設不同爾。(元城語錄解卷上)

三教猶鼎足，獨令一足大，可乎？則鼎必覆矣。……彼世之小儒，不知此理，見小輩或毀佛法，亦從而詆之，以謂佛法皆無足采，非也。(同前)

所謂「禪」一字，於六經中亦有此理，但不謂之「禪」爾。至於佛，乃窺見此理而易其名。(同前)

可見其奉佛甚篤。元城巍巍泰山，壁立萬仭，風裁氣節，震動天下。故雖嘗於論歐陽棐差除不當之章疏中，三詆程頤(註四四)，而朱子三朝名臣言行錄仍備載其言行，固爲朱子之廓然無私，要亦公論之未可掩也。(註四五)

六、唐廣仁

唐廣仁，字充之，內黃(今河南省內黃縣)人。生卒年不詳。少有志於學，聞司光馬謂劉安世曰：「生平無以過人，但事無大小，皆可使人知。」遂私淑之。元祐中，登進士第，官乾寧司法參軍，改常州，能決疑獄。元符末上書論時政，因入「邪等」之籍，遭黜廢。徽宗大觀、政和間，監蘇州酒稅務，蘇人朱沖有勢焰，太守以下皆承奉之，而廣仁著憎慢之迹，太守不能堪，下之獄，無所入罪，然竟以此不用。退居楚州寶應，讀書講道，所得愈邃。

廣仁誠實篤厚，陳瓘、鄒浩等深喜之。(註四六)廣仁每云：

後生不能忍詬，不足以為人。聞人密論，不能容受而輕泄之者，不足以為人。(呂本中童蒙訓卷中引)

其教人者如此。本中謂其學主天人一理，內外一致，自灑掃應對退與酬酢佑神皆一事，無先後之別，極高明所以道中庸也(註四七)。又稱其練達時務，如役法、茶鹽法、及民間利害，皆編類成書，本末分明，毫髮不遺；(註四八)惜今皆不可見矣。宣和中卒。遺言所以教子者，唯溫公語，他不及焉。

本中所從遊諸儒，略如上述。其承父祖之教，家學淵源，則事所必然，自不待言。茲爲更求明晰，特作圖於左，藉示其學術統緒焉。(註四九)

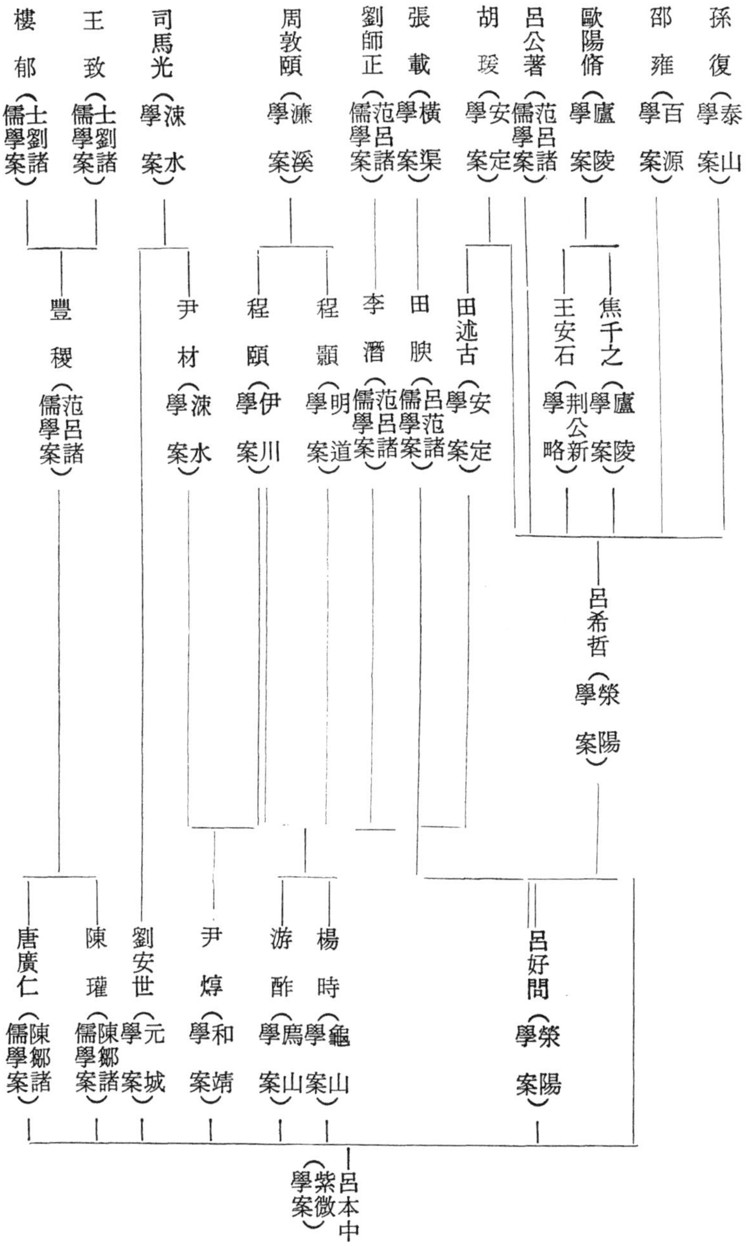
孫復（泰山學案）
邵雍（百源學案）
歐陽脩（廬陵學案）
呂公著（范呂諸儒學案）
胡瑗（安定學案）
張載（橫渠學案）
劉師正（范呂諸儒學案）
周敦頤（濂溪學案）
司馬光（涑水學案）
王致（士劉諸儒學案）
樓郁（士劉諸儒學案）
焦千之（廬陵學案）
王安石（荊公新學略）
田述古（安定學案）
田腴（呂范諸儒學案）
李潛（范呂諸儒學案）
程顥（明道學案）
程頤（伊川學案）
尹材（涑水學案）
豐稷（范呂諸儒學案）
呂希哲（榮陽學案）
呂好問（榮陽學案）
楊時（龜山學案）
游酢（廌山學案）
尹焞（和靖學案）
劉安世（元城學案）
陳瓘（陳鄒諸儒學案）
唐廣仁（陳鄒諸儒學案）
呂本中（紫微學案）

【附　註】

註　一　見鄭師因百宋人生卒考示例續編。

註　二　高麗王問龜山事，宋元學案卷二十五本傳云使者爲傅國華，然呂本中撰龜山行狀，所記使高麗者爲路允廸、傅墨卿，自以後者爲可信，故從之。見伊洛淵源錄卷十。

註　三　參見伊洛淵源錄卷十墓誌銘，宋史卷四二八本傳。

註　四　見伊洛淵源錄卷十答陳幾叟書。

註　五　見宋元學案卷二十五龜山學府附錄。

註　六　見龜山集卷十一、語錄二。

註　七　見上蔡語錄卷二。

註　八　見伊洛淵源錄卷十錄本中撰龜山行狀。

註　九　見二程遺書卷二上。

註一〇　見龜山集卷十六。另參見卷十語錄。

註一一　見龜山集卷十三語錄。

註一二　伊川自涪歸，見學者凋落，多從佛學，獨楊時與謝良佐不變，因歎曰：「學者皆流於異端矣，惟有謝、楊二君長進。」見伊洛淵源錄卷十。

註一三　見宋元學案卷二十五龜山學案。

註一四　伊洛淵源錄卷九錄楊時撰墓誌。

註一五　見宋元學案卷二十六廌山學案。

註一六　宋元學案卷二十六廌山學案引作「而其所以破物者，自不以爲然也。」誤字益以節略，遂不可解。

註一七　見鄭師因百宋人生卒考示例。

註一八　和靖所書格言至論見和靖集卷四壁帖。

註一九　見宋元學案二十七和靖學案。

註二〇　見和靖集卷七師說附錄，伊洛淵源錄卷十二。

註二一　見呂本中師友雜志。

註二二　見伊洛淵源錄卷十一呂稽中撰墓誌銘。

註二三　高宗嘗問和靖：「卿之粹厚何以臻此？」對曰：「臣但一生不敢作過。」參見和靖集卷六，宋元學案卷二十七。

註二四　見朱子全書卷五十四道統三。

註二五　見宋元學案卷二十七和靖學案引。

註二六　如今人錢穆先生云：「後來程門連謝、楊也都走近禪，只焞不然。」見氏著宋明理學概述第十八節。

註二七　同註二四。

註二八　見三朝名臣言行錄卷十三之三。

註二九　見全祖望撰陳忠肅公祠堂碑銘，宋元學案卷三十五陳鄒諸儒學案引。

註三〇　見宋元學案卷三十五陳蔡諸儒學案。

註三一　同註二八。

註三二　見二程遺書卷十九。

註三三　同註三〇。

註三四　同註二八。

註三五　見邵伯溫聞見錄卷十三。

註三六　見宋元學案卷二十元城學案附錄。

註三七　元城著述，宋史本傳及宋元學案皆不載，此據盡言集王綯跋，及名臣碑傳琬琰集下卷十九。

註三八　見元城語錄卷中。

註三九　見元城語錄附行錄。

註四〇　見呂本中撰官箴。

註四一　參見元城語錄，呂本中師友雜志。

註四二　同註三九。

註四三　同註二一。

註四四　見盡言集卷一。

註四五　朱熹三朝名臣言行錄卷十二錄劉安世事蹟達三十七則，四庫全書所收者爲宋人李衡節編本，改題宋名臣言行錄後集，亦節錄二十二則。然提要云：「劉安世氣節凜然，爭光日月，盡言集、元城語錄今日尚傳，當日不容不見，乃不登一字，則終非後人所能喻。」又元城語錄提要曰：「朱子作名臣言行錄，於王安石、呂惠卿皆有所節取，乃獨不錄安世。」誠信筆漫書，厚誣朱子。館臣撰作提要，於原書「不容不見」，而疏謬至此，不尤「非後人所能喻」耶！余嘉錫四庫提要辨正已詳論其故，可參閱。

註四六　同註二一。

註四七　見宋元學案卷三十五陳鄒諸儒學案引汪玉山跋廣仁帖，稱聞諸呂本中者如此。

註四八　同註二一。

註四九　程頤亦爲胡瑗弟子；頤與呂希哲同時問學，希哲以其年長，並以師禮事之；上章第五節已言及，此圖爲簡明計，故未標示。

第三節　行　實

本中初名大中，字居仁，神宗元豐七年（一〇八四）生，哲宗元祐四年（一〇八九）以曾祖公著遺表恩，授承務郎，紹聖間黨事起，追貶公著，本中亦奪官。元符中復官，徽宗政和五年（一一一五）調興仁濟陰主薄，繼爲泰州（註一）士曹、大名府帥司幹官。宣和六年（一一二四），除樞密院編修官。靖康初，遷職方員外郎。以父好問拜兵部尚書，引嫌請去，除直秘閣、主管明道宮。丁父憂，服除，召爲祠部員外郎。尋以疾丐閒。再除直秘閣，主管崇道觀。高宗紹興六年（一一三六）七月，召賜進士出身，擢起居舍人，屢辭不允，兼權中書舍人。次年四月，引疾乞祠，除直龍圖閣、知臺州，不就，改主管太平觀。冬，召爲太常少卿。紹興八年二月，拜中書舍人。三月，兼侍講。六月，又兼權直學士院，八月，兼史館修撰。十一月，以忤秦檜，爲御史誣劾，提舉太平觀。紹興十五年（一一四五）六月卒（註二），葬信州德源山（註三）。年六十二。學者稱東萊先生。（註四）孝宗隆興二年（一一六四），追復敷文閣待制，賜謚文淸。（註五）子數人：大猷，字允升；大同，字逢吉；餘不詳名氏。（註六）大猷生祖仁、祖泰。大同仕從事郎，汪應辰極稱賞之；有子祖平，歷官仙遊縣令，桂陽太守。茲略述本中之學術、德行、與功業於后：

一、學　術

本中幼極敏悟，且少時已能汲汲於學，曾祖公著奇愛之。祖希哲、父好問，皆爲世所仰望之大儒，本中兼承父祖之訓，薰染家學，聞見習熟，自云：

憶得少年無事，苦心更學文章。（詩集補遺：卽事六言七首之一）

往年在重侍下，每夜侍滎陽公與祖母張夫人，極論學問及出世法，至二更方罷，夜夜如此。（師友雜志）

又宋元學案云：

先生主濟陰簿時，滎陽門人顏夷仲贈詩有「同升夫子堂」句，先生罷官留別亦云：「昔日同升

夫子堂」；知先生固從學滎陽，兼聞父祖之訓者。（卷三十六紫微學案王梓材案語）

本中少時習聞父祖之教；稍長，又從楊時、游酢、尹焞遊，復造劉安世、陳瓘、唐廣仁之門請益，與諸君子晨夕相接論學。故其學問術業，乃本於天資，習於家庭，稽諸中原文獻之所傳，摶諸四方師友之所講，是以端緒深遠，而成就超卓。靖康之亂，中原塗炭，衣冠人物，萃於東南；本中於贛於閩，皆嘗出其所蓄積者以授徒（註七）。未幾，聲光四出，而不可遏，本中遂名震朝野，爲當世士大夫所仰望。紹興六年（一一三六）賜進士出身除起居舍人制云：

學術淵源，本於前哲；文采聲譽，絕於縉紳；更歷險夷，遂為耆舊。（宋會要輯稿頁四四〇五）

宋王及之云：

聞居仁名，十五年矣。比者獲見，乃大過所聞。文章議論，超絕一時，在公為餘事耳。（師友雜志引）

朱熹云：

紹興紫微呂公，名德之重，一言一動，皆有法戒，固非後學可得而贊也。（晦菴集卷八十三；跋呂舍人青溪類稿）

呂公之言，所以發明講道修身之法詳矣；學者審其先後緩急之序而用力焉，其入聖賢之域也孰禦！（晦菴集卷八十二；跋呂舍人帖）

韓淲云：

渡江南來，晁詹事以道、呂舍人居仁，議論文章，字字皆是中原諸老一、二百年醞釀相傳而得者，不可不諷味。（澗泉日記卷下）

本中之學，其深邃如此。清全祖望曰：

紫微之學，本之家庭，而徧叩游、楊、尹諸老之門，亦嘗及見元城，多識前言往行以畜德。成公之先河，實自此出。顧世以其喜言詩也，而遂欲以江西圖派揜之，不知先生所造甚高。（宋元學案卷三十六，紫微學案）

故全氏列本中於元城、滎陽、龜山、廌山、和靖、震澤、陳鄒諸儒等學案中，更別立「紫微學案」，以本中爲學宗，「以上紹原明，下啓伯恭焉。」（註八）不獨此也，本中之詞章，亦廣邀時譽。宋李彌遠草除本中太常少卿制曰：

爾操履之正，克世其家；問學之醇，不悖於道；發為詞章，炳然其華。（筠溪集卷四）

又除中書舍人制曰：

襲芳名冑，濟以多聞；粲然泉湧之文，粹矣玉溫之質。（筠溪集卷五）

制書云云，蓋爲一時公論。案師友雜志記謝逸之言曰：

政和初，無逸至京師省試，嘗寄予書，極相推重；以為當今之世，主海內文盟者，惟吾弟一人而已。

陸游亦曰：

公自少時，旣承家學，心體而身履之，幾三十年。仕愈躓，學愈進，因以其暇盡交天下名士，其講習探討，磨礱浸灌，不極其源不止。故其詩文汪洋閎肆，兼備衆體，間出新意，愈奇而愈渾厚；震耀耳目，而不失高古；一時學士宗焉。（渭南文集卷十四：呂居仁集序）

本中文集不傳。嘗著宋論四十篇，議論宏偉，「審時度勢，洞若觀火。」（註九）可知其文采與識見，迥異流俗；惜今已不可得覩矣。至本中之詩，則少時苦吟，前輩已服其精。宋林之奇云：

呂紫微未二十歲時，有滕王閣詩，其兩句云：「小艇原從天上來，白雲自向盃中落。」前輩作者，已服其精當矣。此虞夢符之說也。余舊聞諸呂逢吉言：舍人少時有詩云：「春盡茅簷低着燕，日高田水故飛鷗。」蘇黃門見之云：「此人他日當以詩名天下。」（拙齋文集卷一：記聞上）

迄於中年，本中果如蘇轍所云。曾幾曰：

紹興辛亥，幾避地柳州，公在桂林，是時年皆未五十，公之詩固已獨步海內。（東萊先生詩集序）

師友雜志又記徐俯之言曰：

徐俯師川，少豪逸出衆，江西諸人皆從服焉。崇寧初，見予所作詩，大相稱賞，以為盡出江西諸人右也。其樂善過實如此。

蓋本中於其詩文，似亦頗有自喜之意。本中何以能文？自師友雜志中可略窺消息：

崇寧初，予家宿州。汪信民為州教授，黎確介然初登科，依妻家孫氏居，饒德操亦客孫氏，每從予家游。三人者，嘗與予及亡弟揆中由義會課，每旬作雜文一篇，四六表啓一篇，古律詩一篇；旬終會課，不如期者，罰錢二百。

然則本中之文學造詣，固家教有以玉成之，而自我鞭策之功，亦未可沒也。又本中著有春秋集解一書，朱熹嘗云：「呂居仁春秋亦甚明白，正如某詩傳相似。」(註一〇)是則本中於經學亦造詣精微。其巍然為一世大儒者，豈偶然哉！

本中於儒學之外，亦以餘力及於佛學。蓋世風尚佛，其高祖夷簡、曾祖公著、祖希哲皆兼通儒釋(見上章)，叔祖希純，亦精於佛學(註一一)；其師游酢、陳瓘等，又究心禪理；本中日夕濡染，更從諸禪老游(註一二)，於禪學乃大有所得。師友雜志云：

予嘗答立之書，晁以道京師適見之，極相稱賞，但言不合說得佛學太多。

宋韓元吉撰兩賢堂記，謂上饒郡城西北三里許之茶山，有廣教僧舍，本中嘗寄身於此；踰三十年，主僧猶憶其師推崇本中之禪學：

紹興中，故中書舍人呂公居仁嘗寓於寺。公以文章名於世，而直道勁節，不容於當路者，屏居避謗，賫志以沒。上饒士子，稍宗其學問，雖田夫野老，能記其曳杖行吟，風流韻度也。後數年，故禮部侍郎文清曾公吉甫復來居之。……主僧敦仁者，言少年走諸方，侍其師清於草堂，清每與其徒誦二公詩語，且道其禪學之妙。(南澗甲乙稿卷十五)

全祖望序紫微學案曰：

大東萊為滎陽冢嫡，其不名一師，亦家風也。自元祐後，諸名宿如元城、龜山、〇山、了翁、

和靖，以及王信伯之徒，皆嘗從游，多識前言往行，以畜其德。而溺於禪，則又家門之流弊乎！(註一三)

黃宗羲列本中於和靖學案，而全氏以爲不足以盡本中，故別爲紫微學案，殆可謂深知本中者矣。然謂其究研禪學爲家門之流弊，則又不免爲偏見所誤。不知本中乃以儒爲體，以禪爲用，役釋而非爲釋所役；而此正「不名一師」家風之體現也。

本中著述十餘種，詳下節。

二、德　行

本中輕官爵，尚節義。靖康間爲職方員外郎，拒不附梁師成，大著聲名。(註一四)秦檜時亦爲郎，與本中相得甚歡，而檜又本中父所薦御史也；及本中拜中書舍人，而檜已與趙鼎分爲左右揆矣。本中察檜有專擅之意，欲排不附己者，乃力勸其當秉大同至公之心，同濟艱難，尤不可汲用親黨。亡幾何，檜果私有引用，本中封還除目，檜勉其書行，堅不從。本中抑僥倖，明是非，先後繳還制勅甚衆，檜深怨之。本中瞭然檜不欲容己，終不肯苟合，而卒以此去職。本中之於秦檜，一如其曾祖公著之於王安石(註一五)，誠可謂能紹其家者矣。

南宋刑罰復施黥面，本中期期以爲不可。監階州倉草場苗亘以贓獲罪，詔處黥刑，本中奏曰：

近歲官吏犯贓，多抵黥罪。然四方之遠，或有枉濫，何由盡知？若遽施此刑，異時察其非辜，雖欲拔拭，其可得乎？況祖宗以來此刑嘗用，則紹聖權臣當國之時，士大夫無遺類久矣。願酌處常罰，毋令姦臣得以藉口於後世。（宋史本傳）（註一六）

疏再上，從之。本中仁者之心，於此可見。黥面之刑，雖不至死，然受者精神之痛楚，至死方已，故士大夫受之，每不欲生；是則此刑之酷虐，實不亞於攖首棄市也。且此刑既用，後世因以爲例，一旦姦臣弄權，必借之以及無罪，其爲害之深遠，又未可知。故本中之一再諫止，非僅造福於一人，抑亦有功於後之士人也。

本中自少卽不慕榮利，甘於貧賤。早年卽有示內詩云：

貧賤不可忘，富貴安足羨？我生未三十，種種厭貧賤。宦情肱九折，老味金百鍊。稍回功名心，來結香火願。……他年從吾名，同入隱士傳。（東萊先生詩集卷四）

迨後以切直忤柄臣，一斥不得復用，貧甚，至農曆正旦賦詩有「剩欲禪房作新歲，念無餘瀝到空瓶」之句（註一七），親故皆爲之戚，而本中深居少出，讀書講學，視摧抑擯棄爲士之常，於富貴貧賤毀譽歡戚，不一動其心也。（註一八）其侄孫祖謙有詩記之曰：

吾家紫微翁，獨守固窮節。金鑾罷直歸，朝飯尚薇蕨。峩峩李杜壇，總角便高躡。暮年自誓齋，銘几深刻責。名章與俊語，掃去秋一葉，冷淡靜工夫，槁乾迂事業。有來媚學子，隨叩無不竭。辭受去就間，告戒意尤切。（東萊集卷一：酬上饒徐季益學正）

觀此詩，可知本中晚年之養矣。結語所云，亦爲實錄，本中詩集中多有之。（註一九）

三、功　業

本中立朝未久，然建白實多。當時臣庶主張興復者，大言炎炎，觀其辭固甚順，考其實不易行。本中盱衡時勢，參酌往史，屢上奏疏，備陳規復之策，戰守之計，皆切當而可行者。（註二〇）惜徽宗不採，終至國傾身亡，殊可慨也。宋張綱草本中除祠部郎官制曰：

以爾富於藝文，能嗣家世；考其事業，譽在郎曹。（華陽集卷六）

可知本中在朝廷時，其所作爲，廣爲同列所重。秦檜主和，趙鼎抑沮甚力，會哲宗實錄成，鼎遷僕射，本中草制，有曰：「合晉、楚之成，不若尊王而賤霸；散牛、李之黨，未如明是以去非。」檜大怒，謂本中附鼎，風御史劾罷之。然天下之士，皆因本中之言而祛疑發聵。岳珂云：

公在南渡後，歸然靈光。「尊王賤霸」之一語，著於王言，天下凜然，始知有大義。其正人心、扶世教，功不淺矣。（寶眞齋法書贊卷二十五：呂居仁瞻仰、收召二帖）

其言能見事理之大者、深者，於本中之有功於世，堪謂定評。宋史本傳論曰：

紹興之世，呂頤浩、秦檜在相位，雖有君子，豈得盡其志，宋之不能圖復中原，雖曰天命，豈非人事乎？若常同、呂本中，其才猷皆可以經邦，其風節皆可以勵世，然皆論議不合，奉祠去國，可為永慨矣。（宋史卷三七六）

其言良是。

【附　註】

註一　宋史本傳曰「秦州」，宋名臣言行錄別集上卷七曰「泰州」。考宋之秦州州治在今之甘肅省天水縣，泰州州治在今之江蘇省泰縣，似以後者爲是。

註二　本中卒年見鄭師因百宋人生卒考示例。又本中詩癸亥歲正月二首有云：「今年忽六十」（東萊先生詩集卷十九），可證。

註三　本中葬信州德源山，見韓淲澗泉日記卷中。信州，宋屬江南東路，州治爲今之江西省上饒縣。

註四　本中父好問受封東萊郡侯，子孫尊稱曰東萊公。又因其郡望屬東萊，學者遂稱本中爲東萊先生。至侄孫祖謙，世人亦以東萊先生稱之，於是祖孫往往牽混，故後人復以本中爲大東萊，祖謙爲小東萊以別之。今人某君碩士論文謂本中、祖謙之被稱爲東萊元生，乃因好問封東萊郡侯之故，其說非是。

註五　參見宋史本傳，宋名臣言行錄別集上卷七，南宋館閣錄卷八。

註六　宋章定撰名賢士族言行類稿卷三十六云：「本中生大猷、大同。大同生祖平，今爲桂陽太守。大猷生祖仁、祖泰。弸中生大器。大器生祖謙、祖儉。」明李賢撰明一統志卷二十九河南府人物條，亦云本中有子大猷、大同；呂祖儉撰呂祖謙壙記，云祖謙之祖諱弸中，考諱大器；與章氏之說相符。又陸游渭南文集卷三十六呂從事夫人方氏墓誌銘，謂大同葬於信州上饒縣明遠鄉之德源山，則與本中塋地同，其爲本中之子，此亦可資旁證。案宋汪應辰撰豹隱堂記（見文定集卷九），稱呂大倫於紹興十五年爲武義縣丞，多十二月築堂於廳之西，以與兄大器、弟大猷、大同講習道義於其間。四人是否爲同胞手足，抑大猷、大同喪父後，往依從兄大倫？今不可知。然觀呂祖儉以疏論韓侂冑竄荒遐，從弟祖泰徒步往省之，伴居月餘（見宋史卷四五五本傳），可見呂氏孝友傳家，從兄弟友于情篤，雖同胞手足無以加也。則大猷、大同隨從兄大倫赴官，共聚論學，非不可能。然宋元學案卷三十六紫微學案列大器、大倫、大猷、大同爲本中從子。案本中詩集卷十有寄諸子詩，卷十一懷衢道中寄京師諸友三首有「有兒當似公，尚能傳我詩」之句，則其子已知詩文，且有三人以上；蓋若止二人，當如放翁詩之「寄二子」也。又卷十三次韻王撫幹見惠詩有云：「漫以詩書教兒子，嬾將薪水倩童奴。」卷十六有示兒詩，首聯云：「忍窮吾有味，雕句汝無功。」卷十八卽事四絕之三又云：「日長客去松陰靜，强課日曹學和詩。」可知本中嘗躬自督教其子。而詩集中無悼子之詩，又可見其生前未嘗喪子也。本中卒年六十二，計其子亦當逾而立，豈有不紹承家學之理？是宋元學案不能無疏失也。故名賢士族言行類稿雖爲坊肆陋書，然無顯證知其爲誤，此姑從之。

註七　見呂祖謙東萊集卷七題伯祖紫微翁與曾信道手簡後，及卷八祭林宗丞文。

註八　宋元學案卷三十六紫微學案全氏案語曰：

「先生歷從楊、游、尹之門，而在尹氏爲最久，故梨洲先生歸之尹氏學案。愚以爲先生之家學，在多識前言往行以畜德；蓋自正獻以來，所傳如此。原明再傳而爲先生，雖歷登楊、游、尹之門，而所守者世傳也；先生再傳而爲伯恭，其所守者亦世傳也；故中原文獻之傳，猶歸呂氏，其餘大儒弗及也。故愚別爲先生立一學案，以上紹原明，下啓伯恭焉。」

註九　語見清張泰來江西詩社宗派圖錄。

註一〇　清納蘭成德春秋集解序及朱彝尊經義考卷一八四並引。
註一一　師友雜志云：謝顯道任江州判官，見叔祖待制，問禪學之要。
註一二　本中詩集中有甚多酬贈僧人之詩。又徑山能仁禪院大慧（普覺宗杲）禪師有答本中及其弟隆禮書三通，告以修行之法。見大藏經第四十七册、大慧普覺禪師語錄。
註一三　全氏云本中嘗從游於王信伯，非是。案王信伯亦龜山門人，與本中爲學侶，見宋元學案卷二十五龜山學案，卷二十九震澤學案。
註一四　見宋元學案卷三十六紫微學案本中傳。案梁師成爲徽宗宦者，甚見貴幸，官至太尉開府儀同三司，諂附者卽加汲引，都人目爲「隱相」，事蹟見宋史卷四六八。
註一五　公著事蹟見前。又名臣碑傳琬琰集下卷十曰：「(公著）初入館與王安石善，後安石秉政，公著爲中丞，安石冀其助己，已而公著論其過，不爲少屈也。」
註一六　參見宋名臣言行錄別集上卷七。
註一七　見東萊先生詩集卷四。
註一八　見宋名臣言行錄別集上卷七。
註一九　如東萊先生詩集卷十五：聞大倫與三曾二范聚學並寄夏三十一四首，及補遺頁二〇送晁公慶西歸等詩。
註二〇　宋尤袤遂初堂書目著錄呂居仁奏議，久佚。今略見於宋名臣言行錄別集上卷七頁十六、十七，及宋史本傳。

第四節 著述

一、春秋集解

卷數及存佚均不詳。宋史本傳云有春秋解十卷，藝文志云呂本中春秋解二卷。傳、志所記卷數不合，疑二者必有一誤：或版本不同，分卷有異；或初爲十卷，亡佚其八；甚或二者俱誤也；今已不可考矣。案藝文志又有呂祖謙春秋集解三十卷。宋趙希弁郡齋讀書附志亦著錄春秋集解三十卷，云：

> 東萊先生所著也，長沙陳邕和父為之序。

案「東萊先生」即謂呂祖謙。蓋前有書說六卷，下云：「右東萊先生呂成公（註一）祖謙之說也。」故其後所錄春秋集解三十卷及春秋左氏博議二十五卷，俱云：「右東萊先生所著也。」不復詳書名氏。陳振孫直齋書錄解題則有春秋集解十二卷，云：

> 呂祖謙撰。自三傳而下，集諸家之說，各記其名氏。然不過陸氏、及兩孫氏、兩劉氏、蘇氏、程氏、許崧老、胡文定數家而已。大略如杜諤會義，而所擇頗精，却無自己議論。

兩者所記卷數不一，而皆云呂祖謙作。明朱睦㮮授經圖義例則並錄呂本中春秋解二卷及呂祖謙春秋集解三十卷，至二書是否經眼，未可知。清徐乾學輯通志堂經解，收呂祖謙春秋集解三十卷，納蘭成德序其端曰：

春秋集解三十卷，趙希弁讀書附志云：「東萊先生所著也，長沙陳邕和父為之序。」按成公年譜，凡有著述必書，獨是編不書。宋史本傳公所著有易、書、詩，而無春秋；惟藝文志於春秋集解三十卷直書成公姓名。考吳興陳氏書錄解題有春秋集解十二卷，云是呂本中撰，且撮其大旨，謂「自三傳而下，集諸儒之說，不過陸氏、兩孫氏、兩劉氏、蘇氏、程氏、許氏、胡氏數家而已，其所擇頗精，却無自己議論。」合之是編，誠然。蓋呂氏自右丞好問徙金華，成公述家傳稱為東萊公；而本中為右丞子，學山谷為詩，作江西宗派圖，學者稱為東萊先生，以之名集；然則呂氏三世，皆以東萊先生為目，成公特最著者爾。……竊疑是編為居仁所著，第卷帙多寡不合，或居仁草創，而成公增益之者與？

案宋志並錄本中及祖謙之春秋集解，是當時確有二書。納蘭氏謂宋志於春秋集解三十卷「直書」祖謙姓名，而置宋志另錄本中之春秋解不論；又陳氏直齋書錄收春秋集解十二卷，明云「呂祖謙撰」，而納蘭謂陳氏云呂本中撰；此類紕謬，異乎常理，誠非後人所能喻。至云本傳及年譜不書春秋，則祖謙著述甚富，本傳及年譜中失載者非一二，若左氏傳說、儀禮點校、少儀外傳、歷代制度詳說、古文關鍵、唐鑑注等，皆不見於本傳及年譜，而納蘭氏謂獨春秋集解不書，不知其是否詳悉祖謙之著述，或嘗繙檢祖謙年譜否？又好問嘗受封爲東萊郡侯，故本中撰童蒙訓中卽以「東萊公」尊稱之；此稱實不作始於祖謙，而好問亦未嘗徙金華。至本中及祖謙，時人皆呼爲「東萊先生」，則以呂氏望出東萊之故。納蘭所云，殊嫌失實。於此亦足見其序言實未嘗熟思深考也。其後有尤謬者，則朱彝尊經義考是也。經義考並有呂本中春秋集解及呂祖謙春秋集解，於本中春秋集解下注云：「宋志十二卷。」「存。」並轉錄趙希弁、陳振孫之語，及自爲按語二百餘言。(註二)而於祖謙春秋集解下注云：「宋志三十卷。」「未見。」「張萱曰：呂祖謙博考三傳以來至宋儒諸說，摭其合於經者，撮要編之。」(註三)案呂祖謙春秋集解三十卷，明楊士奇編文淵閣書目、張萱等編內閣藏書目錄、焦竑編國史經籍志等皆已著錄，而朱氏未見。至本中之春秋集解，宋志所錄實爲二卷，而朱氏謂「宋志十二卷」；陳氏直齋書錄收呂祖謙春秋集解十二卷，而朱氏亦沿納蘭氏之誤，逕云：「陳振孫曰：春秋集解十二卷，呂本中撰。」凡此疏略，實不當有。而其所爲本中春秋集解之按語，則全屬剽竊納蘭氏序文，了無新義，特益信世所傳之三十卷，即本中所撰而已。(註四)然朱氏既親覩本中之十二卷本，未見宋志所載之祖謙三十卷本，而仍惑於納蘭之說，致疑於三十卷本爲本中所撰，誠乃疑其所不當疑。其所辨證，不僅無據，抑且不經。而其於祖謙春秋集解下所錄張萱之語，與前引陳氏書錄解題之語意相同，可知二氏所見者皆祖謙之著，特卷數分合有異耳。獨惜朱氏博識多聞，不悟己所見者與納蘭氏所見者非爲一書，又輕忽張萱之語，致蹈納蘭之大誤。考據一事之匪易，殆可於此見之。寖至四庫館臣收錄通志堂本呂氏春秋集解三十卷，於納蘭之語亦未加覆考，而襲其說，蹈其謬，進而斷言「舊刻題曰呂祖謙，誤也。」(註五)因逕移是書於本中。既乏新證，自不可採。觀清錢謙益絳雲樓書目仍有本中之春秋集解五册十二卷，其與四庫之三十卷本(卽通志堂本)，應非一書。況趙希弁讀書附志於東萊先生著春秋集解三十卷之下注曰：「長沙陳邕和父爲之序」，考陳邕與祖謙同時人，陳氏於乾道年間爲靜江府教授，後登淳熙八年（一一八一）進士，而祖謙卒於是年，故陳氏所序之書，屬祖謙撰最有可能。是則今傳春秋集解三十卷，仍宜歸於呂祖謙。至於本中所撰，實別有其書。錢氏去今已三百數十年，絳雲樓藏本未悉是否尚存於天壤間，倘獲與四庫之三十卷比勘，當可釋納蘭之疑，驗館臣之謬，而證吾言之爲碻矣。

二、紫微雜說

一卷。宋尤袤遂初堂書目（小說類）、陳氏直齋書錄（儒家類）、及趙氏讀書附志（雜說類）皆著錄。尤氏所載諸書皆不言卷數，於此書亦但題呂紫微雜說，而不著其名。考本中嘗官中書舍人，而唐宋以來以「紫微」爲中書舍人之代稱（註六），是呂紫微即呂本中也。

是編凡一〇七條，其所論說辨析者，及於五經、四書、左傳、國語、各代史書、諸子、韓文等，亦有論一事一理，而未明言出處者。於文字之訂訛、訓詁之辨究外，尤致意於修身、治國、爲學、養生之道。四庫提要曰：

其書分條臚列，於六經疑義，諸史事蹟，皆有所辨論，往往醇實可取。如謂經書中「致」字有取之義，又有納之義，先儒但以「至極」立解為未盡。又謂檀弓「齊穀王姬之喪」句，「穀」當為告；「使必知其反也」句，「知」當為如，皆於經訓有合。又謂論語「四體不勤，五穀不分」句，為荷蓧丈人自謂，亦頗有所見。其他大抵平心通達，切中理道之言。蓋本中私淑程

子，又從楊時、游酢、尹焞諸人遊，濡染最深，師承極正，故粹然頗有儒者氣象，非諸家說部所能方駕。（見四庫全書本卷首）

其言甚是。此書今傳有指海（第六集）、十萬卷樓叢書（初編）、四庫全書（子部雜家類）及叢書集成初編（哲學類）本。

三、紫微雜記

宋志著錄一卷。今無完本。初疑卽紫微雜說，而「記」字爲形似之誤；然入史部故事類，則與雜說內容大乖，纂志史臣不當有此疏謬。今傳涵芬樓本明陶宗儀纂說郛卷三十一節取其中八則，撰者題宋呂東萊，各則標目依次爲賭新法、何宗韓詩、晁伯禹詩、晁之道詩、家禮、作文引事、司馬文正所以不樂東坡、盛服赴宴。案晁伯禹、晁之道皆與本中游（見師友雜志），此書當爲本中所撰。而此八則俱不見於紫微雜說，益知二者非爲一書矣。覈此八則記事，與師友雜志內容相近，然亦不見於師友雜志；若謂師友雜志今非完本，亦不應無一則可按；豈本中於紫微雜說及師友雜志之外，別爲茲編乎？清陶珽重編說郛卷十九僅錄前六則，無標目，而其末句未完，下脫二十三字，殆所據刻之抄本不善所致。又撰人誤題呂祖謙，則因傳寫者未知祖謙僅終於著作郎，不得有「紫微」之稱也。說郛此本四庫全書子部收。涵芬樓本有臺灣商務印書館之景印本。又筆記小說大觀亦收紫微雜記八則，則係自涵芬樓本說郛迻錄。而紫微雜記之全貌，今已不可復覩矣。

四、東萊先生詩集

二十三卷。晁氏郡齋讀書志（衢本卷十九別集類下）及陳氏直齋書錄解題（詩集類下）皆著錄東萊集二十卷，外集二卷。宋史本傳及藝文志俱作二十卷，不言有外集。日本內閣文庫藏宋刊本及清陸心源皕宋樓藏書志（別集類十六）收宋鈔本，亦皆爲二十卷，書前有宋孝宗乾道二年（一一六六）曾幾序云：

> 乾道初元，幾就養吳郡，時公雅自尚書郎擢守是邦，暇日裒集公詩，略無遺者，次第歲月為二十通。鋟板置之郡齋。

其時上距本中之歿，已二十載，於甄以序語，是版當爲初刻；則本中詩初爲二十卷不誤。今傳四庫全書本亦爲二十卷，惟取與日本內閣文庫藏宋刊本互校，則四庫本卷八首闕問晁伯宇疾二首、商河村決一首、及新霜行題一行、詩二韻；又二者卷十全卷之詩互異。意者，四庫本之卷十，本屬外集，而爲後世傳抄所誤入者。又數年前先師江蘇袁帥南榮法先生遺贈中央圖書館之家藏珍本書中，有明鈔本東萊先生詩集二十卷，及其世父據湘鄉王氏所藏抄本手錄之補遺一卷，經與前二書比勘，除補遺一卷之詩爲前二書所有外，此明鈔本卷十九後半之詩十五題，則爲前二書所無；卷二十全卷，其詩皆與前二書不合；凡此當皆屬外集者。又元方回瀛奎律髓卷三十二云東萊外集有兵亂後雜詩二十九首，今集中亦不見。又宋范成大吳郡志卷十四錄本中咏臞菴五古一首，亦今集所遺。案上海涵芬樓景宋本書末附民國十九年五月張元濟跋，有曰：「傅沅叔語余，近得宋刻東萊外集三卷。」是較晁、陳二志所載者，更餘一卷矣；而合上述三種東萊詩集及方回之語觀之，集外詩恰爲三卷，傅氏之言正不誣也。可知本中詩於沈公雅裒集初板之後，宋末復有爲之蒐遺補闕，輯爲外集二卷及三卷以行世者，且至民國十九年猶得見之。惜半世紀來，干戈擾攘，災禍頻仍，古籍之毀於烽煙水火者，殆不可計，此外集三卷之刻本不卜是否尚存於人世間也？又晁氏書志袁本卷四別集類下下載呂居仁集十卷，諒亦爲詩集，然所題書名及卷數皆與衢本大異，倘爲一書，不應差互至此。前人謂袁本四卷乃晁氏未全之初稿，則所云呂居仁集十卷，疑爲未鋟板前之傳鈔本；而衢本所載者，則梓行之本也。

今傳東萊詩集，有四庫全書（別集類）、四庫全書珍本（九集）、四部叢刊續編、四部叢刊廣編等本，俱爲二十卷。

五、東萊先生文集

卷數不詳。久佚。今傳東萊先生詩集前有慶元二年（一一九六）陸游序（註七）云：

> 公平生所為詩既已孤行於世，嗣孫祖平又盡裒他文，凡若干首，為若干卷，而屬游為序。

則本中詩集鋟板三十年之後，又別有文集行世。然宋末以來公私書目中皆未之見，故四庫全書簡明目錄曰：「本中有文集及外集，皆久佚。」（註八）殆其文名爲詩名所掩，故文集不爲世重，梓行未久，遂卽泯沒，爲可恨耳。

六、東萊呂紫微詩話

一卷。宋趙希弁郡齋讀書附志（雜說類）著錄。宋志及本傳皆不載。全書凡九十則，內言詩者六十一則，餘者半涉雜文，半爲記敘其父祖及時人軼事。言詩者多僅錄原作，鮮見品評之語；有之，亦不過三數字而已。四庫全書簡明目錄謂此書「論詩尤多精語」（註九），殊嫌溢美。

今傳有百川學海（辛集）、津逮秘書（第五集）、古今詩話（卷三）、四庫全書（詩文評類）、螢雪軒叢書、歷代詩話、詩話叢刊、叢書集成初編、叢書集成簡編（文學類）諸本。惟津逮秘書、四庫全書、及歷代詩話本均脫「從叔大有少時詩云：『范雎才拊穰侯背，蔡澤聞之又入秦。』不減王荆公得意詩也。」一條。

七、童蒙訓

三卷。宋史本傳、藝文志（經部小學類）、及尤袤遂初堂書目（儒家類）與陳氏直齋書錄解題（儒家類）均著錄。陳氏作一卷。尤目所載諸書皆不言卷數，且常遺撰者名氏，於此書亦但題呂氏童蒙訓而已。

顧名思義，此書爲本中訓課子侄之本。本中名門之後，逮事元祐遺老，與當世賢者游，淵源所漸者遠；是編卽記其平日聞見，凡立身行己、讀書取友、待人接物、事君撫民之道，靡不備錄。而所記人物，有史傳所不載者，佚文瑣事，賴此猶有徵焉，又不僅爲幼學啓廸之資矣。

淸全祖望云：「紫微先生師友雜志、雜說諸書，大略與童蒙訓三卷互相出入，無甚異同也。」(註一〇)考師友雜志與童蒙訓內容，雖同爲記述宋代賢士大夫之言行，然前者多記本中親炙之師友；後者所記則以曾祖公著、祖希哲、父好問之交往人物爲主，而父祖之事蹟特多；此其互異者一也。前者重在記事，後者重在記言，此其互異者二也。至紫微雜說則就經、史、子、集之文或事，有可商榷者，爲之論辨；於宋代人物，無一語及之；其與師友雜志及童蒙訓二書，實迥不相侔。而全氏謂「無甚異同」，甚謬。

又案朱子答呂伯恭書有「舍人丈所著童蒙訓，則極論詩文必以蘇、黃爲法」之語(註一一)，今本無之，其他宋元詩話文話諸書所引童蒙訓之說，亦皆不見於書內，故今傳本必非原本。四庫提要曰：

以意推求，當時殆以商榷學問者爲一帙，品評文章者爲一帙，有內編外編之分；傳其書者，輕詞華而重行誼，但刻其半，亦未可定也。(見四庫全書本卷首)

其說雖屬臆度，不爲無見。案今本三卷。上卷凡二十葉，下卷二十五葉餘四行，而中卷僅七葉餘二行，內容之豐儉，懸殊過甚。意者，上卷與中卷本爲一卷，鏤板者既刪落其品評詩文之一卷，遂剖另一卷爲上、中兩卷，以副三卷之數。但不悉此本始刻於何時？觀淸陸心源皕宋樓藏書志(子部儒家類)有童蒙訓三卷，其內容或與四庫館臣所見者無異，而注曰「仿宋刊本」，則節取原本之半而梓行，似宋時已然。然今本書末有樓昉跋，云此本乃據呂大器手鈔之藏本所刻(註一二)；案大器爲本中從子，不應未覩伯氏原著；況元人王構所編修辭鑑衡中，採童蒙訓中論詩文之語凡三十三則，皆今本所未載，則王氏尚及見全帙，何以大器手鈔家藏之本竟不完足？此理殊不可解。

此書今可見者有宋紹定二年（一二二九）李壆刊本、明復刊宋李壆本、清韓文綽校刊本、四庫全書、四庫全書珍本（十集）、當歸草堂叢書、保赤彙編、託跋廛叢刊、及萬有文庫（簡編）等本。

八、童蒙詩訓

明楊士奇編文淵閣書目於呂氏童蒙訓（入子雜類）之外，復有童蒙詩訓（入詩詞類）一種；明葉盛菉竹堂書目卷三有童蒙訓一册，卷四又有童蒙詩訓一册，當亦爲本中所撰。案童蒙訓中本多論詩文之語，而南宋鋟板刪之（詳童蒙訓條），今明代乃有此書，參以前述王構編修辭鑑衡中採錄童蒙訓之多，可知童蒙訓原本在元、明間猶獲流傳，故有專刻其論詩文部分，而改題詩訓以別行者也。惜清人書目中竟無此本，蓋傳世未幾卽散佚矣，惜哉！今人郭紹虞氏自宋人詩話文話中輯得七十五則（註一三），亦標名童蒙詩訓，收入宋詩話輯佚之附錄中。本中論詩之見，略存於是。郭氏堪謂本中之功臣矣。

九、紫微詞

一卷。宋以來公私書目皆不載。宋王灼云呂本中詞「佳處如其詩」（註一四），然其詞東萊先生詩集未收，豈附於其文集中耶？惜乎文集今不能見也。清沈雄古今詞話詞評云：「呂本中，字東萊，……杜伯高、仲高出其門，爲集東萊詞。」（卷上）考杜伯高名旟，弟仲高名旃，金華人，見宋元學案卷一安定學案。伯高爲呂祖謙弟子，見宋元學案卷七十三麗澤諸儒學案，又祖謙文集附錄有伯高祭文，其非出本中之門可知；且東萊詞若有刊本，不應公私書目無一著錄，沈氏之言蓋出耳食耳。今人趙萬里校輯宋金元人詞七十一種，有紫微詞一卷，都二十六首。今人唐圭璋編全宋詞，收本中詞二十七首，其中浪淘沙二首，爲紫微詞所無；而紫微詞中清平樂二首，唐氏僅錄其一，另一首(柳塘新漲)失收，亦未云何故。案唐氏於本中詞之末自註「以上呂本中詞二十七首，用趙萬里輯紫微詞，稍有增補。」不云刪減，則其爲漏收無疑也。合以上二書所見，紫微詞今實存二十八首。本中生平詞作，當不止此，然九鼎一臠，亦差可窺其詞之風格與造詣也。

十、東萊呂紫微師友雜志

一卷。宋陳振孫直齋書錄解題（儒家類）及趙希弁郡齋讀書附志（雜說類）均著錄，然不見於宋史本傳及藝文志。今傳爲清陸心源輯十萬卷樓叢書本。案十萬卷樓叢書之輯號稱精審，據清劉錦藻續文獻通考經籍考云：「浙西藏書之富，除杭州丁氏外，以歸安陸氏爲冠。心源蒐訪宋、元遺書，於光緒己卯刊成茲編。必照原本，必求足本，非若宋左氏學海、元陶氏說郛，刪節譌脫，觸目皆是。」(註一五)然此書頁十七即脫二十四行之多，則劉氏之說未免過譽。書前有心源序云：「此從穴硯齋抄本傳錄，廓字下註御名，猶存宋本舊式。」頗疑此書與宋史本傳所記師友淵源錄爲同書而異名。然卷帙懸殊，又不可解。

此書記述其父祖師友之言行軼事，故家傳聞，今存計一百二十一條，關涉人物百二十餘人。所記雖平近無奇，亦大可爲知人之助，補史傳之闕。且議論懿行，足以資人感發者，往往而在。然亦有記當代風習及釋、道之說，如謂當時學者因攻佛說，遂以食肉、殺生、淫欲諸事爲當然；崇寧初，衣服尚窄袖狹緣，有不如是者，皆取怒於時；及謂莊子論養生之道甚精盡，只如廣成子一章（註一六），養生之祖也云云，皆與其父祖師友全然無涉，直可謂之隨感雜錄。幸爲數至尠，未足以爲累也。

此書今本除陸氏十萬卷樓叢書（初編）重刊本外，叢書集成初編（哲學類）（商務印書館編）及叢書集成新編（理學類）（新文豐出版公司編）皆收錄。

十一、師友淵源錄

宋史本傳云本中有師友淵源錄五卷行於世，然宋史藝文志及宋以後各公私書目俱不載。清張泰來江西詩社宗派圖錄曰：「聞公尚有詩友淵源一書，惜未之見耳。」想亦係據本傳而云。是否確有此書，頗堪存疑。今傳師友雜志一卷（見前），豈此書之異名耶？不然，則作傳史臣誤題也。

十二、官　箴

一卷。宋史藝文志（雜家類）著錄。案居官從政者之動靜云爲，關係於生民之休戚與國家之治亂，匪僅其自身之禍福而已。此書凡三十四則（註一七），於居官之要，不計鉅細，輒列述之，所言無不切事近理，而不涉於迂闊。蓋本中留心實政，舉所閱歷者著之，雖千百年後，理不可易，誠從政者之良規也。

是書篇帙無多，各則或詳或略，亦無次第可尋，大似隨筆題記，一如童蒙訓、師友雜志然。宋史本傳、晁氏郡齋讀書志及陳氏直齋書錄皆不載。觀書末有宋理宗寶慶三年（一二二七）永嘉陳昉跋云：「昉顓蒙之資，蚤膺吏事，塵囂馳騖，無所津梁。既得此書，稍知自勉，敬鋟於梓，與有志者同之。」則此書或卽是年始鐫刻行世歟？今有百川學海（丁集）、學津討源（第八集）、說郛、四庫全書（史部職官類）、青照堂叢書（次編）、筆記小說大觀（八編）、叢書集成初編、叢書集成簡編、叢書集成新編（社會科學類）諸本。

十三、呂居仁奏議

卷數不詳。宋尤袤遂初堂書目章奏類著錄。其他書目皆不載，蓋已久佚矣。

十四、軒渠錄

卷數不詳。宋史本傳、藝文志、及晁氏讀書志、陳氏書目俱不載。尤袤遂初堂書目（小說類）有之，明楊士奇編文淵閣書目（子雜類）有軒渠集，疑即此書，二目皆不言撰人及卷數。明中葉以後公私書目均未著錄。然明陶宗儀輯說郛卷七（涵芬樓本）收此書十三則，注云一卷，依例當係摘錄；撰者題宋呂居仁東萊先生。本中所著師友雜志、童蒙訓、官箴等書皆記當代人物言行，此書亦然，特述其可爲發噱之事耳。其出本中之手，宜可信。

今傳除說郛本外，尚有五朝小說、宋人百家小說偏錄家、蒼雪菴日鈔（明抄本）、歷代笑話集、及中國笑話（中國學術名著第二輯、中國俗文學叢刊第一集）本，皆出說郛，蓋原書已亡於明矣。

十五、江西宗派圖

一卷。各公私書目皆不載，應未單刻。是否收入文集中，不詳。今見之於宋人筆記者，胥爲節略，其全文已不可得見矣。詳第六章。

十六、江西詩派集

尤袤遂初堂書目（總集類）載江西詩派，例不言編者及卷數。陳氏直齋書錄解題（總集類）有江西詩派一百三十七卷、續派十三卷，亦未言何人所輯。而宋史藝文志著錄江西宗派詩集一百十五卷，則冠呂本中之名。然觀楊萬里江西宗派詩序（誠齋集卷七十九），則自山谷外凡二十有五家之詩，原爲謝幼槃之孫源所刻石本單行，至孝宗淳熙元年（一一七四），程大昌時爲江南西路轉運副使，始彙而刻之於學官。以楊序所書程之職銜覈之，書當刻成於淳熙四年（一一七七），上距本中之逝，已三十二年矣。此前並無江西詩派之總集，此書亦非本中所輯，乃可斷言。度此書初未署輯者名，宋黃昇不加深考，於花菴詞選續集（卽中興以來絕妙詞選）卷一簡介本中生平，乃謂本中「嘗集江西宗派詩」（註一八）；宋志纂修諸臣或蹈黃氏之誤，遂逕以此集歸之呂本中。後世相沿不察，更無人爲之辨正矣。至近人撰中國文學批評史，竟謂此集可代表呂本中之詩觀，尤屬想像之辭，可發一笑。

此書問世未久卽不傳。想因江西諸人詩集先已單行，毀譽不一，士人可視其所賞愛者市之，原不必以高値市此總集也。

十七、痛定錄

一卷。宋晁公武郡齋讀書志、趙希弁附志、宋史藝文志、宋史本傳皆不載；惟陳振孫直齋書錄解題（卷五）雜史類著錄，撰人名氏不詳。宋徐夢莘輯三朝北盟會編嘗援引之。案三朝北盟會編，清揚州秦氏石研齋傳錄天一閣鈔本，卷首引用書目及內頁引文均題撰者呂本中；清仁和趙氏小山堂鈔本，卷首引用書目題撰者呂本中，內頁引文題撰者呂本宗；四庫本卷首無引用書目，內頁引文題撰者呂本宗。臺北大化書局民國六十六年景印清刊本，卷首引用書目及內頁引文均題撰者呂本中。（註一九）又案清仁和趙氏鈔本書末附清章鈺手跋，謂此本「從宋本傳錄，確然無疑。」自宜以此本爲據，惟其所援引者，卷首書目與內頁引文所題撰者名氏不一，以常情衡之，引用書目所題似較可信，然安知非手民誤刻耶？故此書是否本中所撰，未易知也。呂本宗者，載籍無可考，不卜有其人否？

【附註】

註一 呂祖謙謚曰成，見宋史卷四三四本傳。

註二 見經義考卷一八四。

註三 見經義考卷一八七。張萱語引自內閣藏書目錄卷二。

註四 如朱氏云：「宋史藝文志於春秋集解三十卷，直書成公姓名，世遂因之。」是以宋志爲非，而深信此三十卷爲本中之作也。

註五 見四庫全書總目提要卷二十七。

註六 唐開元元年改中書省爲紫微省，中書舍人爲紫微舍人，開元五年復舊稱。見舊唐書職官志(二)。

註七 清丁丙善本書室藏書志（卷三十）曰：「陸之序別有文集一編，自建刻移置於此。」又前東吳大學教授江蘇袁帥南榮法先生遺贈中央圖書館之世藏珍本書中，有明鈔本東萊先生詩集二十卷及補遺一卷，前有吳焯跋亦云：「陸游序，係題文集者，建刻始移置於此。」覈諸渭南文集（卷十四），此文題作「呂居仁集序」，丁、吳之言是已。

註八 見四庫全書簡明目錄卷十六別集類三東萊詩集提要。案本中詩之外集尚存，見前考。

註九 同前註。

註一〇 語見宋元學案卷三十六紫微學案錄全謝山跋宋槧呂西垣童蒙訓。案「西垣」乃中書省之別稱；本中嘗爲中書舍人，故稱。

註一一　見晦菴集卷三十三。

註一二　樓昉跋曰：「倉部既手寫而藏之，巽伯又是正而刊之，庶幾可以傳矣。」案呂大器嘗仕倉部員外郎，故此處倉部卽指大器；其父𣂏中，爲本中之弟。又呂喬年字巽伯，爲祖儉之子，大器之孫。

註一三　內六十四至六十八則輯自耆舊續聞，爲本中書帖中語，非出童蒙訓。

註一四　見碧鷄漫志卷二。

註一五　見皇朝續文獻通考卷二七三，經籍考子部雜家類。

註一六　見莊子在宥篇。

註一七　四庫提要曰三十三則，淸張泰來江西詩社宗派圖錄曰三十二則，俱誤。

註一八　黃昇花菴詞選續集敍本中生平曰：「名本中，號紫微，申公之孫，舜徒之子，嘗集江西宗派詩，紹興初賜進士第，除右史、中書舍人。」其語多涉誤，如「紫微」爲中書舍人之代稱（見註六），非本中之號；本中爲呂希哲之孫，非申公孫。故所云本中「嘗集江西宗派詩」，亦爲耳食之談，不足信。

註一九　以上各本內頁引文見卷七十四靖康中帙四十九靖康二年正月十四日記事等條。

第五節　門　生

本中閑居之日，皆課子姪詩書，而仕履所至，流離所經，當地士子每慕名從遊，故門生甚衆；其姓名可知者，近三十人；其名氏無考者，又不卜凡幾也。今就宋元學案所列，益以自其詩集中鈎稽而得者，略述於後，藉爲知本中之一助焉。

一、呂大器

呂大器，字器先，本中弟弸中之子。南渡初，伯氏本中聚子姪及故人子弟論學，大器與焉。後納曾幾之女爲室，故其學兼得曾幾之傳。（註一）歷官岳州通判、右朝散郎、尚書倉部郎，知池州、黃州、吉州。張栻曰：

望其容，藹然有慈祥豈弟之氣，知其臨民之不苛也。聽其言，纚然多故家遺俗之事，又知其世守之不忘也。（南軒文集卷四十三：祭呂郎中）

其行實可知者止此，他不能詳。有二子，長祖謙，以理學名於時，詳後。次祖儉，寧宗初爲太府丞，以上封事論韓侂胄用事，貶韶州，改瑞州，量移高安，卒。宋史入忠義傳。（註二）

二、呂大倫

呂大倫，字時敍，大器之弟。與兄同侍本中受業。其後在臨川與同儕聚學，本中賦詩贈之，語以立志須遠大，爲學須强勉，毋妄取一介，毋干求於人。詩曰：

聞大倫與三曾二范聚學並寄夏三十一四首

我思臨川居，欲往意未慊。每懷二三子，歲月多荏苒。後生慎所習，正是絲在染。未須極軒昂，且須就收斂。舉動思古人，此志豈不遠。才雖有高下，事亦要勉強。願為江海深，莫作盆盎淺。

世人爭錙銖，未語色已變。居然面頸赤，自處亦已賤。寧知烈士胸，渠自有志願。一介不妄取，萬鍾吾亦倦。古人有伯夷，名冠太史傳。

見人輒有求，所以百慮非。但能守簞瓢，何事不可為。愚夫飽欲死，志士固長飢。出門萬里塗，其亦慎所之。

莫惜一日勤，而忘終身憂。農夫力耕作，其必歲有秋。月前不鹵莽，久亦有倍收。少年不努力，長大復何求。（東萊先生詩集卷十五）

紹興十五年（一一四五），大倫為武義縣丞，嘗築豹隱堂於廳西，公事之退，以與兄弟講習道義於其間。汪應辰為之記，有曰：

惟呂氏之學，遠有端緒，粹然一出於正，為世師表者相繼也。而時敍兄弟實謹守其所聞，凡衆言之是非，若觀火矣，持是而往，所謂孰能禦之者歟！（文定集卷九：豹隱堂記）

後遷奉議郎，奉祠以終。汪應辰嘗曰：「呂奉議時敍貧甚，閒廢日久，可惜。」（註三）蓋元祐黨人子孫類多不振，乃祖好問又為時相所排，大倫兄弟之不遇，豈無故哉！

三、林之奇

林之奇，字少穎，福州侯官人。自號拙齋，學者稱三山先生。紹興二十一年（一一五一）進士。呂本中入閩，之奇甫冠，從之學。本中教以廣大爲心，以踐履爲實，嚴乎辭受出處，察乎邪正是非。之奇之學自是日以光輝，稱高弟。本中贈之奇詩凡三見（註四），有曰：「城中幾萬戶，所識一林子。蓊然衆木中，見此眞杞梓。」其賞異如此。之奇於紹興六年（一一三六）西上應進士試，行至衢州而返，曰：「未忍舍吾親也。」愛親之心，甚於利祿，本中奇之。而之奇聲名由此益顯，學者踵至。初仕莆田主簿，召爲秘書省正字，轉校書郎。以痺疾乞外，由宗正丞提舉閩舶，旋丐祠祿家居。淳熙三年（一一七六）卒，享壽六十有五。謚文昭。宋史入儒林傳。

之奇之門，當時極盛，呂祖謙其出藍者也。祖謙父遊宦福州，祖謙隨侍，時之奇適任長汀尉，因得問學焉。之奇卒，祖謙在官所，走介致奠，侑之以文曰：

嗚呼！昔我伯祖西垣公，躬受中原文獻之傳，載而之南，裴回瞻顧，未得所付；踰嶺入閩，而先生與二李伯仲實來，一見意合，遂定師生之分。於是嵩、洛、關、輔諸儒之源流靡不講，慶曆元祐羣賢之本末靡不洛。……昕夕函丈，聞無不信，信無不行。……某未冠，綴弟子之末行，期待之厚，獨出於千百人之右。顧譾薄安所取，此實惟我西垣公之故，施及其後人，培植湔祓，閔閔焉如農夫之望歲也。齒髮日衰，業弗加修，愚不自惜，大懼先生之功力為虛施，每覥然慚，惕然恐也。聞先生之喪，念以辭侑奠，而思慮不專，條貫靡究，筆屢下而復梔也。既半歲矣，而所言者乃止於是，蓋至善難名，至痛無文，而迄不能成章也。……惟當與二三子，尊所聞，行所知，使先生未伸之志，猶有考也。嗚呼！哀哉！（東萊集卷八：祭林宗丞文）

蓋之奇視祖謙特厚，所沾溉者異於他人；師恩未報，春風座冷，祖謙不能不言之慟而哭之哀也。之奇著書八種，共數百卷，今存尙書全解四十卷，拙齋文集二十卷。金王若虛曰：「宋人解書者，惟林少穎眼目最高。既不若先儒之窒，又不爲近代之鑿，當爲古今第一。」（註五）其經學造詣精深如此。又本中另有別林氏兄弟詩一首，曰：「二年住閩嶺，所閱足靑紫。那知萬衆中，得此數君子。……」（註六）此林氏似亦爲之奇，若然，則之奇有兄弟數人皆從本中學矣。

四、李楠

李楠，字和伯，福州侯官人，林之奇外兄。與之奇及弟李樗同遊於呂本中之門，即前引呂祖謙祭林之奇文中「二李伯仲」是也。及其歸鄉，本中作送和伯、少穎、汪仲詩一題五首寄之，期勉甚至。（註七）和伯爲鄉薦學首，而試禮部不中第，乃謝絕世事，杜門讀書；經史百家，無所不窺，尤邃於春秋。鄉人子弟，奉束脩於其門者數百人。以苦學得疾，紹興十七年（一一四七）卒，年止三十有七，論者惜之。李之奇拙齋文集有和伯行狀及祭和伯文，略可考其言行云。

五、李樗

李樗，李楠弟。字迂仲，學者稱迂齋先生。與兄同事本中，俱有盛名。林之奇謂和伯如元紫芝，而迂仲如黃叔度。黃榦嘗稱之曰：「吾鄉之士，以文辭行義爲學者宗師，若李若林，其傑然者也。」(註八)惜亦舉禮部不第，紹興二十五年（一一五五）卒。有毛詩集解，博取諸家，訓釋名物文義，末以己意斷之。今存。

六、汪應辰

汪應辰，字聖錫，信州玉山人。學者稱玉山先生。徽宗重和元年（一一一八）生。(註九)五歲知讀書，十歲能詩。少問學於呂本中，本中奇之，勉以正學。紹興五年（一一三五），試進士第一，年甫十八。又從胡安國、張九成游，所學益進。趙鼎帥紹興，應辰始任幕府。召爲秘書省正字。時秦檜主和議，應辰上疏力言因循無備、上下相蒙之可畏，檜大怒，出通判建州，遂請祠。雖饘粥不繼，處之裕如，益以修身講學爲事。久之，改判袁州，遷靜江府、廣州，流落嶺嶠十有七年。檜死，始還朝爲吏部郎官，累遷權吏部尚書、權戶部侍郎、兼侍講。以議上皇尊號，不洽高宗意，連乞補外，遂知福州，遷四川制置使，知成都府。召還，除吏部尚書，兼翰林學士並侍讀。以多革夙弊，中貴人皆側目。又陳愛民六事，廟堂議不合，忌之者衆，有以私憾進閒言者，孝宗疑之，乃以端明殿學士出知平江府，連貶秩，遂致仕不起。以淳熙三年（一一七六）二月卒。享年五十九。諡文定。遺文集五十卷，多散佚，四庫輯爲二十四卷。

應辰於本中尊崇極至。本中於門生徐止歸里時，嘗賦詩送之（註一〇），應辰讀後，卽步原韻奉呈本中，詩云：

典型寄老成，師友須淵源。今代紫微公，身退道益尊。言行無表襮，卓然中所存。雲雨自翻覆，誰能動毫分。洗垢旣無垢，尚或求瘢痕。嗟我與徐子，昔也掃公門。相期膏吾車，從公畢斯文。（文定集卷二十四：借舍人呂丈送大雅東還詩韻奉呈）

本中之歿，應辰又輓以詩云：

連蹇成遺老，纔聞直禁林。是非終不屈，進退了無心。萬事邯鄲夢，千秋正始音。心知公不朽，霣涕自難禁。

接物初無間，微言獨得聞。相期深造道，不為細論文。自有高山仰，誰知半路分。新阡疑可望，目斷只愁雲。（文定集卷二十四：輓呂舍人二首）

應辰接物溫遜，而立朝剛方正直，敢言不避。好賢樂善，出於天性。於學博綜諸家，精於義理。其多識前言往行以畜德，極似本中。陸九齡、呂大同、趙汝愚，皆其學侶也。傳其學者，有呂祖謙、朱熹、尤袤、章穎、張杰、趙焯、鄭僑諸人。全祖望特爲立玉山學案。歿後，朱熹祭以文曰：

惟公學貫九流，而不自以為足；才高一世，而不自以為名；道尊德備，而不自以為得；位高聲重，而不自以為榮。蓋玩心乎文武之未墜，抗志乎先民之所程；巍乎其若嵩岱之雄峙，浩乎其若滄海之涵渟。（晦菴集卷八十七：祭汪尚書文）

呂祖謙祭之曰：

> 廣座衆席，舊人罕逢。大雅之音，尚聞於公。學則正統，文則正宗。樂易平曠，前輩之風。崇深簡重，前輩之容。……嗚呼！繼自今以往，鎮定大事、顧盼繫輕重者，不復嗣矣。旉建大論、呼吸判成敗者，不復聞矣。百年未明之心迹，不復究其實矣。羣籍未辨之真贋，不復審其是矣。斯文將安所寄？而斯民將安所徯矣？（東萊集卷八：祭汪端明文）

二子於應辰之推崇，可謂至矣。祖謙又有挽詩二章云：

> 異時憂世士，太息恨才難。每見公身健，猶令我意寬。彫零竟何極，回復豈無端。此理終難解，天風大隧寒。
>
> 四海膺門峻，親承二紀中。論交從父祖，受教自兒童。山嶽千尋上，江河萬折東。微言藏肺腑，欲吐與誰同。（東萊集卷一）

可知其孺慕之切，敬仰之深。考朱熹爲應辰從表姪，亦及門受教（註一一），而全氏列朱熹爲玉山學侶，殊嫌失實耳。

七、曾季貍兄弟

曾季貍，字裘父，號艇齋，南豐人。曾鞏之從曾孫。嘗遍從南渡初年諸名宿學，而以本中爲宗。一試禮部未中，卽終身不赴。宋陳思曰：

> 曾季貍，字裘父，文定公弟宰之曾孫也。舉進士不第。師事韓子蒼、呂居仁，又與朱晦翁、張南軒書問往復。南軒被召，季貍戒其不當談兵，且勸以范文正忠宣父子為法。郡守張孝祥、樞密劉珙薦於朝，皆謝不起。呂東萊數稱其學有淵源。南軒有「探古書盈室，憂時雪滿顛。」汪應辰有「四海曾裘父」之句，其為時賢稱服如此。自號艇齋，著論語訓解。陸務觀序其集曰：「文詞簡遠，讀之者遺聲利，冥得喪，如見東郭順子，悠然意消。」然可傳之作，尚不止此，遺珠棄璧，識者嘆焉。（兩宋名賢小集卷一二五：艇齋小集序）

宋陳振孫曰：

> 鞏之弟曰湘潭主簿宰，宰之孫曰大理司直晦之，季貍其子也。少從呂居仁、徐師川遊，嘗一試禮部，不中。乾、淳間名公多敬畏之，具見其子灘所集師友尺牘。此編蓋其議論古今之文，辭質而義正，可以得其人之大略。（直齋書錄解題卷十八：艇齋雜著解題）

可知季貍雖蕭然布衣，然學有本原，尤工於詩，所交遊皆天下名士，爲士類共仰。惜其論語訓解、艇齋雜著及其子所輯師友尺牘今皆亡佚，不能更知其詳也。其尊事本中，則淸全祖望云：「師友尺牘，舍人（呂本中）居第一。」（註一二）艇齋詩話中，記本中事亦達三十餘則之多，可見濡染之深。有云：

呂東萊在講筵，光堯索其詩，東萊寫一卷，其首以贈歐陽處士，及大倫與三曾二范講學詩四首。三曾謂予兄弟，二范卽范顧言叔侄也。

觀此，則季貍兄弟三人皆師事本中矣。本中贈三曾詩見呂大倫條。又有送曾季直下第歸臨川詩（註一三），度季直必季貍三兄弟之一也。餘一人則名不可知矣。

八、曾獬父

呂祖謙題伯祖紫微翁與曾信道手簡後一文曰：

紹興初，寇賊稍定，舍人與諸父相扶攜出桂嶺，愒臨川，訪舊皆隔死生，慨然太息，乃收聚故人子曾獬父、裘父輩，與吾兄弟共學，親指畫，孳孳不怠，旣又作詩勉之，今集中寄臨川聚學諸生數詩是也。（東萊集卷七：脫略處據宋元學案補遺卷三十六補）

據此，則獬父乃曾裘父季貍之兄也。然是否卽前云季直，及其生平行實，今皆不能詳矣。

九、王時敏

王時敏，字德修，上饒人。生平無考。宋韓淲曰：「（時敏）先公友也。從呂居仁學，居仁薦之尹和靖。半年，和靖卒，守師說甚堅。先公爲寫三畏堂榜，作求志齋記。今皓首坐堂上，兒孫擾擾前後，鰥居誦書如故。」（註一四）案韓淲父元吉亦尹焞門人，嘗知婺州及建寧府，在內爲權中書舍人、龍圖閣學士、吏部侍郎、吏部尚書。其詩文酬酢者如朱熹、葉夢得、張浚、曾幾、陳巖肖、龔頤正、章甫、陳亮、陸游、趙蕃諸人，皆當代勝流，則時敏亦自不淺矣。惜元吉文集南澗甲乙稿七十卷今僅殘存二十二卷，無求志齋記，不能更知其詳也。

一〇、章　憲

章憲，字叔度，浦城人。父章甫爲熙寧三年（一〇七〇）進士，哲宗時知山陰及虔州，皆有聲；崇寧初陛對，抗言黨錮非是，數忤權貴，名聞於時。有女適呂弸中；子八人，叔度其六也。叔度少從本中遊，又師事楊時、王蘋。隱居不仕，樂道好德，操履高潔；餘力學文，皆有矩度。邃於春秋。鄉里謂之隱君子，學者稱復軒先生。有復軒集十卷，曾幾爲之序，今不傳。本中有贈叔度詩，詳後。

一一、章　悊

章悊，字季明，憲弟。與兄同在本中之門。本中嘗云：「叔度、季明學問甚勤，而求於余甚重，其將必有所成也。」因贈以兩詩：

兩章後來秀，頭角固嶄然。但語強弩末，不爭駑馬先。寓言有十九，曲禮至三千。所要在守節，末言能與權。

念我少年日，結交皆老蒼。曹南見顏石，甬上拜饒汪。敢幸江海浸，得霑藜藿腸。諸郎但勉

力，餘事及文章。（東萊先生詩集卷九）

勉以戮力學問，勿務虛浮；力行仁義，修身守節；交遊賢士，以廣聞見；行有餘力，始及文章。殷殷啓導，蓋期之甚厚也。

一二、周憲

周憲，字可則，信州人。少師事本中。本中疾革，以書薦於王蘋，遂又從信伯遊。嘗自述其始末曰：

> 憲紹興癸亥間，獲供灑掃於中書舍人呂公之門。公教人大要分是非邪正、明進退出處、嚴辭受取與之義，而躬行以盡其性；所言備載童蒙訓、春秋說，故不復錄。公病日漸，乃以書薦於著作王先生曰：「周憲秀才，樸茂可喜，有志斯道，當蒙與進。」未果行，而公啓手足。公之門弟文清曾公又以書中公之意，且勉其行，遂受業於先生二年。（王著作集卷八：震澤記善錄跋）

可則之生平事蹟，他無可考。

一三、王師愈

王師愈，字與正，一字齊賢，金華人。從本中問知中朝諸老言行之懿，又從楊時受易、論語之說，二公皆器許之；於是益自刻厲，大肆其力於六經子史百氏之書。年二十七，登進士第。爲臨江軍教授，遷長沙令，除知嚴州。爲政一以仁恕安靜爲本，然於權豪，則用法無所貸，賞信罰必，威令肅然，姦凶帖息，而民獲安其業，邦人畏而愛之，改信州，政譽日聞。乾道七年（一一七一）召爲金部郎官，尋兼崇政殿說書，時年已五十餘矣。數召對事，甚裨政體，孝宗獎重之。宰相曾懷畏其斥己之短，譖於帝前，出知饒州，遷江南東路轉運判官，改荆湖北路，福建路。遷兩浙西路提點刑獄。淳熙末，上章丐閑，從容還家，讀書玩理，教誘後進，德望隱然爲東州之重。其爲人沉靜篤實，簡淡和粹，書史外，泊然無所嗜。居官治事，不爲勢屈，其所以自守者，凜然有不可奪之操。晚年更練益精，涵養益厚。以光宗紹熙元年（一一九〇）卒，享壽六十有九。朱熹與師愈雖同年進士，視師愈爲前輩，爲撰神道碑銘，文見晦菴集卷八十九。

一四、方疇

方疇，字耕道，弋陽人，學者稱困齋先生。少受業於本中，又從胡安國、張九成遊。本中嘗述顧子敦語以告之曰：「守至正以待天命，觀物變以養學術。」因名其所居之室曰守正齋、觀養齋，且曰：「吾將朝於斯，夕於斯，從事於斯，以毋忘呂公賜也。」(註一五)建炎中成進士。紹興中上書，謂今有四宜憂，十宜行，一宜去。「四宜憂」者：女眞詭計，盜賊猖獗，藩鎭跋扈，將帥畏怯也。「十宜行」者：講征伐，理財用，擇人才，明賞罰，重臺諫，抑奄寺，議詔令，卹凶荒，訓鄉兵，寬民力也。「一宜去」，則宰相秦檜也。其父易簀之際，呼而戒之曰：「富貴易得，名節難保，求頃以小官上書抵時相，他日從仕，當以責人者責己可也。」耕道涕泣受教。(註一六)爲武岡通判，太守希宰相意，以深文貶零陵。耕道才氣亢邁，德行高遠，謫居仍好學不倦，汪應辰嘗曰：「幸聞耕道之風，庶取則不遠，且足令吾同學者有所興起。」後赴判建康，卒於官。有集二十卷，今佚。眞德秀曰：

困齋方公，愛君憂國之忠，守道固窮之操，皆足為一世人豪。而扼於秦氏，弗獲究其蘊，士類惜之。方是時，元勳巨德，內外倚重，莫如忠獻張公；高文粹學，正論婞節，莫如呂紫微、胡衡麓，與橫浦、澹菴諸君子；困齋皆從之遊，情若金石，而忠獻知之特深，則公之為人可識矣。……然公之所以自立，豈易至哉！有問學以浚其源，有履行以充其實，然後他美可貴也。

（西山文集卷三十六：跋困齋方公耕道事實）

耕道之爲時所重，於此文可見。

一五、方豐之

方豐之，字德亨，莆田人。祖會，歷仕工部侍郎、兩浙安撫使。徽宗朝顯謨閣待制，封文安郡開國侯。父昭，官尚書省駕部郎中。豐之至信州從本中學，後辭歸，本中以詩送之，勉以學問已立，此後當勿厭貧賤，勿羨富貴，行仁守正，以入聖賢之門；期之者至矣。(註一七)豐之文章豪邁警絕，人莫能及。工於詩，陸游嘗序其集，稱其「才甚高，而養氣不撓。……晚愈不遭，而氣愈全。」(註一八)仕至右廸功郎監建州豐國監。其詩集今已不傳。有子名士繇，字伯謨，爲朱熹高弟；多才藝，精醫術，六經皆通，以講學傳道爲事。

一六、柴　淵

柴淵，字益深，永豐人。從本中遊，其學必以聖賢爲師表。事親以孝聞，親喪，足不入私室，哭泣幾失明。撫育孤侄，與其子無間。蓋講究經旨，以躬行爲本，故其行如此。既去喪，年方四十，卽不復應進士舉。孝宗乾道八年（一一七二）二月卒，年五十五。汪應辰爲誌其墓。（註一九）王質作哀辭，語悲情摯，有曰：

> 余於君悲也有不堪其悲二也，……有不獨為君悲而為世悲又二也。有不獨為世悲，而為我悲，不可以一二數而無窮極期也。道與位相依，有道而無位，則不堪其悲一也。德與年相隨，有德而無年，則不堪其悲又一也。……生民賴賢以濟，有賢於此而阨窮，使利澤不見於世，則為世悲一也。王公倚賢以榮，有賢於此而槁死，使羞及於在位之公卿，則為世悲又一也。士君子資賢以益，有賢於此而先逝，共域而不得見，同時而不及識，則我悲何有窮極也！（雪山集卷十一）

案王質仕孝宗朝樞密院編修，文章氣節，見重於世（註二〇）；其於柴淵推重如此，則淵之爲人可知矣。

一七、陳從古

陳從古，字希顏，一曰晞顏，號洮湖，金壇人。紹興二十一年（一一五一）進士。爲邵州教授，累知蘄州，提點湖南刑獄，除本路轉運判官，加直秘閣，徙知襄陽府。孝宗淳熙二年（一一七五）罷奉祠。淳熙九年（一一八二）八月卒，得年六十有一。從古工於篇什，周必大稱其從本中遊，往往得其句法。（註二一）楊萬里序其詩集，亦盛稱之。（註二二）從古特賞異陳與義詩，嘗取簡齋詩集，盡次其韻。（註二三）又愛梅成癖，竟裒取古今詩人咏梅之作，自鮑照而下八百餘篇，一一賡和之。楊萬里謂其詩「同梅而清，清在梅前；同梅而馨，馨在梅外。」（註二四）周必大稱其「豐腴清婉，兼備衆體，無支詞複語。」（註二五）一人而爲咏梅詩八百餘篇，已屬曠古絕今，而未有「複語」，其詩才亦云罕矣。

一八、晁公慶

晁公慶，字仲石，生平無考。父升之，字升道，南渡寓盱江；爲張浚幕客，浚視之甚厚。（註二六）公慶於本中爲通家子，少從本中學。及其行也，本中贈詩，勉以爲學立身之道。詩曰：

送晁公慶西歸

頃從君家諸父遊，談經語道久未休。死生契闊風塵起，往事追尋三十秋。疾病衰頹且深坐，喜見後生勤勝我。臨行索我送行詩，短句長篇無不可。少年學問要躬行，世人營營勿與爭。閉戶忍窮心自樂，簞食瓢飲殊不惡。紛紛得失誰厚薄，得此失彼莫籌度。（東萊先生詩集卷二十）

公慶珍護此詩，遺其子孫。周必大嘗題詞曰：

晁氏一姓文獻相續，殆無他楊，號本朝盛族。仲石諱公慶，紹興初與范顧言、曾裘父同學詩於呂紫微，故得是詩。乾道元年平江守沈公雅刻紫微集二十卷，以歲月為先後，此篇在末卷中，蓋暮年所作也。仲石之子子毅以示周某，敬書其後。慶元丁巳十月丁丑。（文忠集卷四十七）

時距本中之逝，已五十餘年矣。

一九、樊世顯

樊世顯，懷安人，隱於桐谿之上。嘗構堂象孔老瞿曇氏而祀之，顏曰「道一堂」。程鉅夫爲之記，謂世顯師事本中，友林之奇；據僧人云。（註二七）案程氏由宋入元，宏才博學，忠亮鯁直，爲時名臣，其言宜可信。然本中禮佛，仍以儒爲宗，而世顯奉孔、老、釋於一堂而祀之，其意欲三教合一，則恐非本中之意也。又宋元學案補遺卷三十六紫微學案補遺，謂樊世顯懷安銅谿人，非是。蓋「銅谿」乃溪名，不得爲里貫之屬也。

二〇、詹　慥

詹慥，字應之，崇安人。弱冠有異材，建炎三年（一一二九）鄉舉第一。爲文操筆立就，人以爲有腹稿。安貧守道，一介不取諸人。誘掖後進，孜孜不倦，從游者多所成立，尊爲鄉先生。晚始得官，爲贛州信豐尉。金人窺邊，入張浚幕，論兵事多開納。有文集二十卷，今佚。子體仁，孝宗隆興元年（一一六三）進士；少從朱熹學；官終司農卿、湖廣總領；眞德秀其弟子也。本中有送詹慥秀才詩云：

子來今幾時，歲月忽已晚。今當別我去，道里初不遠。家山霜正濃，馬草寒更短。何以奉親懽，一笑和氣滿。邇來游學士，已見如子罕。讀書要躬行，俗事不厭簡。故鄉多老儒，歸日正可款。時能寄餘論，尚足起我懶。兩州多便人，自可數往反。（東萊先生詩集卷十九）

據此詩，可知詹慥嘗問學於本中。眞德秀撰其子體仁行狀（註二八）、宋史詹體仁傳（註二九）、宋元學案、及宋元學案補遺皆失之。

二一、夏褧兄弟

夏褧兄弟，臨川人，從本中遊。宋元學案及宋元學案補遺皆佚其名。本中有連得夏三十一褧兄弟范十五仲容趙十七穎達書相與甚勤作詩寄之五古一首，勵之以學。詩云：

閑居病亦侵，世務每絕念。猶憐二三子，從我久未厭。書來不改昨，意苦辭亦贍。問我來何時，期我早會面。我行但謀食，欲去復未便。要當相就居，同止山水縣。讀我所傳書，亦足滿素願。開卷忽有得，如飲醇酒釅。吾聞古志士，學也蓋有漸。欲升夫子堂，不摘屈宋艷。倒籬望青天，豈必在窺覘。他時倘從容，此語子可驗。（東萊先生詩集卷十五）

同卷又有寄夏三十一等詩四首（見前呂大倫條引），具見拳拳之意。惜夏褧兄弟之生平皆不能詳。

二二　范顧言叔侄

范顧言叔侄，臨川人，從本中遊。宋元學案失載。本中有寄二范詩，見呂大倫條引。曾季貍艇齋詩話云：「二范，即范顧言叔侄也。」二范行履無可考。東萊先生詩集卷十五又有寄范十五仲容詩（見夏翌兄弟條引），不知范仲容是否即顧言之侄也。又卷十九有送范十八詩二首：

送范十八

范子閒行定不窮，袖中詩卷敵清風。野僧道士有餘意，同學故人多近功。已辦辛勤十年讀，時須談笑一尊同。相看又作韶州客，却望臨川是夢中。

送范十八還江西効白樂天體

與君此別重依然，再得相逢又幾年。無使人言長似舊，況教人道不如前。窮通軒輊皆由命，貴賤高低總是天。只有脩身全屬我，少遲留處更加鞭。

此范十八又不知是否即范顧言也。

二三、趙穎達

趙穎達，臨川人，從本中遊。宋元學案及補遺皆未之及。本中寄穎達詩見夏翌兄弟條引，其始末無可考。

二四、徐　止

徐止，字大雅。籍里、行實不詳。本中有送徐止秀才歸小葉詩云：

後生少規模，子學有根源。紛然衆說中，獨識孔氏尊。古人雖不作，此理固常存。滄海無津涯，寧有衆水分。鑑明不受垢，垢盡亦無痕。子還訪師友，當自得其門。躬行見日用，餘事不論文。（東萊先生詩集卷十九）

觀此詩，可知徐止亦受教於本中者。宋元學案及補遺皆失載。又汪應辰有步此詩原韻呈本中詩一首，見前（汪應辰條）引，可參看。

二五、童堯詢、蔡楠、謝敏行兄弟

本中有贈童堯詢蔡楠謝敏行詩云：

七年避胡塵，無復少年事。適從嶺外歸，眼病不識字。尚幸戎馬間，得見此數士。蔡童南城傑，所養蓋有自。兩謝名家子，學已前作似。相逢眼暫明，已足慰遲暮。如何捨我去，使我起千慮。江深羽檄繁，況此日月鶩。猶餘大謝留，與我相近住。風霜眇墟落，泥土暗道路。得無經此別，各復走它處。期君則甚遠，苦語不厭屢。微言恐遂絕，其誰與調護。要當發憤求，不欲僥倖遇。聖門極坦平，渠自有回互。河清儻有期，未死或可俟。（東萊先生詩集卷十四）

觀此詩，可知童、蔡、謝三人皆本中門生。詩中有「兩謝名家子」及「猶餘大謝留」之句，又從知謝敏行之兄亦問學於本中也。案謝敏行字長訥，自號中隱居士（註三〇）；其父薖，列名江西宗派圖中；子源，第進士；外此不詳。餘三人行實俱不明。此四人，宋元學案及補遺之紫微學案皆佚其名。

二六、山伯、良佐

本中有送山伯良佐東歸以務道期息塗爲韻詩五首云：

荊棘生良心，米鹽入塵務。芬芳老不違，豈不以此故。人生錐處囊，穎末要立露。玉壺近青蠅，沒沒自點污。刳心萬物表，却立看脫兎。臨別當一言，懇懇念忠告。縹囊可取足，往結萬古好。默識古則然，愚智同一道。遠師顏氏子，近比伯業操。文章有妙斲，期子開窔奧。吾詩如清風，去留不可期。灑然或一來，不繫凡子知。兩郎從我游，豈但窺藩籬。山房光焰在，實藉衆木枝。斯言可三復，如我清風詩。昔我同學生，文字虎而翼。仲弟最多才，去以六月息。自吾失若人，每語輒氣塞。子如求數君，愼莫怪蟊賊。胸懷但明了，几案付塵黑。贈我貂襜褕，報以明月珠。古來聲名人，一一行此塗。漢中屠沽兒，適可曹公奴。人生嗜好異，至有海上夫。孰能識其然，飽此萬卷書。（東萊先生詩集卷四）

觀此詩，可知二人必從本中遊。惜佚其姓氏，生平無以考知。宋元學案及補遺皆不之及。

二七、聞　某

聞其姓，佚名。本中有示聞生詩云：

形容落魄猶須酒，疾病因循久廢詩。忽見聞郎七字句，却如汪謝少年時。（東萊先生詩集卷十六）

聞氏當亦爲本中門生。其名諱行履無可考。

附：呂祖謙

呂祖謙，字伯恭，學者稱東萊先生。時人或稱其「小東萊」，而稱本中爲「大東萊」以別之。祖謙生於高宗紹興七年（一一三七），父大器，祖弸中。弸中爲本中之弟，本中於祖謙爲伯祖。紹興二十五年（一一五五），大器任福建提刑司幹官，祖謙以子職侍行，聞林之奇得伯祖本中之傳，乃從之遊。紹興三十年（一一六〇），隨父赴京，時汪應辰適在朝居館職，祖謙又從之問學。韓淲云：

汪聖錫內翰曾接呂舍人講論，最爲平正，有任重之意，伯恭得於汪爲多。（澗泉日記卷中）

今祖謙文集中存與汪端明書達十六緘，有曰：

近造函丈，非惟積年依鄉之誠，得以開釋；而旬日獲聽教誨，警省啓發，周浹篤至，敢當服膺佩戴，不敢廢忘。（東萊別集卷七）

其尊戴汪氏之深可知。而林、汪二氏皆本中門人，故祖謙實本中之再傳弟子。全祖望謂本中之學「上紹原明，下啓伯恭。」其言是已。

孝宗隆興元年（一一六三），祖謙進士及第，旋又登博學宏詞科，聲譽騰起，四方之士爭趨之。歷仕太學博士，嚴州教授，秘書省正字，國史院編修，實錄院檢討，秘書省秘書郎。淳熙四年（一一七七）冬，被旨校正聖宋文海，越二年書成，以採取精詳，黜浮崇雅，孝宗嘉其有益治道，賜名皇朝文鑑。除直秘閣。淳熙七年以疾辭官，次年（一一八一）七月卒，得年僅四十五。謚曰成。晚年會友之地曰麗澤書院，在金華城中，既歿，郡人即而祠之。妻韓氏，韓元吉之女（註三一）；繼室，韓氏之妹；又繼室，國子祭酒芮燁之季女；皆先祖謙而卒。子延年，累官至寺丞。

祖謙之學，幼承父祖之教，接中原文獻之正傳，窺關、洛諸儒之精詣。嘗云：

> 頃在父兄之側，粗聞耆舊之餘。每思南渡以前，恍如天外；不意北方之學，復到眼邊。（東萊集卷四：答特奏趙狀元啓）

及長，從林之奇、汪應辰、張九成、胡憲等大儒遊，集益之功，至廣且大；而旁稽載籍，不見涯涘；一時英偉卓犖之士皆歸心焉。南宋孝宗乾道、淳熙年間，祖謙與朱熹、張栻並稱「東南三賢」。在理學界，又與朱熹、陸九淵鼎足而立。朱主格物致知，陸主明心見性，祖謙則兼取其長，而復以中原文獻之統潤色之，尊德性與道問學並重，遂爲理學大師，弟子遍於東南。後世稱其爲浙學或婺學（註三二）之領袖，清全祖望且逕稱其學爲呂學。（註三三）宋眞德秀云：

> 呂成公所傳，中原之文獻也；其所闡繹，河洛之微言也。扶持絕學，有千載之功；教育英材，

有數世之澤。」（明胡廣等輯性理大全書卷四十二呂祖謙條引）

又黃震云：

東萊先生以理學與朱、張鼎立為世師，其精辭奧義，豈後學所能窺其萬分之一？……若其講學之要，尤有切於今日者，學者不可不亟自思也。（宋元學案卷五十一東萊學案引黃東發日鈔）

祖謙理學之成就與當時之令譽，於此可見。尤可貴者，心平氣和，不立崖異，不樹宗派。嘗與朱熹共撰近思錄；又主鵝湖之會，調和朱陸異同，爲學術史上之佳話。惜享年不永，其學未能發揮極致，歿後其名遂爲朱、陸所掩。全祖望有云：「朱、張、呂三賢，同德同業，未易軒輊。張、呂早卒，未見其止，故集大成者歸朱耳。」（註三四）蓋深有慨焉。

祖謙於性命道德之源，講論既洽，復潛心史學，鎔經鑄史，著述宏富，乃又爲史學巨擘。而其辭章之學，則兼擅駢散，縱橫凌厲，且識見精偉，乃又卓然爲文章宗匠。所遺著述，經部有古周易、古易音訓、東萊易說、東萊書說、呂氏家塾讀詩記、左傳類編、左氏博議、左氏說、左氏傳續說、春秋議義、春秋集傳微旨、禮記詳節等；史部有大事記、歷代奏議、國朝名臣奏議、歐公本末、兩漢精華、十七史詳節、新唐書略、通鑑節要、兩漢財論、音注唐鑑、歷代制度詳說、史說、左氏國語類編等；子部有臥遊錄、近思錄、少儀外傳、讀書記、閫範、觀史類編、麗澤論說集錄等；集部有離騷章句、宋文鑑、古文關鍵、呂氏家塾增注三蘇文選、集注觀瀾文集，及東萊文集、詩集等；凡數百卷。其學問之博大精深，殆不可測度，誠堪稱大儒、通儒矣。倘天假其年，如朱子之壽考（註三五），則其在學術史上，寧有方駕者耶！

【附　註】

註　一　見宋元學案卷三十六紫微學案。
註　二　見宋史卷四五五。
註　三　同註一。
註　四　分見東萊先生詩集卷十四、十五、十九。
註　五　見滹南集卷三十一著述辨惑。
註　六　見東萊先生詩集卷十五。
註　七　見東萊先生詩集卷十九。
註　八　見宋元學案及宋元學案補遺卷三十六紫微學案。
註　九　生年據鄭師因百宋人生卒考示例。
註一〇　本中詩見本節徐止條引。
註一一　朱子祭汪尚書文有云：「熹也孤生，叨塵末契。辱教誨之殊常，殆相期於國士。雖不見者十年，亦音書之相繼。不鄙謂其庸虛，每諮詢而弗置。茲遜聞於訃告，悵失聲而永號。巾素車以即路，越閩嶺之崇高。行踽踽而涼涼，孰知有如予心之鬱陶！跪陳詞而侑奠，痛人師之難遭！」其為門生至明。見晦菴集卷八十七。
註一二　見宋元學案卷三十六紫微學案曾季貍傳略。

註一三　見東萊先生詩集卷二十。
註一四　見澗泉日記卷中。
註一五　見汪應辰文定集卷九守正觀養二齋記。
註一六　參見宋元學案卷三十六，及張九成橫浦集卷十七雲蔭堂記。
註一七　見東萊先生詩集卷二十送方豐之秀才歸福唐。參閱第四章第二節四、酬贈詩。陸游方德亨詩集序（渭南文集卷十四）及方伯謨墓誌銘（渭南文集卷三十六）俱謂本中與何掞之皆屈年輩與豐之遊，似以豐之爲本中學侶，非受學於門者，實誤。
註一八　見渭南文集卷十四。
註一九　見文定集卷二十三柴君墓誌銘。
註二〇　見宋史卷三九五本傳。
註二一　見文忠集卷三十四朝散大夫直秘閣陳公從古墓誌銘。
註二二　見誠齋集卷七十九陳晞顏詩集序。
註二三　見誠齋集卷八十陳晞顏和簡齋詩集序。
註二四　見誠齋集卷八十洮湖和梅詩序。
註二五　同註二一。
註二六　見周必大文忠集卷四十七題張魏公與晁升道帖。
註二七　見雪樓集卷十一道一堂記。

註二八　文見西山文集卷四十七。

註二九　見宋史卷三九三。

註三〇　見朱熹晦菴集卷九十一邵武縣丞謝君墓碣銘。

註三一　韓元吉師事尹焞，與本中、弸中爲同門。參見本節王時敏條。

註三二　浙學別稱浙東學派，學者皆籍屬浙江東路，包括呂祖謙、呂祖儉、陳亮、葉適、陳傅良等人；見宋元學案卷五十三止齋學案。婺學包括呂祖謙兄弟、唐仲友、陳亮等人，學者皆籍屬婺州；見宋元學案卷六十說齋學案。

註三三　全祖望云：「宋乾、淳以後，學派分而爲三：朱學也、呂學也、陸學也。……門庭徑路雖別，要其歸宿於聖人則一也。」又云：「王尚書深寧獨得呂學之大宗。」見鮚埼亭集外編卷十六：同谷三先生書院記。

註三四　見宋元學案卷五十一東萊學案。

註三五　朱子享年七十一。

第四章　呂本中之詩

本中以文學享譽於世，爲士林所宗。當時與遊者，如徐師川（俯）、謝無逸（逸）輩，皆一時名士，而於本中詩文咸極稱賞，至推爲海內盟主（註一）；本中亦自謂「謬忝聲名」。（註二）其後曾幾嘗論本中詩曰：

東萊呂公居仁以詩名一世，使山谷老人在，其推尊宜不在陳無己下。（東萊先生詩集序）

陸游亦謂其詩兼備衆體，高古渾厚，爲時人所宗。（註三）可知本中詩名之重，兩宋之際，殆無出其右者。惜方回「一祖三宗」之說出，而本中詩名遂爲二陳所掩，迄今八百年，竟無人爲之箋注，殊可傷已。

本中詩集，今有二十二卷半（註四），凡一千二百四十四首。又宋范成大吳郡志（卷十四）收本中咏臞菴五古一首，又元方回瀛奎律髓云「東萊外集有兵亂後雜詩二十九首，取其五首」（註五）；此六首皆不見於東萊先生詩集；則今實存詩爲一千二百五十首。而散佚之數，當不僅二十餘首而已。

今試就本中詩之形式、內容、與風格，分以下三節析述之。

第一節　形　式

今存本中詩，以形式論，古風爲多，凡四百五十三首；律詩次之，凡四百十三首；絕句又次之，凡三百八十四首。各體合之，另以句式計，則七言爲多，凡六百五十首；五言次之，凡五百五十九首；四、六、雜言最少，共四十一首。其詳如左表：

呂本中詩形式分類統計表

形式		首數	備考
律詩	五言	206	
	七言	194	
	五排	13	
	七排	0	
	小計	413	
絕句	五言	34	
	七言	350	
	小計	384	
古風	五言	306	
	七言	106	
	四言	3	
	六言	15	
	雜言	23	
	小計	453	
合計		1250	

觀乎右表，可得而述者有六：

其一、本中之詩除七言排律外，其他各體莫不具備。隨物賦形，不拘一格。其創作之多樣性，足以顯示其詩才之高，迥非小家數可比。

其二、本中於撰作古風，似有偏好。此或因宋詩主議論、敍述，本中自不能外於時潮；而律、絕格律嚴整，篇幅短小，不若古風之不限字句，不拘對偶，韻可通轉，聲可平可仄，足以逞其才力，恣意馳騁。試觀其古體中，實亦以議論、敍事者爲多，可證吾言之不謬。茲錄二首爲例：

次韻堯明貢院詩

忍窮不能歸，強飯亦良計。東風頻報春，草木可次第。厭為龍頭縮，寧作龜尾曳。從來翰墨場，卽有聞見滯。譬如已耨田，更欲深種藝。或蒙鹵莽報，未肯卽棄置。不聞太倉粟，亦校毫髮細。王卿固倦游，穢濁有蟬蛻。聲名動時流，我實託末契。泥塗倒屐齒，塵埃涴衣袂。要為無用用，乃作不事事。下馬舊戰場，午日在庭戺。向來槁木枝，忽有紅綠綴。來飛偶然住，去亦無所詣。聚蚊著甌中，得聽此鶴唳。前詩有餘馥，勝韻入松桂。扁舟下淮南，閭里思少憩。熟觀昔所歷，萬變才一戲。滄浪要同歸，更整他日枻。（東萊先生詩集卷八）

案堯明爲王俊義字，元祐名臣王覿之從子。少有直節，游學京師，資用窘乏，童貫欲厚聘之，拒不答。徽宗宣和元年（一一一九），以太學上舍選，奏名居後，帝親程其文，擢爲第一。蔡京邀見，拒不往，僅拜國子博士。歷遷右司員外郎，爲王黼所惡，以直秘閣出知岳州卒。宋史卷三四四有傳。

此詩開端卽入議論，以下一路且敍且議，首尾開闔，波瀾頓挫，幾如一短篇論文。首聯言因貧而仕，情非得已；「亦良計」三字，語甚辛酸。五、六兩句，補一、二未完之意，以堯明嘗爲太學試「狀元」，故曰「龍頭」，而用莊子不欲爲楚相之寓言（註六），喻堯明高蹈之想，實亦夫子之自道也。中段深致期勉，並讚許堯明不附權貴，雖濯淖汚泥之中，猶能「蟬蛻於濁穢」。（註七）「泥塗」二句，喻宦場之惡濁；「無用之用」，大有志概，自勉兼以勉人。接敍眼前景物，「槁木」二句，與三、四相應，而花開花落，不知所從來，不知何所往，又涉理路。蚊聚甌中，擬之「鶴唳」，頗見奇思。清人沈復視帳中之蚊如鶴唳雲端（註八），得毋本此歟？「前詩」二句發想亦妙。此下歸思泉湧，蓋國事演變至此，志士無力回天，唯有相偕遁世耳。仍以議論作結。

浮梁道中見小松數寸者極多然皆與蓬蒿雜出不能卽長也余傷之作詩寄范四弟

青松數寸根，意出千丈外；如何蓬蒿底，此志久未遂。朝爲牛羊踐，莫受塵土翳；雖云歲寒姿，當此亦憔悴。今年雖小出，尚與凡草類。會須扶其根，與作棟梁計。大廈千萬間，匠石所睥睨。世或未盡知，愼勿傷汝志。（東萊先生詩集卷十二）

此詩全篇議論。「小松」當有所指，似爲元祐諸臣子孫而發。蓋元祐忠藎，迭遭荼毒，其子孫亦世代被禍，雖有才略，終無以登進，志意難伸（註九）；一若小松，旣久屈蓬蒿之下，復爲牛羊所踐，塵土所翳。傷哉斯言！建炎年間，追復元祐數公官爵，亦予彼等子孫一線生機，然仍仰賴朝廷之加意培育，賦予大任。末乃以「勿傷汝志」諄諄相勉，倘才堪濟世，終有穎脫之日，愼勿因一時之不爲人知，不爲時用，卽自墮其志也。此詩因道中所見小松，抒其感懷，理足意盡，堪稱宋詩古風之典型。

其三、本中之古風中，五言最多，幾爲七言之三倍。考諸詩史，漢魏六朝之詩多爲五言，七言者絕少；入唐後，七古漸多，然無論盛唐之李、杜、王、高，大曆之錢、李，或元和之韓、白諸大家，在其詩作總數中，五古仍遠多於七古。(註一〇)今人或有謂在宋代時，七古已取代五古地位，其實不然。歐、蘇、黃、陳諸家，七古之數仍遜於五古。(註一一)是則本中之好爲五古，殆與衆無異。推原其故，豈古風便於說理論事，而一句五言，較七言更易於遣詞造句耶？

其四、本中之絕句，以五言與七言分計，前者僅三十四首，後者達三百五十首。七絕竟逾五絕之十倍，差數懸殊；既不若五律與七律之數相近，與五古之多於七古三倍，尤相乖異。然其所以致此，亦非無因。考釋說絕句之起源，似以元范德機爲最早，范氏云：「絕者截也。截取律詩之半，故絕句又稱截句。或截其首尾，或截其中段，或截其前半，或截其後半。」(註一二)清施補華亦從此說。(註一三)然沈德潛、宋犖等皆謂出自樂府。(註一四)王夫之則曰：「五言絕句，自五言古詩來；七言絕句，自歌行來。」(註一五)今人多主絕句導源於南北朝之「小詩」(註一六)，是可謂衆說紛紜矣。案南朝陳徐陵玉臺新詠已立「古絕句」之名(註一七)，清董文煥聲調四譜推闡之，分絕句爲「律絕」、「古絕」、「拗絕」三種。(註一八)然「拗絕」乃「律絕」之支派，不當別爲一體，故就唐人絕句之形式言，絕句實止「古絕」與「律絕」而已。「古絕」先律詩而有，其聲調自由，可協仄韻者是也。「律絕」即二韻律詩，其格制確定於律詩之後，殆無可疑。觀「律絕」之平仄合律現象，范氏之說，庶幾近之。(註一九)今人王了一易「律絕」之名爲「今絕」(註二〇)，亦宜。絕句之作，在能描摩現實片刻之所見所感，又須語短意長，有「尺幅萬里」之勢，方爲佳唱。然五絕字數過寡，「離首卽尾，離尾卽首，而要腹亦自不可少。」（註二二）律絕（今絕）受格律羈束，益難施其健筆。觀乎少陵、退之、東坡三大家，皆不作五絕（註二三），則本中之吝於爲五絕，亦不足爲異矣。白居易有詩曰：

戶大嫌甜酒，才高笑小詩。（白氏長慶集卷十九：久不見韓侍郎，戲題四韻以寄之）

笑小詩而不爲，本中亦然乎？

其五、本中之七言絕句計三百五十首，逾全詩四分之一。以五言、七言分計，其數居各體之冠。此現象頗爲特殊，臆測其故，可能有四：

㈠七絕較五絕每句多二字，便於表達其意念。

㈡七絕較五絕增一音節，在聲調上較五言更具弛驟舒張、轉折迴旋之致。

㈢七絕不必對偶，在形式上較律詩爲自由，易於驅駕文字，言所欲言。

㈣本中之七絕，以酬應類爲多，蓋字少韻少，適於見景生情，卽席揮毫。

是以本中五絕極少，而七絕特多。觀本中七絕諸篇，多僅就尋常之事、眼前之景、耳目之所觸、心中之所思所感者，隨意抒寫；一如唐元稹所云：

杯酒光景間，屢為小碎篇章，以自吟暢。（元氏長慶集補遺卷二：上令狐相公詩啓）

故其七絕佳者甚夥；而率意之作，亦偶有之。今迻錄二首如次：

正月十三日河堤上作

雨着河堤柳着煙，小樓燈火又經年。
東風不與行人便，留滯長亭十里船。（東萊先生詩集卷二）

東園

暫開還落不停枝，雨濕東園柳絮稀。
遙望釣船今夜月，暗隨潮信與春歸。（東萊先生詩集卷六）

二詩皆清雅流暢，而有餘韻。一、二寫眼前景致，三、四遇物興感；江南信美，究非吾鄉，離人何日整歸舟？弦外之音，黯然之情，讀者可想像得之。元楊載云：「絕句之法，要婉曲迴環，刪蕪就簡，句絕而意不絕。」（註二三）清沈德潛云：「七言絕句，貴言微旨遠，語淺情深。」（註二四）本中七絕多能臻此境界。至其率意之作，則如：

往來送迎城南道中二絕

破裘重補却勝寒，暗減頭圍覺帽寬。
數頃桑麻遶城路，每隨妓吏迎官。（東萊先生詩集卷八）

贈蔡九弟十四弟

年來疾病日衰頹，忽報山中兩弟來。
徑欲相從營一醉，未須辛苦便輕回。（東萊先生詩集卷十七）

此二詩皆思淺語近，已開江西末流粗淺之風。然本中七絕之類此者，不過數首耳。

其六：各體詩中，本中獨不爲七言排律。蓋七律較五律難作，昔人已曾言之。宋范晞文云：「七言律詩極不易。蓋語長氣短者易流於卑，而事實意虛者又幾乎塞。」(註二五)清沈德潛云：「七言律，平敍易於徑直，雕鏤失之佻巧，比五言更難。」(註二六)排律篇幅更長於普通七律，而除首尾兩聯外，須句句對偶，又復拘於格律聲病，范、沈所言諸弊，至排律而益顯。欲求辭意相屬，對偶工切，而開闔相生，首尾渾成，在五排已爲不易，況每句更長出兩字之七排耶！故明王世貞云：

> 七言排律，創自老杜，然亦不得佳。蓋七字為句，束以聲偶，氣力已盡矣；又欲衍之使長，調高則難續而傷篇，調卑則易冗而傷句；合璧猶可，貫珠益艱。(藝苑巵言卷四)

又清錢良擇云：

> 七言長律詩，唐人作者不多。以句長則調弱，韻長則體散，故傑作尤難。(唐音審體)

又清沈德潛亦云：

> 七言長律，少陵開出，然清明等篇，已不能佳，何況學步餘子？(說詩晬語卷上)

是以七言排律，唐宋人作者皆少。杜集止三四首，而力大思雄如韓昌黎，亦不見七排之作，五排亦僅十三首而已(註二七)，適與本中同。則本中之不爲七排，其理至明，不待考索矣。

【附註】

註一　徐師川以爲本中詩「盡出江西諸人之右」，謝無逸以爲「當今之世，主海內文盟者，惟吾弟一人而已。」

並見師友雜志。

註二　本中詩有「文章謬忝聲名在」之句，見東萊先生詩集卷五歸計未成作詩寄懷。

註三　見渭南文集卷十四：呂居仁集序。

註四　今傳東萊先生詩集刊本有四庫全書本及四部叢刊續編景宋本二種，俱爲二十卷，其中第十卷所收詩篇，兩本不同，則實有二十一卷。又湖南袁氏所藏明鈔本有一卷半爲刊本所無，合之應爲二十二卷半。詳上章第四節。

註五　見瀛奎律髓卷三十二忠憤類，呂本中兵亂後雜詩五首。四庫本律髓題撰者呂祖謙，誤。

註六　莊子不欲仕楚，以神龜爲喻，寧生而曳尾於塗中。見莊子秋水篇。

註七　語見史記卷八十四屈原賈生列傳。

註八　見沈復浮生六記。

註九　參閱第一章第一節。

註一〇　錢起有五古八十一首，七古僅二十二首（據錢考功集，四部叢刊本）；李端有五古三十首，七古僅六首（據全唐詩卷二百八十四至二百八十六）；五古竟多於七古四至六倍。李白有五古五百四十八首，七古一百五十三首（據明劉少彝編李翰林分體全集）。杜甫有五古二百六十三首，七古一百四十一首（據浦起龍讀杜心解）。王維有五古一百五首，七古三十二首（據明顧起經編類箋王右丞詩文集）。高適有五古一百一十七首，七古三十二首（據阮廷瑜高常侍詩校注）。韓愈有五古一百四十八首，七古五十七首（據高八美韓愈詩研究第三章第一節統計表(二)）。白居易有五古五百二十五首，七古（含雜言）一百一十四首。（五古數目據四部叢刊本白氏長慶集，七古數目據十八家詩鈔。）

註一一　歐陽脩有五古二百二十五首，七古九十七首（據歐陽脩全集，華正書局本。）蘇軾有五古七百四十一首，七古三百三十一首（據東坡全集，四庫全書本）。黃庭堅有五古五百一十三首，七古二百七十七首（據山谷集，四庫全書本；及山谷詩外集補、山谷詩別集補，叢書集成新編本）。陳師道有五古八十七首，七古四十八首（據後山集，四庫全書本）。

註一二　語見元傅若金詩法正論。

註一三　施補華曰：「五言絕句，截五言律詩之半也。……七絕亦然。」見峴傭說詩。

註一四　見沈著說詩晬語卷上及宋著漫堂詩說。

註一五　見薑齋詩話卷下。

註一六　見葉慶炳中國文學史第十講，李曰剛中國文學史第四章等。

註一七　見玉臺新詠卷十。

註一八　見聲調四譜卷末。

註一九　清王夫之曰：「有云絕句者，取律詩一半，或絕前四句，或絕後四句，或絕首尾各二句，或絕中兩聯。審爾，斷頭刖足，爲刑人而已。不知誰作此說，戕人生理。」（薑齋詩話卷下）王士禎亦曰：「所謂截句，謂或截律詩前四句，如後二句對偶者是也；或截律詩後四句，如起二句對偶是也。……然此等迂拘之說，總無足取。」（師友詩傳續錄）是皆於范氏之說，未爲解人也。

註二〇　見王了一中國詩律研究第二章第三節。

註二一　語見明王世貞藝苑巵言卷一。
註二二　見清施補華峴傭說詩。
註二三　見詩法家數。
註二四　見沈氏選註唐詩別裁凡例。
註二五　語見范著對床夜語卷二。
註二六　同註二四。
註二七　據高八美韓愈詩研究第三章第一節統計表(二)。

第二節　內容

本中之詩，就內容言，幾無所不備，感時憂世，詠史弔古，模山範水，敍事詠物，人事酬應，生活哀樂，一一見之於詩。今試分八類，計其首數如左表。然一首之內，寫景兼以咏物，敍事無妨說理，弔古不免傷時，懷人往往自哀，强欲歸類，甄別爲難，茲表但示其大概而已。

呂本中詩內容分類統計表

類別	首數	說明
感時	二三七	

懷人	三二九	
酬贈	三五〇	含品題、評旦、頌祝、慶賀、悼輓、慰勉等。
弔古	四六	含咏史、懷古、憑弔等。
寫景	一一八	含登臨、遊憩、山水、田園等。
詠物	八四	
敍事	五三	
說理	三三	
合計	一二五〇	

茲就右表所列，析說如次：

一、感時詩

本中之五世伯祖蒙正、高祖夷簡、曾祖公著三世爲相，歷事太宗、眞宗、仁宗、英宗、神宗、哲宗六朝，可謂與國同其休戚。父好問，仕欽宗朝兵部尚書，，委曲以成中興之業，宋國祚未絕，好問之力爲多（詳見第二章第六節）。本中累世名臣之後，處兩宋之際，目睹邦家傾覆之禍，身歷流離凍餒之苦，故其感觸較常人爲特深，其哀楚較常人爲尤切（註一），因而形之於詩者，乃達二百三十二首之多。今舉三例於後：

兵亂後雜詩五首（之四）

萬事多返覆，蕭蘭不辨真。汝為誤國賊，我作破家人。求飽羹無糝，澆愁爵有塵。往來梁上燕，相顧却情親。（瀛奎律髓卷三十二引）

此詩以議論起，首聯蓋謂將士苦戰，而宰臣議和，朝論反覆，主和者亦以謀國爲辭，實是非混淆，忠奸莫辨；本中父好問，於圍城中奮其智略，令張邦昌自棄僭號，奉戴高宗，其心迹無可置疑，其功勳無可比擬，而竟有言臣誣其附逆，使不安於朝；凡此誠「蕭蘭不辨眞」矣。三、四兩句，幾於面斥主和羣臣；語甚直露，可見激切之情。五、六記事，嘆絕糧之苦。蓋倉皇避難，困頓他鄉，至於一飽而不能，則欲筆底之含蓄不露，其可得耶！末以景收，陡增情韻。而國破家毀，親朋離散，覩梁上羣燕之相聚相親，對誤國奸佞，又益增憤恨矣。

初離建康

嘗憶他年出舊京，汴堤楡柳與船平。
寧知此日鍾山路，亦是東行第一程。（東萊先生詩集卷十六）

此詩首二句平直敍述，似言汴河行舟之盛，讀者方擬神遊，不意三句忽然轉柁，波瀾起伏；而無限感傷，見於言外。蓋故園淪落，挈眷東行，初不料居建康未久，又須轉徙，此後更不知止於何時何地也。「我行不得息，終歲在道路。」（註二）亂世流離之痛，非身歷者難以道出，令人迴環含咀，不能自已。

貞女峽

欲上貞女峽，江險未敢行。豈是畏江險，愧此貞女名。世經喪亂後，世不聞堅貞。烈士久喪節，丈夫多敗盟。寧聞閨房秀，感義不偷生。窮荒禮法在，尚此留佳聲。時事有通塞，江流無濁清。欲行勿憚險，為君先濯纓。（東萊先生詩集卷十二）

連州有貞女峽（註三），本中避難過此。此詩首云江濤險惡，欲行而未敢；三、四陡然翻轉，言非畏江險，乃自愧「貞女」耳，意想奇逸。以下四韻緊扣「貞」字，悲涼感慨之氣，充溢字裏行間。南宋割地求和之後，君臣不復言戰，昔有「貞女」，今無烈士，讀之令人扼腕。末以「濯纓」作結，蓋國事絕望，唯有遯世之一途耳。（註四）

二、懷人詩

本中南渡後，轉徙蘇、浙、皖、贛、閩、粵、湘、桂諸省，足跡遍東南，居無定所；親友門生，亦皆飄零四方，音書常絕，聚晤爲難；故詩中多有懷人之篇，而往往情深理至，感人肺腑。茲迻錄三首，以窺一斑：

嶺外懷宣城舊游

中原未敢說歸期，却憶宣城近別離。疊嶂雨來如畫裏，敬亭秋入勝花時。每憎卑濕尤多病，苦

愛風光屢有詩。今日衰頹那可說，鬢鬚經瘴總成絲。(東萊先生詩集卷十二)

此詩首聯即動人心弦，蓋朝庭無規復之念，久客宣城，已恨歸期難卜；今非惟不能歸，更飄泊嶺外；回首宣城，又多可憶矣。宣城且不得住，何況中原乎？無限辛酸，溢於言外。方之賈島渡桑乾詩，不遑多讓。(註五)頷聯寫景，頸聯敍事。嶺外風光，亦多悅目，故病中仍不廢吟咏也。「苦愛」二字，頗爲傳神。尾聯述己之近況，謂瘴癘之氣，令我衰頹甚矣；全篇句句不離嶺外。對仗工穩，而不見斧鑿痕。本中自謂「吾詩如清風」(註六)，此詩或可當之。

念舊

俛首思疇昔，常期不負渠。事隨新境轉，人與舊情疏。少日猶相憶，多年遂絕書。況於生死隔，寧復似平居。(東萊先生詩集卷十九)

友朋之間，若情志相合，莫不披肝瀝膽，分憂濟困，互期生死不相背負；但一旦別離，環境遷異，新知日多，舊交漸疏，初猶互通音問，久則不復相憶，誠蘇舜欽所謂「一旦又睽索，千里成闊疎」矣。(註七)況亂世之中，魚雁多阻，死生莫明，欲長保交契，其較諸承平之日，又不知艱難幾許矣。「寄書常不達，況乃未休兵。」交好中絕，良非得已。凡此皆人人所身歷耳聞或可想像得之，然他人未嘗道出，一經本中說破，便覺深獲我心。此詩一路平敍，中四句次第相承，以言今日與「疇昔」之比，語淡而情哀；末二句又言亂世更異於平時，於絕我者曲爲體諒，深得敦厚之旨。

寄外弟趙柟材仲

長年更多疾，念爾不能忘。夢去關山靜，書來道里長。形骸且憔悴，草木自蒼唐。古縣踈還往，微官絕籤揚。頗聞能吏事，仍不廢文章。客舍襄江下，人家筑水傍。屢成千里目，虛斷九迴腸。我老知無用，身閑欲半藏。預愁章服裹，仍怯簿書忙。事業煩詩卷，生涯在藥囊。得非嵇叔懶，寧似次公狂。野檜多鱗甲，寒松半雪霜。高天一鴈遠，小徑百年荒。每惜朱絲斷，空懷素錦張。舊交渾潦倒，此語更微茫。欲判五斗米，先尋百本桑。殘羹得共啜，薄酒要同嘗。匣裏出鳴劍，眼中除眯糠。未容窺窔奧，虛自倚門牆。指點飛鴻路，何人識故鄉。（東萊先生詩集卷四）

此詩首二句似小序，言「寄」詩之故。以下四句一節，三至六句承一、二句，告以久未得書，時縈夢寐。七至十句寫材仲。十一至十四句，述己客居之地，與材仲遠隔千里，時切懷思，並補三至六句之意。十五至十八句，言己之不欲爲官。十九至二十二句自述現況，「事業」、「生涯」二語，誠爲寫實之詞。二十三至二十六句改爲虛寫，以老檜、寒松自擬，嶙峋風骨，如見其人。「高天一鴈」，則自矜其高，復自憐其孤。二十七至三十句，嘆親友之零落潦倒，以補前二句之未足，而於材仲乃益增懷想。三十一至三十四句，告材仲若不謀仕祿，先須有田可歸；倘得偕隱林泉，固所深願。三十五至三十八句，言撫劍鳴壯志，張目觀大千，世事如斯，亦復何言；今但恨未窺文章之深邃，虛度半生光陰耳；懷人兼以自傷。末二句頓然翻出，以感時懷鄉作結，更見眞情。全篇排比對偶，頗見鍊句之功；而鋪敘中有起伏，整密中有疏宕，亦見謀篇之力。至於感慨之微意，關注之深情，充溢於字裏行間者，則讀者可一覩而知也。

三、酬贈詩

本中以詩名於世，復以理學爲時所重，故萍蹤所至，士爭與之交，詩酒之會不絕。其詩集中如品題、頌祝、慶賀、悼輓、慰勉、送行等酬酢之篇，遂高居各類之冠。

送常子正赴召二首（之一）

昔者居閒久，今來促召頻。但能消黨論，便足掃胡塵。衆水同歸海，殊塗必問津。如何彼點虜，敢謂漢無人！（東萊先生詩集卷十三）

常子正名同，爲常安民之子。安民仕成都府教授，與安惇爲同僚，嘗面斥其姦。寓京師時，蔡確爲相，安民與蔡確誼屬連袂，竟絕不相聞。哲宗紹聖初，拜監察御史，論章惇、蔡京、曾布之罪，章疏前後至數十百上。尋入黨籍，貶竄至死。（註八）子正登徽宗政和八年（一一一八）進士，高宗南渡，以其爲安民後，召至行在，累遷殿中侍御史，首疏黨論之害：「今國步艱難，而分朋締交，背公死黨者，固自若也。……臣以爲欲破朋黨，先明是非；欲明是非，先辨邪正。……君子之黨，協心濟國；小人之黨，挾私害公。爲黨則同，而所以爲黨則異。且如元祐臣僚，中遭讒謗，竄殛流死，而後禍亂成。今在朝之士，猶謂元祐之政不可行，元祐子孫不能用，蓋猶宗京、黼等傾邪不正之論。朋黨如此，公論何自而出？」紹興四年（一一三四），除徽猷閣待制，提舉江州太平觀。七年，以禮部侍郎召還（註九）。此本中此詩之所由作也。首聯敍事點題，其後卽入議論，次聯爲流水對，於子正數年前疏論朋黨之語，深致許可之意。蓋君子小人皆有黨，而所以爲黨者不同。蔡京、章惇等，以「朋黨」之罪加諸元祐諸臣及其子孫，羣奸在位，善類一空，靖康之禍，有由來矣。今若能懲前毖後，消除「黨論」，同心爲國，共禦外侮，則靖掃胡塵，未爲難事。其言沈痛，紀昀以爲「切中當時之弊。」（註一〇）後此數年，本中草趙鼎遷僕射制詞，有云：「合晉、楚之成，不若尊王而賤霸；散牛、李之黨，未如明是而去非。」或子正之疏有以啓之也。三聯承次聯之意，謂柄臣能公忠體國，不爲「黨論」，則忠臣義士，必感激奮發，自致於朝，若百川之趨海，殊塗之會津也。末聯出以問語，而寓意甚富：一曰外患之來，乃內亂所招致，正人志士不有於位，報國無門，故金人敢鄙我大漢之無人也。（註一一）二曰此後倘消弭黨論，使將相羣臣，併力王室，彼狡黠之夷虜，敢再譏我無人耶！三曰子正復出，將有大用，金人不得謂南宋無人矣。寄慨之餘，期許甚殷。全詩辭甚質健，而忠愛之情，出諸肺腑，方回許爲「有少陵風骨」（註一二），誠然。

送范師厚宣諭四川

老境侵尋久廢詩，送君寧復似當時。虺隤病馬猶長路，偃蹇寒松只舊枝。想得山川瞻使節，便令父老識家規（註一三）。聖朝本意惟寬大，漏網呑舟始合宜（註一四）。（東萊先生詩集卷十五）

范師厚奉旨使蜀，本中賦此詩送之。上半寫己，下半贈范。首聯自嗟老境，意興不似當年。頷聯「病馬」、「寒松」皆以喻己，衰病之身，猶滯宦途，蓋避難他鄉，非俸祿無以維生也。本中官閑贈人詩有云：「自喜閑官不計員，月叨微祿勝歸田。」（東萊先生詩集卷十七）可爲頷聯上句之註脚。而下句言偃蹇寒松，風貌如故，則此老之卓絕於流俗之上，又可知也。頸聯、尾聯以憂國恤民殷殷相期；哲宗朝宰相范純仁昔嘗使成都，勤政惠民，爲川人所感念，本中深望師厚循純仁之「家規」，以寬厚治民，使能各安所業，而無苛政酷吏之擾。靄然仁者之心，百世之後，猶令人景仰。

夜聞諸生讀書因成寄趙十七侄

紛紛槃裹了新正，北望蘭溪不數程。
且喜諸生會勤苦，夜窗如子讀書聲。（東萊先生詩集卷十七）

此詩首句言新正多在病中；次句言與趙侄居處甚邇，與上句意似不屬；然「北望」二字，蓋謂雖在病中，於趙侄仍懷念不置也，故與首句似絕而實續。三句喜生徒之勤學；四句言聞諸生吟誦之聲，一若聞趙侄誦書者；似爲紀事，實乃期許之辭。度趙侄或不肯從事學問，故本中以此詩諷之也。辭甚婉曲，甚得風人之旨。

送方豐之秀才歸福唐

我居江東，惟信之州。子來自南，而與我游。問其所友，一時之秀。其兄韞德，亦既有就。子學旣立，子志甚遠。何以終之，止在不倦。貧賤勿厭，自然無悶。富貴勿羨，害德之本。彼古之人，能聖與仁。我胡不能，歎其絕塵。今子歸矣，歲亦有秋。何以告子，惟聖之求。水流有源，木生有根。惟源與根，入德之門。求聖根源，惟正之守。正之不守，棄師背友。絲毫之偽，勿萌於心。無有內外，亦無淺深。由此則聖，舍此則病。是以君子，所守先正。於以贈別，亦以自警。為別後思，且以三省。（東萊先生詩集卷二十）

本中時居信州，屬江南東路，治上饒，即今之江西省上饒縣。方豐之自福唐來從學(註一五)，問其友其兄，胥屬俊秀，則其人可知矣。今時已入秋，而豐之學成將歸，本中特賦此詩送之。殷殷期勉，告以三事：一曰何以爲學，須持之以恒，毋怠毋倦；二曰何以勵志，須勿厭貧賤，勿羨富貴；三曰何以求聖，在守正道，存誠心。而於求聖之道，特諄諄教之，不厭其詳。以爲不能守正，則必棄師背友；而守正之基本，在存誠祛僞，故不可有「絲毫之僞」萌於心。案本中師承劉安世（見第三章第二節），安世從學於司馬光閱五年，一日問盡心行己之要，可以終身力行之者，溫公曰：「其誠乎！吾平生力行之，未嘗須臾離也。」安世問其目，溫公曰：「自不妄語始。」安世自此力行，七年而後言行一致，表裏相應。嘗語人曰：「某平生所受用處，但是不欺耳。今便有千百人來問某，只此一句。」(註一六)又本中嘗曰：「李公擇尙書嘗與滎陽公諸賢講論行己須先誠實，只如書帖言語之類，不情謬敬，盡須刋去。如未嘗瞻仰而言瞻仰，未嘗懷渴而言懷渴，須盡去之，以立其誠。」(註一七)本中所聞於師長父祖者如此，故亦以此教豐之。案本中又有送詹慥秀才詩云：「何以奉親懽，一笑和氣滿。……讀書要躬行，俗事不厭簡。」(註一八)與告豐之者層次不同，想必詹慥平日侍親乏愉婉之色，而讀書又未能專心致志，故本中以此二事誡之。可知本中授徒，深諳「因材施教」之旨。此詩四言二十二韻，明葉水心云：「四言詩，則文辭亘伯，輒不能工」(註一九)清沈德潛云：「四言詩締造良難，於三百篇太離不得，太肖不得。」(註二〇)此詩辭氣淵穆，未離雅正；而臨別贈言，叮嚀深至，具見師生情厚，令人感動。

四、弔古詩

詩人誦讀之餘，遊憩之後，不免抒其所感於文字間，遂爲弔古、咏史之章。本中此類詩篇爲數雖不多，然佳者頗夥。

明妃

秦人彊盛時，百戰無逡巡。漢氏失中策，清邊烽燧頻。丈夫不任事，女子去和親。君王為置酒，單于來奉珍。朝辭漢宮月，暮隨胡地塵。鞍馬白沙暮，旃裘黃草春。人生在相合，不論胡與秦。但取眼前好，莫言長苦辛。君看輕薄兒，何殊胡地人。(東萊先生詩集卷二)

此詩首言漢不如秦，致啓邊患。「中策」見於漢書：「周得中策，漢得下策，秦無策焉。」(註二一)李白塞上曲：「大漢無中策，匈奴犯渭橋。」(註二二)此詩三、四句本此。五至十二句述昭君入胡之經過。以下不寫昭君之怨，不悲昭君之遇，反取「同則胡越一家，異則舟中敵國」之義，殷殷寬解，以爲但得兩心相合，即足偕老，不必以胡人爲怨；今薄倖兒比比皆是，其視異域之人爲何如耶？言外又寓刺漢帝之意。宋費袞云：「古今人作明妃曲多矣，皆道其思歸之意。歐陽公作兩篇，語固傑出，然大概亦歸於幽怨。白樂天有絕句云：『漢使若回煩寄語，黃金何日贖娥眉？君王若問妾顏色，莫道不如宮裏時。』其措意頗新，然問『黃金何日贖娥眉』，則亦寓思歸之意。」(註二三)本中此詩遣詞質而徑，立意尤新，正宋詩風格。居今之世，讀「人生在相合，不論胡與秦」之語，則彌覺酸辛，而不能不慨然首肯也。

讀太眞外傳

上盡馬嵬路，東風吹舊京。乾坤已新主，草木自秋聲。錦韤千年恨，皇輿萬里程。寧知挽船士，亦有別離情。(東萊先生詩集卷三)

此詩首聯言貴妃隨玄宗西行，次聯言安祿山僭號於東京，三聯言貴妃賜死，而玄宗奔蜀。蓋貴妃死後，馬嵬媼得其錦袎襪一隻(註二四)，故詩有「錦韤千年恨」之語。末聯謂玄宗思及貴妃，每欷歔不已，寧知百官庶民之妻兒離散者，亦有難忍之情乎？寄慨頗深。案唐天寶之亂與宋靖康之禍，其事略同：賊軍陷長安，金人圍汴京；玄宗幸蜀，徽、欽北狩；楊貴妃賜死軍前，宋后妃迫遷虜營；唐肅宗即位於靈武，宋高宗繼統於應天。故此詩可謂句句弔古，而句句諷今。末聯尤切合南渡之情，當日讀之者，恐不免泫然欲泣也。

五、寫景詩

本中性耽山水，流離東南，行踪所經，不忘登覽，輒有吟詠。宋周煇清波雜志(卷八)記其從叔知和嘗以書請益於本中，本中答云：「廬阜只尺，讀書少休，必到山中，所與遊者誰也？古人觀名山大川，以廣其志意而成其德，方謂善游。太史公之文，百氏所宗，亦其所歷山川有以增發之也。惜其所用止在文字間，若使志於遠者大者，雖近逐游、夏可也。」蓋本中以爲遊憩山水，不僅能怡情悅目，且足以開拓心胸，廣其志而成其德，故樂此不倦。其詩中寫山水之景者，乃有百餘首之多。

游北李園

小徑縱橫出紫苔，綠陰高下綴黃梅。

榴花却是多情思，留宿薰風未肯開。（東萊先生詩集卷二）

本中詩集中，先後有游北李園詩二題四絕，此園之足供流連可知也。此詩語甚流麗，首句言園中小徑，佈有紫色苔錢；則游客無多矣。是此園必位於市外，景物幽絕，但可供雅人清賞，而俗物罕至也。「縱橫」二字，可言小徑重出，亦可云紫苔叠生。「紫苔」一詞亦有來歷，沈約詩多節後至丞相第謁世子車中作有云：「賓階綠錢滿，客位紫苔生。」又杜甫春日江村云：「扶病垂朱紱，歸休步紫苔。」可見此句之非輕出。次句言梅實纍纍之狀。案宋陳巖肖云：「江南五月梅熟時，霖雨兼旬，謂之黃梅雨。」（註二五）至今猶有此語。可知此詩作於仲夏。石榴當在五月開花，而園中榴花未開，本中不以爲憾，反謂榴花鍾情於薰風，故姍姍遲來，設想極妙。

登太室絕頂

生平仰嵩丘，今日上絕頂。蒼天不能高，星斗閟光景。風雲乍起伏，雷雨半蘇醒。下看飛鳥背，錯亂松栢影。神龍不深遁，偃蹇臥半嶺。舊聞飛石闕，不受懸瀑梗。大河東北流，渺渺黃數頃。五更看日出，平地湧金餅。誰能啜其華，夜氣初未冷。諸峯環而立，一一皆秀整。中居此丈夫，衆象不得騁。巍然萬物表，獨閱百代永。同來有奇士，可得一笑領。不用貯微言，區區弔箕潁。（景宋本東萊先生詩集卷十）

河南登封縣北有嵩山，又名嵩丘，五嶽之中嶽也。其山三尖峯，東曰太室（註二六）。本中登太室之顛，遂賦此詩。一、二句點題，三、四言此峯高與天齊，星月無光。五、六近觀，風雲時起，雷雨偶興。七、八俯視，飛鳥迴翔，松柏交錯。九、十言半嶺偃臥，狀若游龍。十一、十二言但有墜石，而無懸瀑。十三、十四遠望，黃河渺漫，浩蕩千里。十五至十八寫日出，日出平地，此峯之高可知矣；「湧」字甚傳神，更無他字可代。嵩丘之景，已概見矣。以下以此峯與環立之衆山相較，「巍然萬物表，獨閱百代永。」二句極工極切，而豪壯可逼太白。登封縣東南有箕山，西南有潁水，本中立太室絕頂，俯瞰箕、潁，追慕巢、許，乃慨然興遁世之志矣。結句融情入景，意境甚高。

登茅山

澗壑生煙霧，崇岡不可攀。路紆松葉滑，鐘出暮雲間。古蔓牽遊屐，清泉響野灣。時聞天籟發，我意欲歸山。（明鈔本東萊先生詩集卷十九）

此詩首聯凌空而起，寫遠望之山景，氣勢不凡。頷、腹二聯上句皆言足之所履，下句皆言耳之所聞，結構甚富新意，刻劃亦細緻。結聯則與前詩同一窠臼。蓋本中目覩權姦誤國，恢復無望，志意日趨消沈，「言爲心聲」，避世之念，乃不自知而洩於筆端矣。

六、詠物詩

本中有詠物詩八十餘首，動物如臭蟲，植物如墨梅，器用如竹夫人，患疾如疥，自然現象如荷上之水珠，天邊之斷雲，空中之游絲等，前人所罕品題者，本中目之所及，胥出之於詩。或切合物象，或極盡物趣，或托物喻人，或寄情於物，長短互異，體格不拘，而皆見其靈思。

墨梅

嶺南十月春漸回，妍暖先到前村梅。問君何處得此妙，一枝冷艷隨霜開。長江凜凜欲崩岸，乃見好事移牆隈。初疑滲漉入瘴霧，更恐寂寞埋煙煤。微風不動暗香遠，淡月入戶空徘徊。坐看粉黛化獰惡，豈但桃李成輿臺。我行萬里厭窮獨，疾病未已心先灰。對此不覺三歎息，恐是轉側同南來。異鄉久處少意緒，破壁相對無根荄。古來寒士每如此，一世埋沒隨蒿萊。遁光藏德老不燿，肯與世俗相追陪。輪囷離奇多見用，犧尊青黃未為災。含毫吮墨去顏色，況自不必須穿裁。歲窮路遠莫惆悵，此去保無蜂蝶猜。（東萊先生詩集卷十二）

案墨梅爲黑色之梅花，乃於苦楝樹上接梅枝所生，故不多見。本中此詩先言所見墨梅之時地，繼言其來自江南。「初疑」二句，寫墨梅之特色；「微風」四句，寫墨梅之精神。以下因物興情，以墨梅比寒士，物我雙寫，言志抒懷，一路議論，仍是宋詩本色。

師奴病化二首（之一）

伴我閒中氣味長，竹輿游歷徧諸方。火邊每與人爭席，睡起偏嫌犬近床。能與兒童較幾許，賢於臧獲便相忘。他生尚欲隨吾在，要奉香爐漉水囊。（東萊先生詩集卷十六）

本中宅心仁厚，不惟篤於人倫，抑且愛及禽獸；戒殺之作，悼念犬、猫之篇，數見於詩。師奴卽本中所蓄之猫，病化後，本中作此詩紀之。首言物我相忘相親之意趣，家居時，因常相依傍，而遊觀行旅，亦不離左右，一若家人子弟然。二、三兩聯，狀形摹態，極爲生動逼眞。蓋冬日天寒，主人一家每圍爐取暖，而猫性亦畏寒，故常於人向火時踅至，頻頻以爪觸人，必使能在爐邊蹲臥而後已。夜間又喜潛登主人臥榻酣睡，晨起，犬顧而吠之，則亦惡聲相向。而兒童多愛猫犬，猫亦善解人意，與之依偎廝磨，追逐嬉戲，而其驅之不去，戀主不忘之情，則又賢於僕佣遠矣。末聯謂想見此猫尚欲再定來生之約，陪奉我度焚香習靜，漉水（註二七）護生之禪修生活，則寫猫兼以寫己。宋曾季貍艇齋詩話許此詩「曲盡猫之情態」，甚是。其所錄第七句爲「他生尙肯相從否」，與今本異，可知不止一稿。此詩視之雖淺白平易，然「成如容易却艱辛」，但可爲知者道耳。

荷珠

誰倩亭亭着意擎，風中零亂月中明。渾無定處光偏潤，正值圓時影最清。曲檻落紅歌一串，橫塘點碧夢三更。絕憐蕩漾波心裏，添得連宵細雨聲。（明鈔本東萊先生詩集卷十九）

此詩句句寫荷珠，體物深邃，而不黏不離，堪爲詠物詩之傑作。清李重華云：「詠物詩有兩法：一是將自身放頓在裏面，一是將自身站立在旁邊。」（註二八）本中詠物之篇，或如前舉二首之詩中有我，或如此詩之客觀描摹，皆各具其妙。而此詩造語淸秀絕塵，迥異於前二詩，又可知本中詩風之不主一格矣。

七、敍事詩

本中敍事之詩，計其內容純一者，得五十餘首。其敍事雖多，而雜以他語者，尤更僕難數也。

山光寺前泊舟値雨

輕雷喚小雨，憶在白沙時。綠酒留連醉，紅燈取次詩。好風那復有，涼月自相隨。獨上山光寺，淸歌無柳枝。（東萊先生詩集卷四）

視詩題應屬寫景之篇，孰知乃憶白沙舊事。頷、腹兩聯，可想見此老當日與騷人墨客詩酒之會，舉杯相屬，即席揮毫，明月在天，淸風徐來，其意緒爲何如耶！今乃又賦流離，孤舟獨泊，山光寺縱有美景，亦不欲流連矣。此詩雖爲敍事，然首句及尾聯均扣題，信爲別出心裁之作。

城中紀事

生平足艱窘，可歎不可言。兩遭重城閉，再因羣盜奔。今茲所値遇，我豈不與聞。脫身保兒女，恐辜明主恩。傍徨不忍去，敢計生理存。昨者城破日，延燒東郭門。中夜半天赤，所憂驚至尊。是時雪政作，疾風飄大雲。十室九經盜，巨家多見焚。至今馳道中，但行胡馬羣。翠華久不返，魏闕連煙氛。都人向天泣，欲語聲復吞。我病未即死，爾來春既分。剝床供晨炊，兩眼煙已昏。豈無好少年，可與共殊勳。志士或不恥，有身期報君。塞水須塞源，伐木須伐根。子莫笑短拙，荆蠻生伍員。（東萊先生詩集卷十一）

此詩記汴京陷賊之狀，言己先獲預警，本可及時携妻兒遠避，然爲上報主恩，故不計生死，留京未去。城破之日，火光漫天，深憂至尊受驚，未暇慮及己身之安危也，忠愛之心，可比老杜。以下言金兵肆虐，焚屋刼財，二帝被虜，都人唯相對涕泣而已。「剝床供晨炊，兩眼煙已昏。」言家無炊薪，至析臥榻以充竈。本中別有兵亂寓小巷詩云：「竄身窮巷米如玉，翁尋濕薪嫗爨粥。」（註二九）與此詩合觀，益知圍城中無米無薪之慘況。然國祚將絕，不信無好男兒奮起禦敵，不信無英雄志士捨身衞國！楚有伍員，大宋竟無人乎？末四韻先爲殷切之期盼，繼以「塞源」、「伐根」相勉，仍本憂國愛君而發。

即事六言七首（錄四首）

老來與世相忘，尚喜擁書滿床。憶得少年無事，苦心更學文章。
少年於世無求，老覺心情自由。放倒文章事業，追隨倦鳥虛舟。
不入樂天歡會，不隨淵明酒徒。看取簞瓢陋巷，十分晝夜工夫。
畢竟學書不成，誰道能詩有聲。點檢平生交舊，幾人曾是同盟。（東萊先生詩集卷十九）

此詩作於卒前二、三年，自述少時即與世無求，而苦心爲學，然學書不成，謬得文名。今老矣，更與世相忘，然仍日擁書城，既不若樂天之逍遙，亦不效淵明之耽酒，甘於簞瓢，心如歸鳥。所憾者，平生交游，同此志意者無多耳。案六言始於詩、騷、魏、晉間曹、陸間出，至盛唐王維等，乃以之創爲絕句；惟唐、宋以來，作者皆稀。清錢良擇云：「六言詩聲促調板，絕少佳什。」(註三〇)然本中有六言詩十五首，或酬贈、或敍事，皆清利可喜。

八、說理詩

宋詩常涉議論，本中詩中亦多說理之語，其全篇純然說理者，則或論學，或論政，或論飲食，或論殺生，或論立身處世等，亦不下數十首。試舉二首爲例：

往歲在白沙見江上往來祀神者殺猪羊鵝鴨日夕相屬也有感於心後至濟陰因成長韻當託白沙故人投之廟前庶幾神少知自戒乎

今日殺一羊，明日殺一猪。問神何所樂，而必為此歟。羊死噤無聲，猪死足號呼。傷哉鴨與鵝，閉目頸已朱。問神此何負，神亦何所取。吾知斯民愚，非是神所許。江船一帆風，江田一犂雨。民或謝神勞，尚使相告語。但采澗溪毛，足以薦筐筥。何須污刀几，而後羞鼎俎。於物固無怨，於神亦無苦。更令嗚嗚歌，時送坎坎鼓。(東萊先生詩集卷五)

本中仁愛爲懷，益以溺於禪學，故平居茹素禮佛，以殺生爲戒。(註三一)此詩乃爲牛羊鷄鴨請命，開卷即問宰殺猪羊，神何所樂而必爲？繼述猪羊家禽之死狀，質神以彼等何負於神，而神又何所取？以下筆鋒忽轉，爲神寬留餘步，謂此事必愚民自爲，非神之本意；請神告知斯民，苟欲謝神，但薦以蘋藻(註三二)，獻以鼓樂卽可，勿再屠殺家畜也。全篇理足而辭嚴，神若有靈，必當嘉納。

惡木

惡木不忍伐，留我窗戶前。人皆笑我拙，我獨為汝賢。共生天地間，誰不願長年。如何枝葉內，便縱斤斧穿。人或甚於斯，同被恩愛纏。燕昭與漢武，所享固已偏。樂極未肯休，更欲求神仙。孰能以此心，擴為無盡泉。大哉周文王，尚結枯胔緣。傷生有禁止，亦具月令篇。好木雖云好，不須公愛憐。惡木雖云惡，莫自生饑寃。歲晏霜雪穩，夏深雷雨顛。扶疎有震落，與公常晏然。（景宋本東萊先生詩集卷十）

窗前惡木，本中亦不忍斲伐。蓋天壤間萬物，莫不希冀長年，而人類尤甚；故燕昭、漢武，貴至帝王，尚欲更求不死之藥。安得世人推此心於萬物，法文王之澤及枯骸，遵月令之禁止傷生(註三三)，使不材之木，亦得終其天年。此可謂聖賢之志矣，然人笑其拙，故作此詩以曉之。

【附註】

註一　呂詩有「恨猶能切骨，愁或至傷心」之語，正其情懷之寫眞。見東萊先生詩集卷九秋日三首之二。

註二　見東萊先生詩集卷十三初至桂州二首之二。

註三　連州（今廣東省連縣）有貞女峽。輿地紀勝云：「貞女峽在桂陽縣南十五里。」案宋之桂陽爲連州治。又水經注云：「（洭水）溪水歷峽南出，是峽謂之貞女峽。峽西岸高巖，名貞女山，山下際，有石如人形，高七尺，狀如女子，故名貞女峽。古來相傳有數女取螺於此，遇風雨晝晦，忽化爲石。」（卷三十九）又廣東通志云：「楞伽峽在州東南十五里，雙崖壁立，垂石飛瀑，傾注深潭，下有貞女石，卽貞女峽也。」韓愈謫連州陽山令時，嘗賦貞女峽詩云：「江盤峽束春湍豪，雷風戰鬬魚龍逃。懸流轟轟射水府，一瀉百里飜雲濤。漂船擺石萬瓦裂，咫尺性命輕鴻毛。」樊注：「荆州記：秦時有女子，化入石，在東岸穴中。」（見五百家注昌黎文集卷三）是貞女峽確水險不利行舟。然是否因古有貞女葬身於此而得名，則載籍無考。本中此詩所云，是否得自當地傳聞，抑望名生義，今不可知。

註　四　「濯纓」出孟子離婁上，本意謂尊賤由人自取；然白居易題噴玉泉詩云：「何時此巖下，來作濯纓翁。」（白氏長慶集卷五十五）則喻超然世俗之外，本中詩意，當與此同。

註　五　賈島渡桑乾詩，一作劉皂詩，題爲旅次朔方，未知孰是。

註　六　見東萊先生詩集卷四送山伯良佐東歸以務道期息塗爲韻。

註　七　語見蘇學士集卷四送閔永言赴彭門。

註　八　常安民事蹟見宋史卷三四六本傳。

註　九　常同事蹟見宋史卷三七六本傳。

註一〇　見紀批瀛奎律髓卷二十四。

註一一　靖康元年春正月，金兵陷相、濬二州，威武軍梁方平帥禁旅屯於黎陽河北岸。金將掩至，方平奔潰，河南守橋者，望見金兵旗幟，燒橋而遁。河北河東路制置副使何灌帥兵二萬保滑州，亦望風迎潰。官軍在河南者，無一人禦敵，金人遂取小舟以濟，凡五日，騎兵方絕，步兵猶未渡也，旋渡旋行，無復隊伍，金人笑曰：「南朝可謂無人，若以一二千人守河，我豈得渡哉！」遂陷滑州。見宋史紀事本末卷五十六。又靖康二年，徽、欽北狩，李若水罵敵酋，至為敵裂頸斷舌死，金人相與言曰：「遼國之亡，死義者十數，南朝惟李侍郎一人。」見宋史紀事本末卷五十七。

註一二 同註一〇。

註一三 原注：「忠宣公嘗使成都。」案范純仁謚忠宣，神宗朝嘗為成都路轉運使。

註一四 原注：「王導嘗遣八部從事之部，顧和在下傳還，從事見導，人人各言二千石長短，和獨無言，導問之，和曰：「明公為政，當使網漏吞舟之魚，豈可採聽風聞，察察為政。」導咨嗟其言。

註一五 福唐，縣名，屬福州。地在今福建福清縣東南。方豐之，見第三章第五節。

註一六 見宋元學案卷二十元城學案。

註一七 見宋元學案卷十九范呂諸儒學案。

註一八 見東萊先生詩集卷十九。

註一九 見明楊愼升菴詩話卷三引。

註二〇 見說詩晬語卷上。

註二一 見漢書卷九十四下：匈奴傳下。

註二二 見分類補注李太白詩卷五。

註二三 見梁谿漫志卷七。

註二四 楊妃死後，馬嵬媼得錦袎襪一隻，相傳過客，一玩百錢，前後獲錢無數。見唐樂史撰楊太眞外傳卷下。參見唐國史補。

註二五　見庚溪詩話卷上。
註二六　見明一統志卷二十九。
註二七　漉水囊，佛教之物，用以漉水去蟲，以護水中蟲命者。爲比丘衣具必備六物之一，亦爲修頭陀行及遊方往來時，隨身十八物之一。
註二八　見貞一齋詩說。
註二九　見東萊先生詩集卷十一。
註三〇　語見唐音審體。
註三一　東萊先生詩集卷六有余病不能蔬食懼有五味口爽之責作詩自戒長韻一首，卷八有戒殺八首。然其茹素始於何時，則不可考。
註三二　左傳隱公三年四月：「苟有明信，澗溪沼沚之毛，蘋蘩蘊藻之菜，……可薦於鬼神，可羞於王公。」
註三三　禮記月令篇多傷生之禁，如孟春之月：「禁止伐木，毋覆巢，毋殺孩蟲、胎夭、飛鳥。」季夏之月：「樹木方盛，毋有斬伐。」

第三節　風　格

本中以詩名世，爲有宋大家之一。（註一）明胡應麟云：「清新、秀逸、沖遠、和平、流麗、精工、莊嚴、奇峭，名家所擅，大家之所兼也。」（註二）大家之詩，多不主一格，本中亦然。宋李彭觀呂居仁詩有云：

忽看僧珍五字句，妙想實與神明聚。清如明月東澗泉，壯如玄豹南山霧。抑揚頓挫百態隨，鸞鳥舉風迫之。莫言持此黃初詩，直恐竟亦不能奇。（日涉園集卷五）

謝邁亦盛稱本中之詩：

探囊得君詩，疾讀過三四。淺詩如蜜甜，中邊本無二。好詩初無奇，把玩久彌麗。有如菴摩勒，苦盡得甘味。（謝幼槃文集卷一：讀呂居仁詩）

李氏謂本中詩清如明月，壯如玄豹；謝氏謂本中詩淺者甜，佳者麗；皆爲知言。然細味本中之詩，其風格實不止此。今分別例說於次：

一、淸雋淡遠

本中之詩，淸雋淡遠者甚多。諸如：

雪盡

雪盡寒仍在，園荒春欲歸。晴空落雁少，古木聚鴉稀。肺病猶堪酒，囊空合典衣。碧雲愁不見，千里故山薇。（東萊先生詩集卷一）

雪盡冬殘，地寒加厲；雖萬物已展現欣欣復蘇之脈動，然觸目所及，大地猶甚蕭颯。本中憔悴江南，衰軀多病，衣食維艱，際茲歲暮年初，睹物興感，不免悚家國之憂，發節候之嘆。此詩首句卽著題，風雪雖止，然嚴寒未去，貧士不得歡顏；五字之中，意有轉折。次句以春擬人，語極靈動。寒勒荒園，春神將憐而顧之，又予人以無限希望也。其時和議方成，金人虎視未已，而南宋君臣宴安，不思北歸；然則本中之意，蓋別有所屬歟？三、四寫景，雁少鴉稀，與首句相應，語平淡而眞切。而鴉聚雁落，在冰凍雪封之中，仍有飛揚騰躍之動態美。故方回評之曰佳。（註三）腹聯言情兼寫實，世亂時危，憂思百結，雖罹肺疾（註四），不辭酒澆。然謝釵早典，阮囊屢空，家徒四壁，惟剩冬衣，此時況味，大類老杜「春歸待一金」（註五）之乏絕矣。才人多寒，千古同調，可爲永慨也。結聯跳空虛寫，情韻綿邈。全詩清雋淡遠，用事而不着痕迹，堪稱佳作矣。

別夜

薄酒殘燈欲別情，暗螢依草不能明。
懸知先入他年話，一夜蛙聲連雨聲。（東萊先生詩集卷六）

傷別之情，人所同然。文士善感，故把盞惜別、對序夜話之詩詞，乃無人無之。如韋應物之「遠聽江上笛，臨觴一送君。還愁獨宿夜，更向郡齋聞。」（註六）及白樂天之「後會既茫茫，今宵君且住。」（註七）皆是也。本中此詩首句言摯友將別，薄酒殘燈，離情酸楚。次句寫雨夜物象，雨聲淅瀝，螢火不明，則尤增淒清之感。三、四言今夜寒燈相對，風雨連床，聽窗外蛙聲與雨聲相和，此情此景，必爲他日再聚時，津津回味之話題也。既寫眼前之景，復預卜未來之事，且暗用東坡「夜雨對床」典實（註八），有神無跡。全詩手法靈動，清駃可喜，結語尤饒淡遠之致。本中嘗自言「吾詩如清風」(註九)，蓋亦以清雋淡遠自喜也。

二、含蓄蘊藉

本中之詩，亦不乏深沈蘊藉之作。諸如：

雨後至城外

日日思歸未就歸，只今行露已沾衣。江村過雨蓬麻亂，野水連天鸛鶴飛。塵務却嫌經意少，故人新更得書稀。鹿門縱隱猶多事，苦向人前說是非。(東萊先生詩集卷九)

此詩首聯言情，上句言思歸而未得，詞意甚悲。蓋其父好問既因時宰之排而去國，後秦檜用事，己亦不爲阿附，致遭貶責，因每興舊林故淵之思；然以舉家生計所賴，又不敢如淵明之率性賦歸也。詩集同卷雜詩三首有云：「往來三十年，未見可棲宿。微官不能去，尚恐遭逼逐。歸棲則在念，所望一枝足。」可爲此句之註脚。下句出詩經召南行露篇首章，詩經曰：「厭浥行露。豈不夙夜？謂行多露。」前人釋此章乃言貞女守禮執義之志。貞女以道間之露方濕，畏多露之沾衣，故不欲夙夜而行，以喻禮義之不可違。本中深惡宦場，屈己從仕爲非得已，故自謂其衣已爲道間之露所沾。詞意較首句爲尤悲。頷聯寫景，雨後江村，蓬麻紛披，而水天漠漠，鸛鶴翻舞其間，景象之美，似較溫、李之「江田一鷺」與「雲羅一雁」(註一〇)，更爲妙入畫圖者也。江南居，殊不惡，本中殆有暫安所遇之意乎！若以興怨之義度之，則此聯上句似有司馬溫公「柳絮因風起」之感懷(註一一)，蓋「蓬生麻中，不扶自直。」(註一二)環境使之然也；脫遇風狂雨急，便即欹傾摧折；以喻當時主降、主和、及張邦昌僭立時附逆之臣。下句喻金兵壓境，大臣相率奔逃之象；本中一介微官，惟有長嘆「報主悲無術，傷時祇自憐」(註一三)耳。頸聯敍事，言官署中往來文牘，事皆泛泛，不須經意；惟交親信息日疏，爲令人懸懸於心耳。末聯用東漢龐公典，謂此際縱退而棲隱，於國事豈能無所掛懷，此時此地，大有吾誰與語，吾誰與歸之感傷。此詩大抵爲憂時而作，而深沈蘊藉，故紀昀雖力詆江西詩派，於此詩亦不能不許爲「深穩」、「雅潔」也。(註一四)

木芙蓉

小池南畔木芙蓉，雨後霜前著意紅。
猶勝無言舊桃李，一生開落任東風。(景宋本東萊先生詩集卷十)

木芙蓉略稱芙蓉，別名「拒霜」，以其晚秋始開花也。(註一五)此詩用意在三、四句，桃、李隨東風之來去，花謝花開，俯仰由人；木芙蓉則傲然兀立於秋風之中，經霜愈豔，其風骨視木芙蓉爲何如耶！句極警拔有力。宋曾季貍評此詩曰：

> 極雍容含不盡之意，蓋絕句之法也。荊公詠木芙蓉云：「還似美人初睡起，強臨青鏡欲妝慵。」覺得味短，不及遠矣。(艇齋詩話)

其言極是。案荊公絕句，享譽千古，淸王夫之云：「七言絕句，唯王江寧能無疵纇，儲光羲、崔國輔其次者。」(註一六)然荊公詩一、二句云：「水邊無數木芙蓉，露染燕脂色未濃。」(註一七)亦不及本中此詩一、二句之輕逸。又坡翁亦有咏芙蓉詩云：「千株掃作一番黃，只有芙蓉獨自芳。喚作拒霜知未稱，細思却是最宜霜。」(註一八)此詩一覽而盡，了無餘韻。至於宋韓琥咏木芙蓉之作(註一九)，尤不足論。是宋人咏木芙蓉者，終當以本中爲赤幟矣。

三、眞純質樸

本中之詩，眞純質樸者，往往有之。

出門見明月

出門見明月，入門思故人。故人如此月，一見一回新。明月相見多，故人相見少。問爾何因緣，長似此月好。故人在何處，南北東西路。明月在咫尺，夜夜庭前樹。明月莫虧缺，故人莫離別。願月如故人，故人亦如月。(東萊先生詩集卷五)

昔人覩月思人，多生「月圓人未圓」之感慨，此詩則別出新意，逕以明月擬諸「故人」。故人之情，歷久彌厚，雖每日一見，亦如明月之不改舊觀。然明月常相左右，而故人見面爲難。七、八句筆鋒忽轉，淡淡一問，包含許多懷念、祈求、祝福之情。九、十設問自答，以與其下二句之明月對比：明月夜宿枝頭，而故人離散四方，不知可否致故人如此月，得日夕相接？本中有采桑子詞云：「恨君不似江樓月，南北東西，南北東西，只有相隨無別離。」與此詩同一機杼。末四句更合明月與故人而言之，致其期望之意。人有離合，月有圓缺，「此事古難全」，而本中必欲明月長圓，故人長聚；月如故人，故人如月。癡絕之語，令天下離羣索居者，讀之神傷。此詩眞純質樸，然淡而有味，且具往復迴盪之致。

與寧陵叔弟別後有懷兼寄趙才仲二首（之一）

一別又經月，欲來渾未期。寧知萬卷讀，難療十年飢。長物新添女，生涯舊有詩。更傷新況味，不報老親知。（東萊先生詩集卷七）

此爲有懷叔弟之詩。首聯破題，述懷想之勞。中四句言己之近況，次聯謂家藏詩書，不能果腹；胸羅萬卷，難敵風寒；一語道盡貧士辛酸。本中又有「強讀文書不補飢，只今一飽尚難期」之語，（註二〇）可知此老生計艱難之甚也。三聯言新得一女，而曰「長物」，亦見此老風趣；至於平日閑居無事，則仍作詩而已。結聯謂邇來境遇更不如前，不敢函報高堂；蓋恐貽父母之憂也。孝親之情，流露無遺。此詩語質情眞，結聯所云於父母有難言之隱者，天下人子讀之，於心當皆有戚戚焉。

四、精麗雅潔

本中之詩，精麗雅潔者，屢屢見之：

暮步至江上

客事久輸鸚鵡盃，春愁如接鳳凰臺。樹陰不礙帆影過，雨氣却隨潮信來。山似故人堪對飲，花如遺恨不重開。雪籬風榭年年事，辜負風光取次回。（東萊先生詩集卷一）

此篇位東萊詩集開卷之首，約作於徽宗崇寧四年（一一〇五）或稍早。(註二一)其時黨禍方熾，朝中善類一空，本中客寓金陵，蹙然有憂，感慨之餘，發爲歌詩。「輸」字有減損意，鸚鵡盃一名海螺盞，即鸚鵡螺所製之酒盃也。首聯用典(註二二)，謂國事如斯，春愁無限，尚復何與於酒。本中別有詩云：「疾病久辜鸚鵡杓，江山稍近鳳凰臺。」(註二三)句法近似。三句言樹陰當前，而帆影疾行無阻，詩思甚奇。四句似取資於蘇舜欽「滿川風雨看潮生」(註二四)之語。兩句皆寫江上動態之美，可入畫圖。設五句謂人山相悅，宜如李白之於明月，邀而奉觴；花若有知，亦當鍾情於我，他年不復媚遊人矣。設想尤奇。末聯暗用杜詩(註二五)，雪籬風樹，景物大可流連，無如時危世亂，無心領略，殊感愧對多情之春光耳。全詩造語典雅精麗，而多奇趣。本中主「活法」，此詩或可當之。

秋日聞鶯

繁華庭院意多違，薄暝沈煙鎖翠微。合向簾前同燕語，何當天際伴鴻飛。草深廢圃初留影，花老空山不計歸。啼處那堪携酒聽，春城回首尚依稀。(明抄本東萊先生詩集卷十九)

此詩爲本中南渡後，抒發家國之思而作。首句言情：江南風物，遠勝北地，然「舉目有山河之異」(註二六)，縱置身良辰美景，繁華庭院，亦皆無心領略；非如昔日天下承平，無論夏樹冬雪，近水遙岑，皆覺賞心悅目也。次句寫景，謂日暮時分，煙沈霧横，奇峯秀嶺，皆不可辨。頷聯入題，謂黃鶯昔日嘗飛近堂前，共乳燕呢喃；今時序入秋，未知亦能與天際鴻雁，比翼翺翔否？似有借物喻己，自傷沈淪之意。頸聯嘆秋風變物，鶯花都老，黃鸝但飛舞於荒園蔓草之間，豈菊枯山寂，不欲歸去耶！是又物我雙寫，悲夫！有家之難歸也。末聯謂當日載酒聽鶯之往事，依稀在目；今胡騎縱橫，河山變色，回首汴京，眞有欲哭無淚之感矣。全詩語多哀音，然遣辭雅潔，後半尤精麗可觀。

五、瘦勁渾老

本中近學山谷，上規老杜，故其詩瘦勁渾老者，所在多有。

夜坐

所至留連不計程，兩年堅臥厭南征。荒城日短溪山靜，野寺人稀鸛鶴鳴。藥裹向人閑自好，文書到眼病猶明。較量定力差精進，夜夜蒲團坐五更。（東萊先生詩集卷十七）

本中避難南行，胡騎暫遠，盜賊又作（註二七）；苟遇安靖之地，卽不思播遷，有句云：「何處田園不是家」（註二八），「少留村驛當閑游」（註二九），卽此際心緒也。此詩似作於衢州，堅臥，猶安臥也，蓋已寄寓此地寺觀兩年矣。三、四言環衢多山，受日之時較短，天色晦冥，益覺溪靜山幽；而山中孤寺，人客尠至，唯聞鸛鶴交鳴之聲。五、六謂衰年多病，乃又因病得閒，頗爲自適；而山居不廢吟誦，雖藥裹長隨，目力猶健也。結言自度禪定之力（註三〇）已有增進，發願此後夜夜坐禪清修。蓋靜坐非惟禪家日課，抑亦呂氏之家學也。（註三一）末句始着題，頗見畫龍點睛之妙。此詩收入瀛奎律髓，紀昀評曰：「瘦硬而渾老，江西詩之最佳者也。」（註三二）誠然。

孟明田舍

未嫌衰病出無驢，尚喜冬來食有魚。往事高低半枕夢，故人南北數行書。茅茨獨倚風霜下，粳稻微收鴈鶩餘。欲識淵明只公是，邇來吾亦愛吾廬。（景宋本東萊先生詩集卷十）

本中別有秋日至孟明莊詩（註三三），知孟明當爲本中流寓之地一儒士。此詩首聯言作客孟家，衰病之身，本乏遊興，故不嫌其無驢可供代步；而冬日有魚蝦佐膳，實足大快朵頤也。頷聯寫已，謂胡騎縱橫，家園淪落，往者殆成夢寐；今滯淫他鄉，所引領佇盼者，厥惟遠方親舊之一紙平安書耳。頸聯寫孟明，言其安於茅舍風霜，而怡然自得，不以爲苦；田間秋穫，寥寥無幾，蓋任令稻麥爲雁鶩爭食，已至相忘江湖，兩無嫌猜之境矣。尾聯謂此君甘於田園，淡然名利之高風，與淵明無殊；遂令我濡染之餘，亦不自憾客寓之敝陋矣。末用陶詩（註三四），自然天成。此詩風神遒健，中四句形模大似老杜。

六、忠憤激越

本中此類詩多作於徽、欽北狩之初，迄南渡後數年間。身逢喪亂，忠臣固自痛憤也。

丁未二月上旬四首（之四）

主辱臣當死，時危命交輕。誰呑豫讓炭？肯結仲由纓？泣血瞻行殿，傷心望虜營。尚留儀衛否？早晚復神京！（東萊先生詩集卷十一）

靖康元年（一一二六）冬，金人圍汴京，邀宋帝出盟，欽宗至南薰門外青城（祭天齋宮）之金營請成。次年（丁未）元月，金人再邀帝詣營，欽宗往，遂爲所執，不得返。二月，金人復邀徽宗造其軍，京城四壁都巡檢使范瓊逼徽宗及后、妃、諸王、公主、駙馬等皆行。（註三五）詩題之「上旬」，殆卽此時也。先是，金酋遣使來議割兩河地，帝命尚書左丞耿南仲往報，南仲以老辭；改命知樞密院事聶昌，昌以親辭；尚書右丞陳過庭曰：「主憂臣辱，願效死。」帝爲揮涕太息。（註三六）故此詩首句雖爲傳統思想，實亦用事。次句伸首句之意，謂國勢阽危，人命輕賤，與其死於盜賊，何如爲國盡忠？三、四承一、二，言時窮節見，此際安得國士如豫讓之爲智伯報仇而毀形赴死（註三七），如子路之爲盡職救主而慷慨殉難？（註三八）蓋當時朝臣，多出童貫、蔡京之門，羣以割地請和爲言；諸將以和議故，或閉壁不出，或不戰而奔；官吏棄城走者，遠近相望。本中父好問以劾大臣畏懦誤國貶官，李綱以主戰爲臺諫所逐，國脈如縷，本中乃爲此呼天之語。五、六極言跂望二帝還闕之殷。七、八言不知尚有儀衞隨護二帝否？（註三九）深信國必不亡，汴京必可恢復！此詩上半說理，下半抒情；忠憤之氣，溢於語外；性情既摯，風骨自遒也。

無題

胡虜安知鼎重輕，指蹤元是漢公卿。
襄陽耆舊唯龐老，受禪碑中無姓名。（景宋本東萊先生詩集卷十一）

此詩托古諷今，一、二句言金人憚我大國，本不敢存無宋之心，然徽宗闇昧怠政，羣小競進；蔡京擅柄，假紹述之名，紛更法制，貶斥羣賢，與梁師成、童貫、李彥、朱勔、王黼等朋奸誤國，時號

「六賊」；既興花石綱、萬歲山之害，荼毒東南；復舉聯金圖遼之師，置河北於水火；於是內則方臘之亂，而外則金人入侵矣，推原禍始，其「指蹤」者非宋之公卿乎！(註四〇)及虜騎日迫，於是盡室潛遁者有之（如蔡京、童貫等），力謀割地求和者有之（如李邦彥、張邦昌等），賣主保身者有之（如何㮚、范瓊等力勸二帝至金營），屈節降敵者有之(註四一)，附逆求榮者有之（如王時雍、吳幵、莫儔等皆擁立張邦昌）(註四二)；一如曹丕篡漢前，羣臣百數十人再三勸進(註四三)，欲求如漢末龐公之潔身自愛者(註四四)，幾不可見也。痛憤之情，微而顯矣。

此詩題曰「無題」，宋胡仔云：「有謂而作，可以意逆也。」(註四五)甚是。陸游云：「唐人詩中有曰無題者，率杯酒狎邪之語，以其不可指言，故謂之無題，非眞無題也。近歲呂居仁、陳去非亦有曰無題者，乃與唐人不類，或眞無其題，或有所避。」(註四六)案本中詩集中，「無題」者凡十四首(註四七)，皆作於違難之後，其所避者，亦略如此詩，可尋繹得之也。

七、蒼涼悲慨

本中目覩朝臣誤國，二帝被擄，半壁河山，拱手送敵；故南渡前後，詩多蒼涼悲慨之音。

兵亂後雜詩五首（之一）

晚逢戎馬際，處處聚兵時。後死翻為累，偷生未有期。積憂全少睡，經刼抱長饑。欲逐范仔輩，同盟起義師。（原註云：近聞河北布衣范仔起義師。）（瀛奎律髓卷三十二引，東萊先生詩集失收）

此詩起聯卽點題，言近年盜賊蠭出，而外患迭乘，兵連禍結，處處烽火；耳目所及，但有士卒嘯聚，戰馬嘶鳴。古人年甫不惑，卽每自言老邁，而本中此時已四十餘，故曰「晚逢」。「晚逢」者，蓋有遭逢不時之慨，自悲亦所以憫世也。頷聯言死者已矣，生者鋒鏑之餘，流亡轉徙，不死反自覺爲累；而寇難方殷，苟且偸生，尚不知已於何時也。戰亂中之沈重心境，二語盡之。劉克莊以爲此聯「誦之可悲慨」(註四八)，是已。腹聯言憂思鬱結，夜不成眠；而世亂業空，一飽爲難，蓋孤臣遺民之痛，有不可勝言者。本中又有詩云：「竄身窮巷米如玉，翁尋濕薪嫗爨粥。」(註四九)可相印證。而揆諸宋史，「長饑」之語，實亦劫後災黎之共相。(註五〇)結聯謂近聞河北布衣范仔起義師，甚欲踵接其後，共成興復之業，此則又呼應頷聯，與其忍恥而生，不若赴義而死之爲愈也。紀昀評此詩「全摹老杜，形模亦略似之。」(註五一)甚是。

還韓城三首（之一）

乍喜全家脫，虛疑萬馬奔。乾坤德甚大，盜賊爾猶存。稻壠秋仍旱，溪流晚自渾。素冠兼白髮，愁絕更誰論。(景宋本東萊先生詩集卷十)

徽宗宣和之末，盜匪群起，及高宗初，各地飢民潰兵蜂結者，動以萬計，所至之處，刼殺焚掠，州縣蕩然。建炎二年（一一二八）冬，盜魁楊進擁進數萬，剽掠汝洛間(註五二)，時本中寄寓河南宜陽縣之韓城(註五三)，與洛密邇，自不免於劫。盜匪他去，本中遄返，此詩蓋作於是時也。

首聯言情，謂匪亂未平前，訛傳共至；及返家，見老幼皆脫免於難，誠喜出望外。次聯敍事，謂朝廷本天地之大德，對盜匪不窮追盡殲，冀其存活自新。三聯寫景，言已秋猶旱，稼禾枯瘁，而天乾水淺，河川亦難保其清澈。尾聯仍以情收，言垂老離君(註五四)，倍感睠睠，然報國有心，効力無門，夙夜憂怛，此情更向誰道耶！全詩一片蒼涼之音。曾季貍謂本中圍城中詩皆似老杜，韓駒最喜此詩次聯。(註五五)方回亦曰：「乾坤、盜賊一聯，生逼老杜。」紀昀評此詩「風格老重」，然不以方回之言爲是，曰：「三、四全用老杜，如此逼杜，亦大易事。」(註五六)考「乾坤德盛大」句，杜詩未見(註五七)，紀云「全用老杜」，殊嫌失實。觀此聯天然渾成，是方回之評，亦未可以門戶之見視之也。

八、蕭散閒適

本中中年以前及向老之後，不乏蕭散閒適之篇。

歲晚

野竹新開徑，疎籬自著行。暮雲收雨雪，落日散牛羊。生事顏公拙，才名謝奕狂。藥囊無奈汝，春到莫相妨。(東萊先生詩集卷一)

此詩上半寫景，首聯言修篁茂密，探幽不便，故另闢新徑以出入；至於園圃籬落，則疎密有致，無煩整治也。此可見其居官多暇。次聯謂暮雲在天，雨霽雪止；或夕陽映山，牛羊歸來；皆爲蒼茫而安詳之畫面。下半紀事，三聯以顏公、謝奕自況，謂布衣蔬食，略如南朝之顏延之(註五八)；而少負盛名，則近似晉之謝奕(註五九)。本中別有句如「文章謬忝聲名在」(註六〇)、「舊學虛蒙一字褒」(註六一)，亦皆以才名自喜。末聯以體弱久病(註六二)，藥囊長隨，甚望早日痊可，毋妨我春日之漫遊也。此詩意趣蕭散，而具閒適之致。

即事

晚菘早韭老不厭，夜鯉晨鳧多見疎。地僻難尋野僧飯，路長時枉故人車。青山出沒塵埃裏，白髮栽培疾病餘。更有腐儒窮事業，夜牕殘燭一編書。(東萊先生詩集卷十一)

本中晚年奉祠家居，長日多暇，雖困於貧病，仍詩酒不輟，而蒿目國事，則偏安之局將成，興復之望已絕，故其詩風乃由前此之忠憤激越，蒼涼悲慨，轉而爲蕭散閒適矣。有句云：「自喜閒官不計員，月叨微祿勝歸田。藥囊往往充詩橐，米券時時當酒錢。」(註六三)可爲此際生活與心情之寫照，此詩亦然。案本中中年後即篤信釋氏，不欲「殺生」，嘗云：「夫子釣不綱，於理已不隱；浮屠斷食肉，此語說始盡。」(註六四)又有戒殺八首、蔬食三首(註六五)，勸人勿「殺物以活己」。而其平日亦習于素食，有云：「居閒快一飽，我已久斷殺。」(註六六)此詩首聯即言甘於茹素，野菜園蔬，臨老不厭，肉食久不下箸矣。考本中其時似客居河南宜陽縣之韓城，瀕近洛河，鯉、鳧類取之甚易，售價必廉，而「多見疎」，其他肉類可知也。又別有句云：「晚菘早韭舊所知，五鼎百牢未爲福。」(註六七)可與此聯相發明。次聯謂僻處山阪，欲與僧人過從，亦不可得；而故交多情，枉駕遠來，時相存問，是爲可感耳。三聯言烽煙四起，胡塵漫天，遠山不免汚染；而歲月易逝，衰病之身，已華髮漸生矣。末聯忽然振起，謂雖老且病，然猶讀書立說，兀兀窮年。觀其立朝則正言讜論，家居則進德修業，誠可謂從容中道，粹然儒者矣。

九、精於對仗

本中詩精於對仗，前人每每稱之。如其「樹移午影重簾靜，門閉春風十日閒。」一聯(註六八)宋魏慶之許爲「宋朝警句」(註六九)；又如「雪消池館初春後，人倚欄干欲暮時。」(註七〇)宋張九成云：「此自可入畫。人之情意，物之容態，二句盡之。」(註七一)明謝榛亦曰：「予觀此作，宛然一美人圖也。」(註七二)又如「土俗尊魚婢，生涯欠木奴。」一聯(註七三)，清賀裳云「當時以爲佳對」(註七四)。覽其全集，對仗之工穩、精巧者，蓋指不勝屈云。

柳州開元寺夜雨

風雨脩脩似晚秋，鴉歸門掩伴僧幽。雲深不見千巖秀，水漲初聞萬壑流。鐘喚夢回空悵望，人傳書至竟沉浮。面如田字非吾相，莫羨班超封列侯。(東萊先生詩集卷十)

此詩前半寫景。靖康之難後，本中千里播蕩，每至一地，恒寄寓寺觀，清苦有過於僧尼。此詩卽作於柳州開元寺中。夏秋之際，每多風雨，天色入暮，鴉雀卽倉皇投林歸巢，寺門亦固閉深掩，遽爾一院幽寂，闃若無人。此時雨雲相生，夜霧瀰漫，高峯秀巖隱沒於蒼茫之中；但聞山洪暴發，萬壑競洩之聲。四句分寫天候、僧寺、山光、水容。起聯上句動態，下句靜態；次聯寫雨景奇幻，上句靜態，下句動態，上句爲目之所見，下句爲耳之所聞。不惟描摩眞切，且具見交錯變化之妙。後半寫情：三聯言身滯異地，魂縈鄉關，寺鐘喚人好夢，方知依然是客。而親族離散，契闊星霜，燧警之中，「寄書長不達」（註七五），而日夕佇盼之家書，竟亦爲洪喬所誤，誠人所難堪者。末言世亂，而道途險阻之狀，灼然可見。故方回謂六句「絕佳」，紀昀謂「五六深至」（註七六），清查慎行亦謂六句「題外見作意」（註七七）。末聯突然轉折，謂本欲獻身衞國（註七八），建功立業，無如面非田字（註七九），肩少媚骨，此生不敢作封侯之想矣。本中別有句云：「顧我初無食肉相」（註八〇），與此聯用意同。蓋高宗卽位後，寵幸秦檜，黨附倖進之徒，紛紛躐居高位，國事將不堪聞問也。此與東坡「無心逐定遠，燕頷飛虎頭」之句（註八一），意殆似之。此詩二、三兩聯對仗極穩，三聯尤似無意而工，不見斧鑿痕。

試院中呈工曹惠子澤教授張彥實

十日虛房罷送迎，不知新雁已南征。忍窮有味知詩進，處事無心覺累輕。殘葉入簾收薄暑，破窗留月漏微明。知公坐穩無他念，識我階前拄杖聲。（東萊先生詩集卷七）

本中遊宦曹州時，屢爲考官，本集中「試院」作詩凡六見。大約入闈閱卷費時旬日，故有「十日虛房」之句。此詩首聯有鬧中得靜，悠然忘年之意趣。次聯謂簞瓢自樂，則智因德大，詩必有進；處事不忮不求，便覺脫然輕快，而無奔競之累。雖屬實情，亦爲理語；蓋與其理學素養及當代詩風有關。三聯上句言殘葉西來，亦猶新雁南去，從知暑盡涼生矣。下句「破窗留月」，頗與孔珪之院草邀蛙（註八二），李義山之枯荷待雨（註八三），同其佳韻。末二句遙接首聯，點明題意，謂二公清明灑落，了無塵念，我欲過訪，二公於靜坐中必能辨其跫然杖履之聲也。宋吳曾許此詩次聯爲「佳作」（註八四）；胡仔則謂三聯「清駃可愛」（註八五），然此二聯所以爲佳，所以可愛者，對偶工穩固其主因也。

十、慣爲拗體

律絕須嚴辨聲律，然自唐以來，詩家即常有拗體之作；或勢所必至，或出之匠心。前者蓋不願因諧律而以辭害意，不得已而拗之；後者則意欲反拗取勢，因病成妍。宋范晞文曰：「五言律詩固要貼妥，然貼妥太過，必流於衰。苟時能出奇，於第三字中下一拗字，則貼妥中隱然有峻直之風。」（註八六）是即有意爲拗矣。老杜之後，唐賢拗律已多，宋人尤加焉。本中詩今存律、絕共八百首，其拗體者達一百七十首；幾近四分之一，可云夥矣。今別爲八類，舉例說明於后：

㈠五言拗第一字，七言拗第三字，本句自救：

讀陶元亮傳

我愛陶彭澤，不求絃上聲；（拗、救）
琴中如有趣，曾遣幾人聽。（東萊先生詩集卷一）

此詩爲五言仄起不入韻，次句之聲律本爲「平平仄仄平」；古人有「一三五不論，二四六分明」之說，然此句之第一字不可不論，若易平爲仄，則第二字即爲孤平矣。故清王士禎云：「五律凡雙句二、四應平仄者，第一字必用平，斷不可雜以仄聲，以平平止有二字相連，不可令單也。」（註八七）此句首字「不」拗爲仄聲，爲避「孤平」，故易第三字爲平聲以救之，是爲本句自救。

上元夜招沈宗師不至聞已赴郡會作二絕戲之（之一）

燈火滿城公不來，為公雕句洗塵埃。
春愁不到城西寺，更約梅花緩緩開。（東萊先生詩集卷二）

此詩七言仄起，首句之聲律本爲「仄仄平平仄仄平」，今第三字「滿」拗而爲仄，故第五字易仄爲平以救之，以免第四字「孤平」。

(二)五言拗第三字，七言拗第五字，對句相救：

復往大名三首（之三）

地濕頻經水，田荒亦未收。斷雲催雨過，漲水沒橋流。半世想高臥，十年悲遠游。藜羹不用挾，尚足誑飢喉。（東萊先生詩集卷十一）

此詩五言仄起不入韻，其第五句聲律本爲「仄仄平平仄」，今第三字「想」拗仄，故易六句之第三字爲平以救之。此爲對句相救。又六句首字依式應作平，而「十」爲仄，今第三字易仄爲平，則又兼有本句自救之功。

春日

數畝幽畦滿小園，兒童無事亦嘲喧。水搖日影上簷角，風送花香來鼻根。病去只留花作伴，客來常欠酒應門。城南袞袞塵埃裏，不借春江一尺渾。（東萊先生詩集卷六）

此詩爲七言仄起，第三句之聲律本爲「平平仄仄平平仄」，今其第五字「上」拗仄，故以四句之第五字易平而救之，亦對句相救。

(三)**五言拗第四字，七言拗第六字，本句自救：**

游南山歸簡張嘉父博士

吾生復何（救拗）往，樂事亦怱怱。寶塔千帆外，春城萬壑中。亂花緣側逕，晚照落斜空。坐想西倉老，掀髯一笑同。（東萊先生詩集卷一）

此詩爲五言平起不入韻，首句聲律本爲「平平平仄仄」，今第四字「何」拗平，故以第三字易仄而救之。清趙執信云：「第四字拗平，第三字斷斷用仄，今人不論者非。」（註八八）此其一例。

歸計未成作詩寄懷

萬里田園半有無，十年歸夢阻江湖。文章謬忝聲名在，氣體猶須藥餌扶。客路因風起舟（救拗）楫，水田無雨臥菰蒲。青帘白酒斜陽外，不與行人滿眼酤。（東萊先生詩集卷五）

此詩七言仄起，其第五句之聲律本爲「仄仄平平平仄仄」，今第六字「舟」乃平聲，故以第五字救之。清王士禎云：「單句第六字拗用平，則第五字必用仄以救之。」（註八九）此其一例。

(四)**五言拗三、四字，七言拗五、六字，對句相救：**

簡何居厚

我乏濟勝具，子懷經世才。寒窗得一笑，陋巷絕纖埃。白酒難充醉，黃花只強開。更憐無事日，時有好詩來。（東萊先生詩集卷十六）

此詩爲五言仄起不入韻，首句之聲調本爲「仄仄平平仄」，今三、四兩字「濟」、「勝」俱拗爲仄聲，即連用五仄，故在次句第三字以平聲救轉，以諧其音，否則即「落調」矣。而次句之第一字「子」當平而仄，如第三字仄聲不改，則犯「孤平」，故第三字易仄爲平後，亦兼救本句。

無題四首（之四）

平生飽我飯脫粟，靜夜不眠尋細書。可見烏衣諸子弟，從來志業不如渠。（東萊先生詩集卷十六）

此詩七言平起不入韻，首句本式爲「平平仄仄平平仄」，今五、六兩字「飯」、「脫」俱拗，遂以次句第五字易仄爲平以救之。又次句第三字「不」拗仄，故第五字「尋」又兼具本句自救之功。

㈤五言出句拗第三字，七言出句拗第五字，不救：

王氏郊居

江山處處好，落日極登臨。雨續蔬畦潤，風吹柿葉陰。客船頻上下，水鳥故浮沈。尚有南飛

鴈，丁寧可寄音。（東萊先生詩集卷三）

此爲五言平起不入韻，首句本式爲「平平平仄仄」，今第三字「處」拗仄，如以對句第三字救之，則對句爲「三平脚」，與古風無異，故不救。此種聲調唐、宋詩常見，詩家視爲合律。

睡

終日題詩詩不成，融融午睡夢頻驚。

覺來心緒都無事，牆外啼鶯一兩聲。（東萊先生詩集卷一）

此詩七言仄起，首句聲律本爲「仄仄平平仄仄平」，今第五字「詩」拗平，亦不救，其理與前詩同。

㈥五言對句拗第三字，七言對句拗第五字，無救：

寺居卽事三首（之三）

中原是何處？敢道幾時回？一夏無書讀，經時畏賊來。老松猶偃蹇，病鶴久摧頽。莫怪論兵少，吾今心已灰。（東萊先生詩集卷十二）

此詩五言平起不入韻，末句之聲調本爲「平平仄仄平」，今第三字拗平，如爲出句，可以對句相救；然此爲對句，故無法救轉。此種聲調唐人甚多，如王維詩：「月出驚山鳥，時鳴春澗中。」（註九〇）儲光義詩：「日暮長江裏，相邀歸渡頭。」（註九一）韋應物詩：「坐厭淮南守，秋山紅樹多。」（註九二）等皆是，已爲詩家通例。

和秦楚材直閣韻

胡馬南來議擊毬，忽聞羌虜斬楊酋。一年春事妖氛退，萬國歡聲佳[拗]氣浮。臺閣如君須強起，林泉容我且歸休。漢家基業無窮盡，早晚留侯與運籌。（東萊先生詩集卷十四）

此詩七言仄起，第四句之本式爲「仄仄平平仄仄平」，今第五字拗平，無可救，其理同前詩。雖不合律，然約定俗成，病猶不病。

㈦**拗而失救**：

曹南官舍書事

去歲頭已[拗]白，今年眼復昏。不憂窮至骨，仍有病傷魂。酒薄如官冷，年豐荷主恩。空庭閒草木，終未答乾坤。（東萊先生詩集卷七）

此詩五律仄起不入韻，首句之本式爲「仄仄平平仄」，今第四字「已」拗仄，依例應以對句第三字作平救之，然未救。

題寶珠茶花二首（之一）

剪裁誰識春工巧，染就冰綃血色鮮。
間立風中邀嚴[拗]句，何人獨號海棠顛？（明抄本東萊先生詩集卷十九）

此詩爲七絕平起不入韻，第三句之聲律本爲「仄仄平平平仄仄」，然第六字「嚴」拗平，當本句自救而未救。

和展鉢詩

紛紛未了向來因，同在浮漚寓此身。顧我久拼庵外事，知公曾是個中人。齋盂已厭五鼎食，詩卷初無一點塵。今代王孫能樂此，中興祥瑞不緣麟。（東萊先生詩集卷十四）

此詩爲七律平起，第五句本式爲「平平仄仄仄平平仄」，今五、六字「五」、「鼎」俱拗平爲仄，依例應以對句第五字救轉，然未救。本中之詩類此失救者達數十首，應非偶不經心者，然則豈蓄意爲之，以求高古峭健乎！

㈧大拗大救（吳體）

伍員祠

伍員廟前一丈碑，上有野鶴雙來棲。水雲杳杳涼去遠，風雨冥冥秋到遲。江花相趁野花發，舊燕不隨新燕歸。大夫遺恨竟何許，楚越勾吳今是非。（東萊先生詩集卷四）

此詩爲七律平起，八句皆平仄參錯，無一合律，是爲大拗；然對句之第五字，悉作平聲，以救轉各句之拗，是謂大救；且黏、對亦有不合者。此體首見於杜詩，稱之爲「吳體」（註九三），其後皮日休、陸龜蒙之唱和詩中凡數見。山谷續老杜之脈，爲此奇調，本中亦優爲之。

張樟秀才乞詩

白蓮庵中張居士，夢斷世間風馬牛。風塵表物自無意，神仙中人聊與遊。澄江似趁北城曉，苦

雨不放南山秋。君當先行我繼往，向吳亭東留小舟。原注：張舊與前輩名士往還甚衆。（東萊先生詩集卷三）

此詩爲七律仄起不入韻，各句聲調無一合律，而對句第五字，皆以平聲救之；且有拗黏、拗對；同前詩。本中集中，此體數見。

十一、以文爲詩

以文爲詩，詩近乎文者，古已有之，宋人尤多，本中亦不能免。其詩中有句如「豈不以此故」、「惟有一劍耳」、「死生亦大矣」、「豈有此理哉」、「學已優則仕」、「半夜才成一首詩」、「處夫才與不才間」、「乃似白沙之舊居」、「今日爲公拈出也」等，爲數匪鮮。茲再舉兩詩以見之。

戲呈七十七叔

大阮愛我詩，謂我能詩矣。我詩來無極，愛之終不已。吾非聖者也，但智慮多耳。賜始可言詩，吾智由商起。（東萊先生詩集卷一）

此詩雖爲古風，其遺辭造句多與散文不異。

自陽翟至寧陵與虛巳叔諸弟別還曹未久知止復來偶成二十八字

綠遍牆頭楊柳枝，小亭春盡阻歸期。

頭昏目暗無情緒，不比少年離別時。（東萊先生詩集卷七）

此詩僅四句，然三、四句近於散文。

十二、以禪語入詩

本中參禪，蓋淵源於家學。其高祖夷簡、曾祖公著、祖希哲，皆融通儒釋，常與高僧過從，本中亦然。故其詩頗有隱寓禪理者，而類如「參禪」、「住禪」、「說禪」、「問禪」、「逃禪」、「學禪」、「禪心」、「禪定」、「禪觀」、「禪房」、「一味禪」、「五味禪」、「諸方禪」、「長蘆禪」之詞，則不知凡幾。至於以禪語入詩者亦多，不僅見於酬贈僧人之篇也。

寄朱時發

芰橋脊梁硬如鐵，天下柱杖打不折。倒騎佛殿出三門，南頭學來北頭說。昔苗未生今作米，更判阿師三尺背。公但吸盡西江水，莫怕庭前簸箕尾。原注：簸箕尾事出小釋迦錄（東萊先生詩集卷三）

此詩各句皆用禪語、佛典，非浸淫釋家典籍者，不易索解。

早至天寧寺卽趙州受業院也

殘月曉未落，疎星點寒林。嚴車城南路，先聞鐘磬音。道人迎我入，共步重廊深。瀹琖施淨供，水味雜海沈。蒲團近宿火，不受塵埃侵。欲求半日息，簿領勤相尋。東堂老禪師，枯木尚龍吟。一轉庭前柏，諸方疑至今。我生晚聞道，所向足崎嶔。謬傳無字印，嘗恐力不任。淮海罷行役，吾人多滯淫。于馬一枕夢；可見平生心。（東萊先生詩集卷七）

此詩中之「淨供」、「蒲團」、「東堂」、「枯木龍吟」、「一轉」、「庭前柏」、「無字印」等，皆爲釋家之語。

【附　註】

註一　劉克莊語。見後村先生大全集卷九十七：中興絕句續選序。

註二　見胡氏詩藪外編四。

註三　見方回編瀛奎律髓卷二十一雪類。

註四　曾季貍艇齋詩話云：「呂東萊詩：『風聲入樹翻歸鳥，月影浮江倒客帆。』此篇年十六時作。作此詩嘗嘔血，自此遂得羸疾終其身。」可知詩云「肺病」也者，應屬實情，非虛語也。

註五　見九家集注杜詩卷三十一：白帝樓。

註六　見韋江州集卷四：聽江笛送陸侍御。

註七　見白氏長慶集卷六：村中留李三固言宿。

註八　見東坡全集卷一：辛丑十一月十九日既與子由別於鄭州西門之外馬上賦詩一篇寄之詩後自註。

註九　見東萊先生詩集卷四：送山伯良佐東歸以務道期息塗爲韻。

註一〇　溫庭筠詩「萬頃江田一鷺飛」，見溫飛卿詩集箋注卷四：利州南渡。李商隱詩「萬里雲羅一雁飛」，見李義山詩集卷十：春雨。

註一一　司馬光居洛初夏作：「四月清和雨乍晴，南山當戶轉分明。更無柳絮因風起，唯有葵花向日傾。」見金性堯選注宋詩三百首引自蔡正孫詩林廣記。三句乃祈望之詞，「柳絮」指新黨。

註一二　語見荀子勸學篇。

註一三　見東萊先生詩集卷十一：丁未二月上旬四首。

註一四　見紀批瀛奎律髓卷十七晴雨類及卷二十三閒適類。

註一五　見明李時珍本草綱目卷三十六木芙蓉條。

註一六　見蘁齋詩話。

註一七　見臨川先生文集卷三十三。

註一八　見王十朋集註分類東坡先生詩卷十三：和陳述古拒霜花。

註一九　見方回瀛奎律髓卷十二收韓琥七月四首之三。

註二〇　見東萊先生詩集卷十五：渴雨簡張仲宗二首之一。

註二一　據曾幾序云東萊詩集係「次第歲月」而編次者，觀第二首題張君墨竹題下註：「崇寧五年宿州」，則此篇當作於崇寧四年或稍早。本中時年方逾弱冠。而少時之作，俱不存矣。

註二二　唐駱賓王蕩子從軍賦云：「鳳凰樓上罷吹簫，鸚鵡杯中休勸酒。」見駱丞集卷一。次句或作「鸚鵡林中臨勸酒」，字誤。又李白登金陵鳳凰臺詩：「總爲浮雲能蔽日，長安不見使人愁。」見分類補注李太白詩卷二十一。

註二三　見東萊先生詩集卷二：山陽寶應道中與汪信民兄弟洪玉父杜子師張益中日夕過從自過高郵不復有此樂也因作此詩寄懷。

註二四　見蘇學士文集卷七：淮中晚泊犢頭。

註二五　杜詩云：「雪籬梅可折，風樹柳微舒。」見九家集注杜詩卷三十三：將別巫峽贈南卿兄瀼西果園四十畝。

註二六　見晉書卷六十五王導傳。

註二七　本中有詩記其事云：「胡馬揚塵烽燧作，我行乃在天一角。江西跰足過湖南，本赴郴陽故人約。中途羣盜又蜂起，所至往往爲囊橐。」見東萊先生詩集卷十二：將至南嶽先寄演公禪師善公華嚴。

註二八　見東萊先生詩集卷十二：避寇南行。

註二九　見東萊先生詩集卷十二：連州陽山歸路三絕。

註三〇　釋氏有「五力」，治攝五障：一曰信力，能破諸邪信；二曰精進力，能破身之懈怠；三曰念力，能破邪念；四曰定力，能破亂想；五曰慧力，能破三界諸惑。又「五力」曰定力、通力、借識力、大願力、法威德力；此定力謂一切禪定之力。

註三一　本中祖希哲晚年習靜，雖驚恐顛沛，未嘗少動。一日自歷陽赴單父，過山陽渡橋，橋壞，轎人俱墜浮於水，而希哲安坐轎上，神色不動，從者有溺死者。見伊洛淵源錄卷七。

註三二　見紀批瀛奎律髓卷十五。

註三三　見景宋本東萊先生詩集卷十。

註三四　見箋註陶淵明集卷四：讀山海經十三首之一。

註三五　見宋史紀事本末卷五十七。

註三六　見宋史紀事本末卷五十六。

註三七　見史記卷八十六刺客列傳。

註三八　見春秋左傳哀公十五年。

註三九　靖康二年正月十日，欽宗再至金營。次日，敵減儀衛，止留三百人，郭仲荀統之。見三朝北盟會編卷七十四。

註四〇　「指蹤」用典，事見漢書蕭何傳。蕭傳作「指縱」，蹤與縱通，詳宋葉大慶考古質疑卷五。

註四一　宋徐夢莘曰！「當其兩河長驅而來，使有以死捍敵；青城變議之日，使有以死拒命；尚可挫其凶燄，而折其姦鋒。惜乎仗節死義之士，僅有一二；而媮生嗜利之徒，雖近臣名士，俯首承順，惟恐其後；文吏武將，望風降走，比比皆是。使彼公肆凌藉，知無人焉故也。」見三朝北盟會編自序。

註四二　王時雍、吳幵、莫儔等皆擁立張邦昌。王時雍爲留守，先自書名，以率百官，從而書名者數百人，皆若州縣胥吏書卯歷，略無留滯，不終日，千餘士大夫書畢申上。見三朝北盟會編卷九十七。

註四三　見三國志卷二魏書文帝紀裴松之注。

註四四　見後漢書卷八十三逸民列傳。

註四五　見苕溪漁隱叢話前集卷五十三。

註四六　見陸游老學庵筆記卷八。

註四七　分見東萊先生詩集卷十一、十六、十七、十八。

註四八　見後村詩話前集卷二。

註四九　見東萊先生詩集卷十一：兵亂寓小巷中作。

註五〇　靖康元年十二月二十九日，是日歲除，物價翔貴，市店皆閉，細民無食，凍餓交橫。見三朝北盟會編卷七十三。靖康二年正月十八日，自帝蒙塵以來，物價日翔，城中猫犬幾盡，游手凍餓死者十六七，遺骸所在枕藉。金兵退後，二麥已熟，無人收割。見同書卷七十六。

註五一　見紀批瀛奎律髓卷三十二。

註五二　見宋史紀事本末卷六十六。

註五三　韓城古有四：一爲縣名，宋屬陝西同州；一爲鎭名，隸河北豐潤縣；又一爲鎭名，隸河南宜陽縣；又一爲小地名，隸河北固安縣。案本中有詩云：「悞厭韓城僻，虛隨潁水紆。」（見景宋本東萊先生詩集卷十：聞南寇已平歡快之甚作詩五十韻）可知本中所寓之韓城，卽隸河南宜陽縣者。

註五四　尾聯「素冠」，卽去國離君之意。案禮記曲禮下：「大夫、士去國，踰竟，爲壇位，鄉國而哭；素衣、素裳、素冠。」鄭注：「言以喪禮自處也，臣無君，猶無天也。」孔疏：「素衣、素裳、素冠者，今既離君，故其衣、裳、冠皆素，爲凶飾也。」本中別有詩云：「素冠窮僵仄，白髮鬼耶猷。」（東萊先生詩集卷十：聞南寇已平歡快之甚作詩五十韻），與此聯意似。

註五五　見艇齋詩話。

註五六　見紀批瀛奎律髓卷三十二。

註五七　杜詩「乾坤大」之句數見，然無「大德」之意。「盜賊爾猶存」句，見九家集注杜詩卷三十一：西閣夜。

註五八　顏延之，文章冠絕當時，與謝靈運齊名，仕至金紫光祿大夫。然居身儉約，不營財利，布衣蔬食，獨酌郊野。見宋書卷七十三、南史卷三十四本傳。

註五九　奕，謝安兄，少有名譽。見晉書卷七十九本傳。

註六〇　見東萊先生詩集卷五：歸計未成作詩寄懷。

註六一　見東萊先生詩集卷十七：才元相過三衢偶成近體詩一首奉呈。

註六二　本中體質素弱，時人稱其清癯若不勝衣。其晚年詩中，迭見疾病、藥裹之詞。參見註三。

註六三　見東萊先生詩集卷十七：官閒贈人。

註六四　見東萊先生詩集卷十九：蔬食三首之三。

註六五　並見東萊先生詩集卷十九。

註六六　見東萊先生詩集卷十一：食筍。

註六七　見東萊先生詩集卷十二：山居素飯。

註六八　見東萊先生詩集卷七：試院中作。

註六九　見詩人玉屑卷三。

註七〇　見東萊先生詩集卷一：春日即事二首之二。

註七一　見張九成橫浦日新錄。

註七二　見謝榛四溟詩話卷四。

註七三　見東萊先生詩集卷八：海陵雜興八首之六。案魚婢為鱖鯞之俗名，木奴為柑橘之別稱。

註七四　見賀裳載酒園詩話卷一。參見元方回瀛奎律髓卷四風土類。

註七五　語見九家集注杜詩卷二十：月夜憶舍弟。

註七六　見紀批瀛奎律髓卷十七晴雨類。

註七七　見初白菴詩話卷下。

註七八　本中有詩云：「欲逐范仔輩，同盟起義師。」見前引兵亂後雜詩五首之一。

註七九　南齊書卷二十七李安民傳：「（宋明）帝大驚，目安民曰：『卿面如方田，封侯相也。』」

註八〇　見東萊先生詩集卷十三：次韻折仲古見贈。

註八一　見集註分類東坡先生詩卷十六再和（先一首題作聞正輔表兄將至以詩迎之）。

註八二　見南史卷四十九孔珪傳。

註八三　見李義山詩集卷六：宿駱氏亭寄懷崔雍崔衮。

註八四　見吳曾能改齋漫錄卷八。

註八五　見胡仔苕溪漁隱叢話前集卷五十三。

註八六　見對床夜語卷二。

註八七　見律詩定體五言仄起不入韻條。淸詩話本。

註八八　見淸趙執信聲調譜前譜五言律引杜牧詩「行人碧溪渡」下案語。淸詩話本。

註八九　見律詩定體七言平起不入韻例「我醉吟詩最高頂」下案語。淸詩話本。

註九〇　見王右丞集卷三：皇甫岳雲溪雜題五首鳥鳴磵。

註九一　見儲光羲詩集卷五：江南曲四首之三。

註九二　見韋江州集卷七：登樓。

註九三　見杜詩鏡銓卷十五：愁詩題下原註。參閱陳文華杜甫詩律探微第二章第一節，師大國文研究所集刊第二十二號，民國六十七年。

第五章　呂本中之詩論

本中之詩，馳譽當代；其關於詩學之議論，度亦不寡。惜其文集久佚，論詩之文，惟宋人筆記、詩話中略存一二；而童蒙訓中言及詩文者，亦早刪汰不傳，幸今人郭紹虞氏自古籍中采輯數十則，零金碎玉，得以窺其大旨。今就爬梳所得，試述本中之詩論於左，雖爲量不豐，然「悟入」、「活法」二說，當時卽已騰傳衆口，其所沾溉於後世者，匪爲淺鮮，卽此已足不朽矣。

第一節　悟入說

本中以爲作詩須能「悟入」。紹興元年（一一三一），本中避地桂林，曾幾在柳州，以書問本中詩法，本中答曰：

寵諭作詩次第，此道不講久矣，如本中何足以知之？……要之，此事須令有所悟入，則自然度越諸子。（與曾吉甫論詩第一帖，苕溪漁隱叢話前集卷四十九引）（註一）

尚書顧命篇有「弗興弗悟」之語，莊子列禦寇有云：「莫覺莫悟，何相孰也？」迄於六朝，以「悟」入文者已多。至以「悟」說詩，則自宋人始。何以其說不起於三唐，而興於兩宋？推原其故，非僅一端，然佛教爲其誘因，要無可疑。宋代佛教流行，禪宗獨盛，王公顯宦、詩人文士、乃至理學家，無論信佛或斥佛，莫不精究禪理（註二），其於「禪悟」之論，當耳熟能詳。案「佛」爲梵語之譯音，晉袁宏云：「佛者，漢言覺，將悟羣生也。」（註三）說文釋覺云：「覺，悟也。」又晉孫綽亦云：

佛者梵語，晉訓覺也。覺之為義，悟物之謂。（喻道論。全晉文卷六十二）

可知「佛」之本義卽爲「悟」。佛教各宗皆主悟，而以禪宗爲最。禪宗之起源，上溯於世尊（釋迦牟尼、如來）拈花，迦葉微笑；此一公案，世人多有知之者：

大梵天王至靈山會上，以金色波羅華獻佛，請佛為羣生說法。世尊登座，拈華示衆，瞬青蓮目；人天百萬，悉皆罔措，獨金色頭陀破顏微笑。世尊曰：「吾有正法眼藏，涅槃妙心，實相無相，微妙法門，不立文字，敎外別傳，分付摩訶大迦葉。」（歷代釋氏資鑑卷一引大梵天王問佛決疑經）（註四）

世尊拈花，乃無言之大說法（註五），衆皆不解，惟迦葉「破顏微笑」，蓋迦葉已悟解佛旨，故能靈犀相通，以心傳心，而爲禪宗之初祖。可見禪宗自始卽以已否開悟爲傳承之取捨。梁大通元年（五二七），其第二十八祖菩提達磨渡海東來，是爲中國禪宗之開山祖。禪宗以爲一切衆生本來是佛，人人皆有佛性，「只汝自心，更無別佛。」（註六）永恒之極樂世界卽在自己心中，不必外求；一旦認識現實世界之虛妄，展現己心本具之佛性，卽爲開悟，一悟便可成佛。「自性迷卽是衆生，自性覺卽是佛。」「菩提只向心覓，何勞向外求玄？聽說依此修行，西方只在目前。」（註七）達摩之後，代代相承，一言互契，卽傳心印。至唐高宗咸亨二年（六七一），付衣鉢至六祖惠能，惠能開宗於廣東曹溪，以「本來無一物」之頓悟法門傳心，主張不歷階漸，直徹本源，明心見性，頓悟成佛。而其同門神秀則弘法於湖北黃梅，以「時時勤拂拭」之漸修教義示人，以戒、定、慧三學接引衆生，主張苦行苦修，坐禪入定，依序修行，循序契入。二人旨趣不同，禪風殊異，佛學史上遂有「南頓」、「北漸」之分。然沿波討源，則頓、漸之辯，晉末宋初已盛。東晉之支道林、道安等，首倡頓悟說。晉慧達肇論疏謂頓悟有兩解：一爲「小頓悟」，支道林、道安等主之；一爲「大頓悟」，竺道生主之。支道林大小品對比要鈔序云：「神悟遲速，莫不緣分。分闇則功重，言積而後悟。」蓋天分（根器）不同，故悟有遲速；衆生天分不足，故須用功煩重；及積言累功，乃可頓悟。是則雖名頓悟，實乃漸修。（註八）竺道生云：「夫稱頓者，明理不可分，悟語極照。以不二之悟，符不分之理，理智悉釋，謂之頓悟。」（註九）其意謂頓悟者，乃深探實相之本源，明至理本不可分；悟者乃言「極照」，極照者，冥符至理也；理既不可分，則入理之悟，應一時頓了；悟之於理，相契無間，不可有階段之分。然其下又云：「見解名悟，聞解名信。……悟不自生，必藉信漸。」信者修行，必藉漸修以達頓悟，是亦不廢漸修矣。又謝靈運撰辨宗論演述其義，引道生語有云：「寂鑒微妙，不容階級。積學無限，何爲自絕。」（註一〇）可見道生實主張理不可分，悟不可漸，而頓悟乃由積學所致。然則道生之頓悟說，與後世禪家「言語道斷，心行處滅」之說，適相胡越；若易稱「全悟」，或更副其實也。而惠能謂心卽是佛，萬法盡在自心，何不從自心中頓見眞如本性，「自性自悟，頓悟頓修，亦無漸次。」（註一一）覈其義蘊，似亦不宜稱爲「頓悟」，若名曰「直悟」，或更爲貼切。佛教頓悟、漸悟之爭，由來既久，宋代文士復多涉獵佛學，於此公案宜所共知，則以悟說詩起於宋代，浸假而爲南宋詩壇之老生常談，謂佛教爲其肇因之一端，當不爲謬也。

以悟說詩，或始於本中，而本中固深究佛理者也。（註一二）此外，與本中同時而略早者，有范溫、韓駒二人；與本中同時者，有晁沖之、吳可、吳處權三人，亦皆以悟說詩：

> 識文章者，當如禪家有悟門。夫法門百千差別，要須自一轉語悟入。如古人文章，直須先悟得一處，乃可通其他妙處。（范溫潛溪詩眼評柳子厚詩。詩人玉屑卷十五、苕溪漁隱叢話前集卷十九並引）

> 學詩當如初學禪，未悟且徧參諸方，一朝悟罷正法眼，信手拈出皆文章。（韓駒陵陽集卷一：贈趙伯魚）

> 上人法一朝過我，問我作詩三昧門。……世間何事無妙理，悟處不獨非風幡。羣鵝轉頸感王子，佳人舞劍驚公孫。風飄素練有飛勢，雨注破屋空留痕。（晁具茨先生詩集卷三：送一上人還滁州瑯琊山）

> 凡作詩如參禪，須有悟門。少從榮天和學，嘗不解其詩云：「多謝喧喧雀，時來破寂寥。」一日於竹亭中坐，忽有羣雀飛鳴而下，頓悟前語，自爾看詩無不通者。（吳可藏海詩話頁十七）

> 學詩如學佛，教外別有傳。室中要自悟，心地方廓然。悟了更須坐，壁下三十年。他時一瓣香，未可孤老禪。（吳處權崧菴集卷二：戲贈巽老）

案范溫爲范祖禹次子，秦觀之壻，本中之表叔。范祖禹生於宋仁宗康定二年（一〇四一），歿於哲宗元符元年（一〇九八）；秦觀生於仁宗皇祐元年（一〇四九），卒於哲宗元符三年（一一〇〇）（註一三）；則范溫生年當在英宗治平（一〇六四—一〇六七）之末，或神宗熙寧（一〇六八—一〇七七）年間。韓駒生年未詳，歿於紹興五年（一一三五），壽逾耳順。（註一四）二人生年均較本中早十餘載，然其說是否亦早於本中，則未可定。晁沖之於徽宗大觀年間與本中游，「相與如兄弟」；（註一五）吳可爲大觀三年（一一〇九）進士，至孝宗乾道、淳熙間尚在；吳處權於徽宗政、宣年間以詩名，紹興二十五年（一一五五）卒；三人與本中同時，二吳生年或較本中稍晚，其說尤未審是否早於本中也。故以悟說詩或爲本中首揭，不然，本中亦爲倡此說之先驅也。今人有謂此說始於宋人李之儀，非是。（註一六）

本中謂學詩「須令有所悟入」，「悟入」一詞，似亦源自佛典。法華經云：「欲令衆生悟佛知見，故出現於世；欲令衆生入佛知見道，故出現於世。」（方便品）其中「悟佛」、「入佛」，似即「悟入」一詞之所從來。又六祖壇經云：「佛猶覺也，分爲四門：開覺知見，示覺知見，悟覺知見，入覺知見。若聞開示，便能悟入。」（機緣品）本中言「悟入」，或卽取資於此。至如何始能「悟入」，本中云：

> 作文必要悟入處，悟入必自工夫中來，非僥倖可得也。如老蘇之於文，魯直之於詩，蓋盡此理矣。（童蒙詩訓。宋詩話輯佚本）

悟詩與悟禪有別。禪或可「頓悟」，詩則絕不能頓悟。案南禪主「頓悟」，所謂「頓悟」，乃超越理性，而爲直覺之觀照、體認，此心直悟，不藉旁門，「迷則經累刼，悟則刹那間。」故能當下卽是，立地成佛。然見佛如此簡易，成佛如此迅捷，實非「利根上智」者不能(註一七)。惠能自謂其說乃接引「大根智人」，而指神秀之「漸修」爲接引「小根智人」(註一八)，誠然。況以惠能自身言，少時賣柴，見人誦金剛經，一聞經語，心卽開悟，此固屬「頓悟」；然此種具有「宿慧」之人，實千百年難出其一，億萬人難得其一。且惠能至黃梅東禪寺禮拜五祖弘忍後，弘忍令其每日在後院「破柴踏碓」，或卽暗示其須潛心苦修；歷時八月餘，始因作「菩提本無樹」一偈，而得弘忍傳衣付法。(註一九)然則惠能所以能大悟佛法，未始非此八月來析薪舂米中苦修之功也。可見「理須頓悟，事須漸修。」本中言作詩須能悟入，而「悟入必自工夫中來」，則其所云之「悟入」，自須經由「漸修」得之。「工夫」爲何？揆本中之意，約有四者：一曰博讀，二曰勤思，三曰徧考，四曰精取。

一、博讀

前引本中語，以老蘇之文、山谷之詩爲例，謂二人已盡悟入來自工夫之理。案老蘇之文，「抗衡韓、歐」，「馳騁於孟、劉、賈、董之間，而自成一家。」(註二〇)山谷詩「句律超妙入神，於詩人有開闢之功。」(註二一)彼二人何以致此？乃因博讀廣覽之故。蘇洵嘗自述其學文之經過云：

> 取論語、孟子、韓子、及其他聖人、賢人之文，而兀然端坐，終日以讀之者，七、八年矣。方其始也，入其中而惶然博觀，於其外而駭然以驚。及其久也，讀之益精，而其胸中豁然以明。

……時既久，胸中之言日益多，不能自制，試出而書之。已而再三讀之，渾渾乎覺其來之易矣。（嘉祐集卷十二：上歐陽內翰第一書）

「胸中豁然以明」，即「悟入」之境。讀書既多且久，悟入作文之法，則下筆萬言，如有神助矣。山谷亦云：

詩詞高深要從學問中來。後來學詩者雖時有妙句，譬如合眼摸象，隨所觸體，得一處，非不即是，要且不足。（呂本中童蒙詩訓引）

江湖心計不淺，翰墨風流有餘。相期乃千載事，要須讀五車書。（山谷外集詩註卷十六：戲贈高述六言）

所送新詩，皆與寄高遠。但語生硬不諧律呂，或詞氣不逮初造意時，此病亦只是讀書不精博耳。長袖善舞，多錢善賈，不虛語也。（豫章黃先生文集卷十九：與王觀復書三首之一）

老蘇、山谷皆博讀羣書，故其詩文爲不可企及。作詩須能悟入，悟入之途，博讀爲先。故本中又云：

作文不可強為，要須遇事乃作，須是發於既溢之餘，流於已足之後，方是極頭。所謂既溢已足者，必從學問賅博中來也。（童蒙詩訓）

此言「作文」，蓋兼言詩也。（註一二三）所謂「發於既溢之餘，流於已足之後。」意謂胸中蓄積千言萬語，不吐不快，一如蘇洵之「不能自制」；然此種境界，必在讀破萬卷，悟入作詩法門後，始足以至。本中乃又示後學以途徑：

披沙揀金勤乃見，讀書何止須百遍。（東萊先生詩集卷十二：贈夏庭別兄弟）

上欲窮經書，下考百代史；發而為文詞，一一當俊偉。（東萊先生詩集卷十四：送林少奇少穎秀才往行朝）

後生為學，必須嚴立課程，必須數年勞苦，雖道途疾病亦不可少渝也。若是未能深曉，且須廣以文字，淹漬久久之間，自然成熟。（童蒙詩訓）

學者倘能嚴定課程，博讀廣覽經史百家之書，「淹漬」於文字之中，年復一年，優游涵詠，默識心通，會其指歸，得其神理，則蓄積深厚，醞養粹精，一旦悟解作詩法門，即充然行於筆下，因物賦形，遇題成韻，信手所之，皆爲妙句矣。且讀書多，則所識者精深，所見者明徹，其爲詩文，自能怡然而理順。邵雍云：「人而無學，則不能燭理；不能燭理，則固執而不通。」（註二三）故學淺者，見理不明，其詩欲出深義，不可得也。是以雖天縱詩才，如不益之以勤讀博覽，亦難期其悟入。劉勰云：「才爲盟主，學爲輔佐；主佐合德，文采必霸。」（註二四）南宋蕭德藻亦曰：「詩不讀書不可爲。」（註二五）而嚴羽雖主詩有別材，有別趣，而亦謂「非多讀書，多窮理，則不能極其至。」元陶宗儀云：

虞伯生先生集、楊仲弘先生載同在京日，楊先生每言伯生不能作詩。虞先生載酒請問作詩之法，楊先生酒既酣，盡為傾倒，虞先生遂超悟其理。繼有詩送袁伯長先生扈駕上都，以所作詩介他人質諸楊先生，先生曰：「此詩非虞伯生不能也。」或曰：「先生嘗謂伯生不能作詩，何以有此？」曰：「伯生學問高，余曾授以作詩法，餘莫能及。」（輟耕錄卷四）

虞伯生「學問高」，遂能「超悟」作詩之法。此一實例，足證本中言作詩「必從學問賅博中來」之語爲不虛矣。

二、勤　思

博讀以積學之後，又須勤思。本中云：

> 悟入之理，正在工夫勤惰間耳。如張長史見公孫大娘舞劍，頓悟筆法；如張者，專意此事，未嘗少忘胸中，故能遇事有得，遂造神妙。使他人觀舞劍，有何干涉，非獨作文學書而然也。（與曾吉甫論詩第一帖）

前言「悟入必自工夫中來」，此言「悟入之理，正在工夫勤惰間。」可見本中於「工夫」之重視。此處且以張長史專意學書，故能見公孫舞劍，頓悟筆法爲例。案唐張旭有「草聖」之稱，旭自言始見公主擔夫爭道，又聞鼓吹，而得筆法意；觀倡公孫舞劍器，得其神。（註二六）開元年間，觀公孫氏舞劍者必多，何以他人覩之，了無關涉，而張旭乃能「得其低昂迴翔之狀」（法書苑），「自此草書長進，豪蕩感激。」（註二七）本中以爲乃張旭專意此事，念茲在茲，勵精潛思，故能「遇事有得，遂造神妙。」本中復曰：

> 天下萬物一理，苟致力於一事者必得之，理無不通也。張長史見公主擔夫爭道，及公孫氏舞劍，遂悟草書法；蓋心存於此，遇事則得之；以此知天下之理本一也。如使張太史無意於草書，則見爭道舞劍，有何交涉？學以致道者亦然。一意如此，忽然遇事得之，……其願學者雖不同，其用力以有得，則一也。（紫微雜說）

楊應之學士言：後生學問，聰明強記不足畏，惟思索尋究者，為可畏耳。（童蒙訓卷上）

一意於某事，深思窮究，「用志不分，乃凝於神。」（註二八）久之自然悟入。孟子曰：「思則得之。」（註二九）管子曰：「思之思之，又重思之。思之而不通，鬼神將通之；非鬼神之力也，精氣之極也。」（註三〇）王陽明於明武宗正德三年（一五〇八）春，困處貴州龍場驛，日夜端居靜思，久之胸中灑灑，忽中夜大悟格物致知之旨，而以默記五經之言證之，莫不吻合。（註三一）又清人王昱學畫數年，頗得乃師之傳，然自覺尚乏灑落之致；雍正十年（一七三二）七月，抱病臥床，靜參畫理，恍悟粘滯之非，病起點染，覺熟境漸臻，如夢初醒。（註三二）可見深思日久，精氣所極，事理未有不悟者。程頤云：「以無思無慮而得者，乃所以深思而得之也。以無思無慮為不思，而自以為得者，未之有也。」（註三三）勤思之功，先儒嘗備言之，故本中謂欲悟入作詩法門，非專意勤思不能致也。宋李耆卿曰：

古人文字，規模、間架、聲音、節奏皆可學，惟妙處不可學。譬如幻師塑土木偶，耳目口鼻，儼然似人，而其中無精神魂魄，不能活潑潑地，豈人也哉？此須是讀書時一心兩目，痛下工夫，務要得他好處，則一旦臨文，惟我操縱，惟我捭闔，此謂一莖草化丈六金身，此自得之學，難以筆舌傳也。（文章精義）

所謂「一心兩目，痛下工夫」，即本中所言之勤思；勤思始能「自得」古人之「妙處」。陸放翁詩淺中有深，平中有奇，令人咀味不盡；嘗云：「文章本天成，妙手偶得之」（註三四）然又云：「詩雖苦思未名家。」（註三五）則其所謂「天成」者，實亦苦思而得也。

三、徧　考

博讀、勤思之外，本中以爲更須徧考前作：

學詩須熟看。老杜、蘇、黃，亦先見體式，然後徧考他詩，自然工夫度越過人。（童蒙詩訓）

前人文章各自一種句法。……學者若能徧考前作，自然度越流輩。（同前）

「學無常師，不主一師。」爲本中之家風，（見第二章第四節）。本中教人「悟入」作詩法門，乃亦以「徧考前作」爲途徑之一。蓋古之大家、名家，皆各具其妙，然亦鮮能兼擅衆美，高掩前古。太白不能爲少陵之沈鬱深至，而靑蓮之豪縱、飄逸，亦子美所不能到；以才有所偏，性有所近也。學者「取法於上，僅得乎中；取法於中，不免爲下。」（註三六）況囿於才分，困於學問，限於經歷，則雖心嚮往之，而力所不能逮；故應徧考前作，察其如何，究其所以，而不宜以專學一人爲足。至於「前作」爲何，本中且不厭其詳，一一示之：

大概學詩，須以三百篇、楚辭及漢魏間人詩為主，方見古人妙處，自無齊梁間綺靡氣味也。（童蒙詩訓）

讀古詩十九首及曹子建詩，如「明月入我牖，流光正徘徊」之類，詩皆思深遠而有餘意，言有盡而意無窮也。學者當以此等詩常自涵養，自然下筆不同。（同前）

淵明、退之詩，句法分明，卓然異衆。學者若能識此等語，自然過人。阮嗣宗詩亦然。（同前）

讀莊子，令人意思寬大敢作；讀左傳，使人入法度，不敢容易；此二書不可偏廢也。近世讀東坡、魯直詩亦類此。（同前）

本中教人學詩，須上規三百篇、楚辭，中及漢、魏詩，古詩十九首，近至淵明、退之、東坡、山谷之詩，皆宜一一考鏡。案嚴羽嘗云：「先須熟讀楚辭，朝夕風詠，以爲之本；及讀古詩十九首，樂府四篇，李陵、蘇武、漢魏五言，皆須熟讀……。醞釀胸中，久之自然悟入。」（註三七）其言實不過闡述本中之說而已。

四、精取

偏考之餘，又須「精取」。本中云：

楚詞、杜、黃，固法度所在，然不若徧考精取，悉為吾用，則姿態橫出，不窘一律矣。如東坡、太白詩，雖規模廣大，學者難依，然讀之使人敢道，澡雪滯思，無窮苦艱難之狀，亦一助也。（與曾吉甫論詩第一帖）

李太白詩如「曉月出天山，蒼茫雲海間。長風一萬里，吹度玉門關。」及「沙墩至梁苑，二十五長亭。大舶夾雙櫓，中流鵝鸛鳴。」之類，皆氣蓋一世，學者能熟味之，自然不褊淺矣。（童蒙詩訓）

浩然詩：「掛席幾千里，名山都未逢，舶舟潯陽郭，始見香爐峯。」但詳看此等語，自然高

遠。（同前）

老杜歌行，最見次第，出入本末。而東坡長句，波瀾浩大，變化不測；如作雜劇，打猛諢入，却打猛諢出也。三馬贊「振鬣長鳴，萬馬皆瘖。」此記不傳之妙。學文者能涵詠此等語，自然有入處。（同前）

老杜歌行與長韻律詩，後人莫及；而蘇、黃用韻、下字、用故事處，亦古所未到。（同前）

學古人文字，須得其短處。如杜子美詩，頗有近質野處，如封主簿親事不合詩之類是也。東坡詩有汗漫處；魯直詩有太尖新、太巧處，皆不可不知。東坡詩如「成都畫手開十眉」，「楚山固多猿，青者黠而壽。」皆窮極思致，出新意於法度，表前賢所未到。然學者專力於此，則亦失古人作詩之意。（同前）

李、杜、蘇、黃詩之精妙，世所共知，然亦不能無病。「名家者各有一病，大醇小疵差可耳。」（註三八）本中特標舉各家最擅之詩體，或最佳之句法；且不以愛而忘其醜，直言其短，令學者知所取捨。學者倘能徧考前作，精取其長，善避其短，則所作必「姿態橫出，不窘一律」矣。袁枚云：

凡事不能無弊，學詩亦然。學漢、魏文選者，其弊常流於假；學李、杜、韓、蘇者，其弊常失於粗；學王、孟、韋、柳者，其弊常流於弱；學元、白、放翁者，其弊常失於淺；學溫、李、冬郎者，其弊常失於纖。人能吸諸家之精華，而吐其糟粕，則諸弊盡捐。（隨園詩話卷四）

其言蓋卽胎息於本中者。本中謂學詩須能「悟入」，悟入必自工夫中來；所謂「工夫」，在博讀經、史、百家，勤思文理詩法，徧考前作，精取其長。學者誠能循此以赴，未有不「悟入」者。悟入之後，則茅塞頓開，洞徹天機，一如胡應麟云：「一悟之後，萬象冥會，呻吟咳唾，動觸天眞。」（註三九）南宋包恢謂詩之頓悟，如「初生孩子，一日而肢體已成。」（註四〇）其言殊嫌乖理。凡嬰兒必經母體十月之孕育，其肢體豈一日而成者？世間無天降之嬰兒，亦無天生之詩人也。故詩之悟入，必由漸修。放翁自言學詩經歷云：

六十餘年妄學詩，工夫深處獨心知；夜來一笑寒燈下，始是金丹換骨時。（劍南詩稿卷五十一：夜吟之二）

我昔學詩未有得，殘餘未免從人乞。……詩家三昧忽見前，屈賈在眼元歷歷。天機雲錦用在我，剪裁妙處非刀尺。（劍南詩稿卷二十五：九月一日夜讀詩稿有感走筆作歌）

金丹換骨，屈賈在眼，乃歷六十餘年之「工夫」而來；放翁學本中詩，（註四一）亦爲本中「悟入」說之踐履者。南宋之後，說悟者衆矣，其最著者當數嚴羽，然嚴羽實不過推闡本中之說耳。近人或謂以悟說詩幾爲宋代詩壇之口語，故難謂誰爲始倡者；然嚴羽與本中相距百年（註四二），是亦未可辨其先後耶？

【附　註】

註　一　參見詩人玉屑卷五。

註　二　詳第一章第二節。

註　三　見後漢紀卷十，明帝十三年事。
註　四　參見五燈會元卷一，佛祖歷代通載卷四，釋氏稽古略卷一。
註　五　參閱高師仲華靈山會上所證悟的是甚麼？輔仁學誌十五期。
註　六　見六祖大師法寶壇經機緣第七。大藏經第四十八册。
註　七　見六祖大師法寶壇經疑問第三。大藏經第四十八册。
註　八　詳湯用彤漢魏兩晉南北朝佛教史第十六章。
註　九　見慧達肇論疏卷上、折詰漸第六引。續藏經第一五〇册。
註一〇　見漢魏六朝百三家集卷六十五宋謝靈運集。
註一一　見六祖大師法寶壇經頓漸第八。大藏經第四十八册。
註一二　本中信佛詳第三章第三節。
註一三　見鄭師因百宋人生卒考示例頁一二〇。
註一四　見鄭師因百宋人生卒考示例頁四二。
註一五　見呂紫微師友雜志。
註一六　李之儀有詩云：「得句如得仙，悟筆如悟禪。彈丸流轉卽輕擧，龍蛇飛動眞超然。」題作「兼江祥瑛上人能書，自以爲未工，又能詩，而求予詩甚勤，予以爲非所當病也，爲賦一首勉之，使進於道云。」詩末自注云：「祥瑛侍者書，置之魯直卷中，略無辨異。惜其未常博觀羲、獻、顏、柳遺蹟也。右軍帖家家有之，然後世遂不復有右軍。至近世人書，下手便欲逼眞，古今相絕如此，瑛其勉旃！」（姑溪居士後集卷一）可知之儀乃以禪悟喻書法，非說詩也。
註一七　佛家所謂「利根」，指不經聞思工夫，未受戒，未得定，即有一觸而悟之可能者。
註一八　同註一一。
註一九　見六祖大師法寶壇經行由第一。大藏經第四十八册。
註二〇　語見蘇洵嘉祐集卷首清邵仁泓序。
註二一　見宋吳坰五總志，頁二十八。
註二二　見後引「老杜歌行，最見次第……」條。
註二三　見皇極經世書卷十四：觀物外篇下。
註二四　見文心雕龍事類篇。
註二五　范晞文對床夜語卷二引。
註二六　見新唐書卷二〇二本傳。
註二七　語見杜甫觀公孫大娘弟子舞劍器行詩序。分門集註杜工部詩卷十六。
註二八　語見莊子達生篇。
註二九　語見告子上篇。
註三〇　語見管子內業篇。
註三一　見王文成全書卷三十二陽明年譜，武宗正德三年事。
註三二　見王昱東莊論畫。

註三三　語見宋元學案卷十五伊川學案上。
註三四　見劍南詩稿卷八十三：文章。
註三五　見劍南詩稿卷四十一：齋中弄筆偶書示子聿。
註三六　語見唐太宗帝範後序，全唐文卷十。
註三七　語見滄浪詩話詩辯。
註三八　語見姜夔白石道人詩說。
註三九　見胡著詩藪內編古體中。
註四〇　見包著敝帚稿略卷二。
註四一　見渭南文集卷十四呂居仁集序。
註四二　嚴羽生卒年約在南宋寧宗初年至理宗中葉間（一一九五—一二四五）。見黃景進嚴羽及其詩論之研究第一章第一節。

第二節　活法說

作詩有「活法」，此說始創於本中。本中云：

學詩當識活法。所謂活法者，規矩備具，而能出於規矩之外；變化不測，而亦不背於規矩也。是道也，蓋有定法而無定法，無定法而有定法。知是者，可以與語活法矣。謝玄暉有言：「好

詩流轉圓美如彈丸。」此真活法也。（夏均父集序。劉克莊後村先生大全集卷九十五江西詩派序引）

文章有活法，得與前古並。（東萊先生詩集卷七：大雪不出寄陽翟寧陵）

案曾幾有贈本中詩云：

居仁說活法，大意欲人悟。常言古作者，一一從此路。豈惟如是說，是亦造佳處。其圓如金彈，所向若脫兔。風吹春空雲，頃刻多態度。鏘然奏琴筑，間以八珍具。人誰無口耳，寧不起欣慕。一編落吾手，貪讀不能去。嘗疑君胸中，食飲但風露。（南宋羣賢小集、前賢小集拾遺卷四：讀呂居仁舊詩有懷其人作詩寄之）

又謝薖亦有詩云：「居仁相家子，斂退若寒士。……自言得活法，尚恐宣城未。」（註一）張九成橫浦心傳錄亦記本中活法之語，可知本中倡言活法，當時卽已膾炙人口，傳誦友朋之間。（註二）蓋近體詩重格律，宋人又特重詩法，而本中竟標舉「活法」，度越常法，誠屬卓識新見，宜乎其說爲時人所重，不脛而走矣。

凡人爲之事物，必有其所以成就之法度在。孟子曰：「不以規矩，不能成方員。不以六律，不能正五音。」（註三）楊雄曰：「斷木爲棊，捖革爲鞠，亦皆有法焉。」（註四）可見世間一能一藝，莫不有必須遵循之法度。撰文、賦詩、學書、作畫，自亦不能外此。以撰文言，則曹丕曰：

夫文本同而末異：蓋奏議宜雅，書論宜理，銘誄尚實，詩賦欲麗。此四科不同，故能之者偏也，唯通才能備其體。（典論論文）

此所謂雅、理、實、麗，指四種文體之風格，就廣義言，實亦爲撰作此類文體法度之一。劉勰文心雕龍，論爲文之法則、技巧者，有神思等二十篇，擧凡文章之立意、佈局、謀篇、安章、遣辭、造句等，無不及之。以爲作文當「執術馭篇」，不可「棄術任心」（註五）。其後言文術者，宋陳騤有文則，元陳繹曾有文說，明宋濂有文原，清吳仲倫有初月樓古文緒論等，蓋無代無之矣。至言詩法者，則自永明四聲四病之說出（註六），迄於今人之詩話，更如恒河沙數。指引作書之筆法，大約始於南朝智永之「永字八法」（註七），後代考論書法之著，無慮千百，近人楊家駱氏輯有「藝術叢編」，可窺一斑。言作畫之法者，則南齊謝赫撰古畫品錄，制定鑑畫六法，以人物畫爲準，論次吳、東晉、宋、齊間畫家品位；其所言「六法」，遂爲人物畫之規範。唐末荆浩著筆法記，立畫之「六要」、「四等」，則爲山水畫之準則。此後畫法、畫訣、畫鑑之著，乃屈指難數矣。

文學藝事之中，律法最細最苛者，莫逾於詩。論詩法者，謂章有章法，句有句法，字有字法。立意、謀篇、起首、結尾、抒情、狀景、摹物、書事、琢對、用典、押韻……，咸有定法。以體分，則古風、律詩、絕句，各有其法。以字數分，則短古、長古、五律、七律、排律、五絕、七絕，又各有其法。律詩中之各聯，絕句中之各句，亦各有其法。外此者尚多，前人詩話中言之審矣，名家詩法彙編、冰川詩式、詩筏、詩法萃編之屬，綜其成者也。今傳唐人所著詩格、詩式之類，已提示作詩技巧，諸如章法、句勢、聲律、對偶、比興、用事等（註八）；宋人論詩法之著益多，較唐人之說更細密，更深廣。明李東陽曰：「唐人不言詩法，詩法多出宋，而宋人於詩無所得。所謂法者，不過一字一句對偶雕琢之工，而天眞興致則未可與道。」（註九）其言殊謬。唐人非不言詩法，而宋詩之富天眞興致者，亦復不少。然而宋人重詩法，則爲事實。元好問曰：

故文字以來，詩為難；……唐以來，合規矩準繩尤難。（遺山先生文集卷三十七：陶然集詩序）

唐人之「規矩準繩」，已不免束縛詩人之才智，扼殺詩人之性靈；宋人立法尤多，森嚴而不可犯，於是才高者或能不爲法拘，平庸者則往往死於法下。物極必反，故抗衡之論以起，矯正之論興焉；而本中之「活法」說，爲其中最鮮明、最有力者。「活法」之相對爲「定法」，爲「成法」，爲「常法」，爲「死法」；死守成法，囿於死法，則天才之創造力無以發揮，其詩終不能自成新貌，更難期度越前賢。故本中揭擧「活法」，度學詩者以金針。

本中信佛，其活法說疑與佛典不無關繫。案世尊傳法摩訶迦葉，作偈曰：

法本法無法，無法法亦法。今付無法時，法法何曾法。（歷代佛祖通載卷四）

其意謂佛法乃法於無法，「無法」者，無言之大法也，此句似與老子「道法自然」（註一〇）之意相通。此法雖不可言說，然深蘊妙理，實乃天地間之至法。今付汝以此不可言說之至法，汝當悟知其理，法此大法，而勿爲文字之法所執！迦葉傳正法於阿難，作偈云：

法法本來法，無法無非法。何如一法中，有法有不法。（同前）

其意謂佛法源於人性之本然（一切衆生皆具佛性。性含萬法，本自具足。），無言之法，卽是人人心中所具之法。佛法之中，有可說之法（經典），有不可說之法（心法），故不離文字，亦不執文字。

阿難傳法於商那和修，作偈云：

本來付有法，付了言無法。各各須自悟，悟了無無法。（同前）

其意謂本以法付汝，汝應以無法視之，汝等但求自悟，開悟之後，洞徹佛理，卽可捨却此法矣。上述三偈，極言無法之法，得毋爲本中「活法」之所本歟？本中自言其所謂「活法」，乃不遵規矩，而又不離規矩；視之無法，而審之有法。亦卽「有法有不法」、「法法何曾法」、「悟了無無法」之意。案孟子云：「大匠誨人必以規矩，學者亦必以規矩。」（註一一）規矩者，定法也；此言法之必然性與必要性。又云：「梓匠輪輿，能與人規矩，不能使人巧。」（註一二）巧者，活法也，活法在各人自悟，雖父兄不能以移子弟。淮南子云：「法能殺不孝者，而不能使人爲孔、曾之行；法能刑竊盜者，而不能使人爲伯夷之廉。」（註一三）此言法之局限性。趙括熟諳兵法，竟不能敵白起之奇兵；韓信背水布陣，因置之亡地而致勝；可見成法之不可恃，活法之能移乾轉坤。兵事如此，文學、藝事亦然。東坡云：

吾文如萬斛泉源，不擇地而出。在平地滔滔汩汩，雖一日千里無難；及其與山石曲折，隨物賦形，而不可知也。所可知者，常行於所當行，常止於不可不止，如是而已矣。（經進東坡文集事略卷五十七：文說）

隨物賦形，變化莫測，卽爲「活法」；而常行於所當行，常止於不可不止，又卽本中所言之「不背於規矩」，「無定法而有定法」。桐城派重義法，而姚鼐曰：

為文章者，有所法而後能，有所變而後大。（惜抱軒文集卷八：劉海峯先生八十壽序）

可見其重常法，亦重變常法爲活法。東坡評吳道子之畫有云：

> 道子畫人物，如以燈取影，逆來順往，旁見側出，橫斜平直，各相乘除，得自然之數，不差毫末；出新意於法度之中，寄妙理於豪放之外；所謂遊刃餘地，運斤成風，蓋古今一人而已。（東坡題跋卷五：書吳道子畫後）

所謂「出新意於法度之中」，乃無定法而有定法，亦卽活法。山谷評顏眞卿書法云：

> 觀魯公此帖，奇偉秀拔，奄有魏、晉、隋、唐以來風流氣骨。回視歐、虞、褚、薛、徐、沈輩，皆爲法度所窘，豈如魯公蕭然出於繩墨之外，而卒與之合哉！（山谷題跋卷四：題顏魯公帖）

所謂「出於繩墨之外」，爲無定法；而卒與之合，爲有定法；是卽活法。石濤云：

> 至人無法。非無法也；無法而法，乃爲至法。凡事有經必有權，有法必有化；一知其經卽變其權，一知其法卽功於化。（苦瓜和尚畫語錄變化章第三）

「無法而法」，卽本中所云「無定法而有定法」。石濤以爲有定法必有變化，畫家在熟知定法後，卽應力求變化與創新。經創變後之新法，石濤謂爲至上之法，亦卽本中所云之活法。石濤之論，雖無新義，然可適用於一切文學、藝事。

作詩固須遵守律度，然善詩者應於死法之外，別尋活法。本中以爲作詩須有活法，方能與前人比肩並駕。有活法者，不滯於思，不戾於法，其所爲詩，乃可如謝朓所言「流轉圓美如彈丸」。（註一四）所謂「流轉圓美」，卽詩語圓活清妙之意。案圓活清妙爲本中詩風格之一，方回嘗云：

居仁在江西派中最為流動而不滯者，故其詩多活。（瀛奎律髓卷十七：呂本中柳州開元寺夜雨詩評語）

本中之詩，清圓者實多，方回此評甚允。本中譽人之詩，亦每每以「清詩」加之：

> 樂章短句又清絶，陶寫萬象嘲江山。（東萊先生詩集卷二：答無逸惠書）
>
> 蕭然四立壁，筆墨自溫清。（東萊先生詩集卷二：元日贈沈宗師四首）
>
> 賴有清詩在書案，時時翻讀伴更初。（東萊先生詩集卷九：次韻堯明見和因及李蕭遠五詩）
>
> 梅花此日懷安路，更有清詩入座來。（東萊先生詩集卷十四：簡范信中鈐轄三首）
>
> 論文有根柢，落筆清且奥。（東萊先生詩集卷十六：陋巷）
>
> 每得清詩如小謝，已聞前輩許封胡。（東萊先生詩集卷十八：贈李元亮之子季子）
>
> 清詩洗病目，鄙陋知不稱。（東萊先生詩集卷十九：次葉守韻）
>
> 再三伸紙誦清詩，已勝開尊飲醇酎。（東萊先生詩集卷十九：謙上人清湍亭）
>
> 清詩忽覩驚人句，遠道如瞻使者車。（東萊先生詩集卷二十：謝范子儀見寄因次其韻）

詩之「清」者，類多「流轉圓美」。本中似以爲「彈丸」尚不足以狀之，故又曰：

> 初如彈丸轉，忽若秋兎脫。（東萊先生詩集卷三：外弟趙才仲數以書來論詩因作此答之）
>
> 說詩到雅頌，論文參誥盤。快若劍破的，圓於珠在盤。（東萊先生詩集卷十三：永州西亭）

可見本中視「流轉圓美」爲詩之高格，故曰「此眞活法也。」然學者如何能獲致「活法」？尋繹本中之說，其途有三：

一、精熟成法

所謂「活法」，乃「法」之活者，故活法必自成法（定法、常法）蛻變而來。不知成法，而侈言變化，則其變化所至者，乃爲亂法，而非活法。佛教金剛經有云：「非法非非法。」（註一五）在「非法」之先，心中必有「法」在，然不可執於此法，故「非法」，否定法之作用；繼又「非非法」，否定「非法」，乃仍然肯定「法」之客觀價値。此似卽由成法而活法之演化過程。本中之意亦如此，故云：

所謂活法者，規矩備具，而能出於規矩之外；變化不測，而亦不背於規矩也。……必精盡知左規右矩，庶幾至於變化不測。（夏均父集序。劉克莊後村先生大全集卷九十五江西詩派序引）

能「變化不測」者爲活法，然必先精盡瞭然於「規矩」者乃可至。蓋學須循序以進，不可躐等，任何技藝皆然。王維論畫云：

妙悟者不在多言，善學者還從規矩。（王右丞集箋注卷二十八：畫學秘訣）

東坡論學書云：

書法備於正書，溢而為行、草。未能正書而能行、草，猶未嘗莊語而輒放言，無是道也。（東坡題跋卷四：跋陳隱居書）

本中亦云：「吾聞古志士，學也蓋有漸。」（註一六）先求精熟成法，積「漸修」之功，乃可望「悟入」縱橫變化之道；亦卽「活法」之來，必經由學習而超越，由追求而揚棄之歷程。明李東陽曰：

必待法度既定，從容閑習之餘，或溢而為波，或變而為奇，乃有自然之妙。（懷麓堂詩話）

其說頗得本中之旨。

二、胸次圓成

活法以成法爲基礎，故精熟成法爲基本條件。然欲突破成法，超越成法，以獲致「活法」，則需有一圓滿具足之心胸。本中云：

惟昔交朋聚，相期文字盟。筆頭傳活法，胸次卽圓成。（東萊先生詩集卷六：別後寄舍弟三十韻）

前時少年累，如燭今見跋。胸中塵埃去，漸喜詩語活。孰知一杯水，已見千里豁。初如彈丸轉，忽若秋兔脫。旁觀不知妙，可愛不可奪。（東萊先生詩集卷三：外弟趙才仲數以書來論詩因作此答之）

文章有活法，得與前古並。默念智與成，猶能愈吾病。（東萊先生詩集卷七：大雪不出寄陽翟零陵）

筆頭似有千年韻，胸次猶須萬斛寬。歲晚雪霜君記取，此君懷抱要重看。（東萊先生詩集卷一：題張君墨竹）

腕中有萬斛力，胸次乃千頃陂。字畫顏行楊草，文章韓筆杜詩。（東萊先生詩集卷二：奉懷張公文潛舍人二首之二）

塵念消都盡，詩情頓不窮。（東萊先生詩集補遺：雨阻茅山）

「胸次圓成」，筆下始有活法。「圓成」出佛教楞嚴經，爲成就圓滿之意。欲胸次圓成，先須參透人生，淡泊名利，無一事執著，無一物羈絆，使此心靈明，胸無塵埃。又須胸次有「萬斛寬」、「千頃陂」，浩然能容，人情、物態、事理，盡在胸中。前者有賴道德修養，後者有賴讀書。道德修養之功，衆所周知，不待贅言。宋人趙紫芝曰：

> 但能飽喫梅花數斗，胸次玲瓏，自能作詩。（宋韋居安梅磵詩話引）

曾幾曰：

> 嘗疑君胸中，食飲但風露。（寄本中詩，見前引）

飽喫梅花，食飲風露，不近人間煙火，即拋却塵事牽累，袪除胸中塵埃之意，爲道德修養有成之境界。本中亦云：

> 正須眼底去涇渭，便自胸中無朶戟。（東萊先生詩集卷七：和趙承之）

眼底不生是非，胸中必無煩惱，則心靈永保自由，筆下自然天機活潑。故宋羅大經謂楊慈湖詩「句意清圓，足覘其所養。」（註一七）蔡百衲詩評謂山谷詩「妙脫蹊逕，言謀鬼神，唯胸中無一點塵，故能吐出世間語。」（註一八）楊萬里云：「不是胸中別，何緣句子新。」（註一九）蓋筆活源於心活，實不易之理也。南宋俞成云：

> 文章一技，要自有活法。若膠古人之陳迹，而不能點化其句語，此乃謂之死法。死法專祖蹈襲，則不能生於吾言之外；活法奪胎換骨，則不能斃於吾言之內。斃吾言者，故為死法；生吾言者，故為活法。伊川先生嘗說中庸「鳶飛戾天」，須知天上更有天；「魚躍於淵」，須知淵

中更有地；會得這個道理，便活潑潑地。吳處厚嘗作剪刀賦，第五格對：「去爪為犧，救湯王之旱歲；斷鬚燒藥，活唐帝之功臣。」當時屢竄易「唐帝」上一字不妥帖，因看游鱗，頓悟「活」字，不覺手舞足蹈。呂居仁嘗序江西宗派詩，若言靈均自得之，忽然有入，然後惟意所在，萬變不窮，是名活法。楊萬里又從而序之，若曰學者屬文，當悟活法，所謂活法者，要當優游厭飫。是皆有得於活法也如此。吁！有胸中之活法，蒙於伊川之說得之；有紙上之活法，蒙於處厚、居仁、萬里之說得之。（螢雪叢說）

其言活法爲「奪胎換骨」，殊悖本中「活法」之旨；至云「胸中之活法」，則本中亦屢屢言之矣。道德修養與胸次圓成之關係如此。今再言讀書之功：

讀書之功，一則增益吾智，廓充識見；二則涵養吾氣，恢弘心胸。夫作詩必先蓄意，生於心者始能應於手，意之所至，筆乃隨之；意在筆先，詩隨意成。老杜云：「詩清立意新。」（註二〇）本中所重之詩既爲「清詩」，則立意自須得前人所未道者，故云：「請公著眼落筆前。」（註二一）可見其對立意之重視。而重意本爲宋人之共識（註二二），姜夔云：「始於意格，成於句字。」（註二三）甚是。故活法者，必先求意活，意活則語活，始於意活，成於語活。而欲求意活，則以博讀廣覽，廓充識見爲第一法門，非面壁苦思可得也。其次，本中告曾幾作詩之法云：

以本中觀之，治擇工夫已勝，而波瀾尚未闊。須令規模宏放，涵養吾氣而後可。規模既大，波瀾自闊，少加治擇，功已倍於古矣。（與曾吉甫論詩第二帖。苕溪漁隱叢話前集卷四十九引）（註二四）

如何涵養吾氣，以廣其波瀾？本中以爲自讀書中來：

讀三蘇進策涵養吾氣，他日下筆自然文字霶霈，無吝嗇處。（童蒙詩訓）

李太白詩如「曉月出天山，蒼茫雲海間。長風一萬里，吹度玉門關。」及「沙墩至梁苑，二十五長亭，大舶夾雙櫓，中流鵝鸛鳴。」之類，皆氣蓋一世，學者能熟味之，自然不褊淺矣。（同前）

清王士禎亦云：

為詩須要多讀書以養其氣。（何世璂述然鐙記聞）

宋犖亦云：

所謂取材富而用意新者，不妨瀏覽以廣其波瀾，發其才氣。（漫堂說詩）

涵養吾氣，沛然充於胸中，則作詩自然規模宏大，波瀾壯闊。又由於識見精深，參悟世情物理，則下筆自有源頭活水，滔滔不絕。學問涵養與道德實踐相輔相成，其所爲詩，自必清新圓美。此之謂「活法」。放翁告其子云：「汝果欲學詩，工夫在詩外。」（註二五）此卽詩外之工夫。惜其於「活法」之義未盡瞭然，竟謂「區區圓美非絕倫，彈丸之評方誤人。」（註二六）殊非深知本中者。

三、苦思頻改

本中撰夏均父詩集序云：「吾友夏均父，賢而有文章，其於詩，蓋得所謂規矩備具，而出於規矩之外，變化不測者。後多從先生長者游，聞人之所以言詩者，而得其要妙，所謂無意於文之文，而非有意於文之文也。」劉克莊江西詩派序稱引此文，而曰：「均父所作似未能，往往紫微公自道耳。」(註二七)方回亦謂本中之詩「多活」(見前引)，可見本中作詩具「活法」。然本中屢言其詩乃苦思細琢得來：

我詩來無極，愛之終不已；吾非聖者也，但智慮多耳。(東萊先生詩集卷一：戲呈七十七叔)

尚餘好事人，相就討新句。雖非琢肝腎，終自費調度。(東萊先生詩集卷一：寄璧上人)

下帷却掃謝俗子，凍冷不管兒號寒。(東萊先生詩集卷二：答無逸惠書)

日月費奔走，文章勤琢雕。(東萊先生詩集卷八：將去曹南連得江晁書因嘆存歿諸友遂成長韻)

塵埃向奔走，文字費雕琢。(東萊先生詩集卷九：雜詩三首之一)

端居溫餘論，苦語自成詩。(東萊先生詩集卷十三：桂林解后拜見仲古龍圖吉父學士別後得兩詩書懷奉寄)

老境猶存作詩苦，故人多有食言肥。(東萊先生詩集卷十五：與李似宗別後奉寄)

久無佳句雕肝腎，漫有微言到齒牙。(東萊先生詩集卷十五：乾元眞歇數約他日同菴居)

昔人言唐人皆苦思作詩，雖小詩，必極工而後已。所謂「吟成五字句，用破一生心。」皮日休云：「百鍊爲字，千鍊成句。」(註二八)殆爲寫實之語。唐庚云：「詩最難事也，吾於他文不至蹇澀，惟作詩甚苦，悲吟累日，僅能成篇。」(註二九)東坡亦云：「清詩要淘鍊，乃得鉛中銀。」(註三〇)蓋作詩須苦思細琢，人莫不然。此不待深論。詩成之後，又須改定。本中云：

老杜云：「新詩改罷自長吟」。文字頻改，工夫自出。近世歐公作文，先貼於壁，有終篇不留一字者。魯直長年多改定前作，此可見大略。如宗寶挽詩云：「天網恢中夏，賓筵禁列侯。」後乃改云：「屬舉左官律，不通宗寶侯。」此工夫自不同矣。（童蒙詩訓）

詩宜頻改，亦不易之理。白居易詩明白如話，老嫗都解，然張耒嘗親見其詩稿數紙，點竄塗抹，及其成篇，殆與初作不侔。（註三二）至於杜、歐、黃、陳，更無論矣。本中之意，以爲作詩宜以老杜、歐公、山谷爲法，竣稿後，置於案頭，時加竄易，必待字句穩妥而後止。蓋初稿甫成，意未必深，見未必周，語未必新；稍假時日，取出再讀，反復推敲，其病自現。一字數易，自必大勝於前，即本中所謂「工夫自不同」也。呂氏家塾廣記云：

歐陽文忠公每為文既成，必自竄易，至有不留本初一字者。其為大文章，則書而傳之屋壁，出入觀省之。至於尺牘單簡，亦必立藁，其精審如此。每一篇出，士大夫皆傳寫諷誦，唯覩其渾然天成，莫究斧鑿之跡也。（餘師錄卷三引）

「渾然天成」，可見其圓美之極，故雖無句不琢，亦無纖毫斧鑿之痕。本中又嘗云：

半世泥塗催老大，中年詩律費光陰。（東萊先生詩集卷七：曹南寄親舊）

論詩再到新刪後，讀易仍窺未畫前。（東萊先生詩集卷十九：贈吳周保）

則其詩亦必經再改三改後，始出以示人。蓋活法植基於成法，故在創作詩仍須苦思頻改。所謂「清詩」，所謂「流轉圓美」，斷非率爾成章，信筆可得也。然則「彈丸」之語，豈主於易哉！

上述三端，爲修得「活法」之途徑，或謂爲悟得活法之「工夫」亦可。精熟成法，苦思頻改，爲「形而下」之工夫，胸次圓成，爲「形而上」之工夫，三者缺一不可。「活法」之說，爲學詩之無上法門，南宋之後，傳述者衆，已爲文學批評史上之一大命題。至於悟得活法之旨者，則自宋迄今，以楊萬里爲最著。張鎡云：「目前句法知多少，罕有先生活法詩。」(註三二)劉克莊云：「後來誠齋出，眞得所謂活法，所謂流轉圓美如彈丸者，恨紫微公不及見耳。」(註三三)萬里詩清新圓美，變態多方，於古今詩人中獨樹一幟，至有「誠齋體」之稱；拙著楊萬里研究中已詳論之，此不贅述。

【附　註】

註　一　見謝幼槃文集卷一：讀呂居仁詩。

註　二　謝邁與本中相交甚久，列名江西宗派圖中。張九成與本中同處於朝，本中歿，九成以詩、文祭之，見橫浦文集。

註　三　語見孟子離婁上。

註　四　語見法言吾子。

註　五　見文心雕龍總術篇。

註　六　今習稱「八病」者，未見於齊梁人引述，應爲初唐上官儀所增衍。詳王師夢鷗初唐詩學著述考總論。

註　七　永字八法爲何人所創，說者不一，然前人多主智永。

註　八　詳許清雲現存唐人詩格著述初探，東吳大學碩士論文，民國六十七年。

註　九　語見李著懷麓堂詩話。
註一〇　見老子第二十五章。
註一一　語見孟子告子上。
註一二　語見孟子盡心下。
註一三　語見淮南子泰族訓第二十。
註一四　語見南史卷二十二王筠傳。
註一五　語見金剛般若波羅密經，頁二一一。續藏經第三十八册。
註一六　語見東萊先生詩集卷十五：連得夏三十一叟兄弟范十五仲容趙十七潁達書相與甚勤作詩寄之。
註一七　語見羅著鶴林玉露卷五。
註一八　見竹莊詩話卷一引。
註一九　見誠齋詩集卷四：蜀士甘彥和寓張魏公門館用余見張欽夫詩韻作二詩見贈和以謝之。
註二〇　語見九家集注杜詩卷二十三：奉和嚴中丞西城晚眺十韻。
卷二一　語見東萊先生詩集卷三：觀寧子儀朝奉山堂諸石三絕。
註二二　宋人重意之論不勝枚擧，參見第一章第四節。
註二三　語見姜著詩說。
註二四　曾幾撰東萊先生詩集後序亦引此帖，文字小異。此據曾序略易數字。
註二五　語見劍南詩稿卷七十八：示子遹。

註二六　語見劍南詩稿卷十六：答鄭虞任檢法見贈。
註二七　見後村先生大全集卷九十五。
註二八　見詩人玉屑卷八引。
註二九　見宋何谿汶竹莊詩話卷一引唐子西語錄。
註三〇　見詩人玉屑卷八引。
註三一　見詩人玉屑卷八。
註三二　語見張著南湖集卷七：携楊秘監詩一編登舟因成二絕。
註三三　語見後村先生大全集卷九十五江西詩派總序。

第三節　警策及其他

一、詩貴警策

本中曰：

陸士衡文賦云：「立片言以居要，乃一篇之警策。」此要論也。文章無警策，則不足以傳世，蓋不能竦動世人。如老杜及唐人諸詩，無不如此。但晉宋間人，專致力於此，故失於綺靡而無高古氣味。老杜詩云：「語不驚人死不休。」所謂驚人語，卽警策也。（童蒙詩訓）

案唐劉良曰：「文之終篇，又不可增益其辭，但立片善之言以居要節，乃能爲警策。」（註一）故陸機所謂「警策」，乃指篇中扼要處，其辭義足以警動人者。如李白之白頭吟，詠相如、文君終始之情。摭言云：

> 白頭吟，相如將聘茂陵女為妻，文君作白頭吟以自絕，相如乃止；故李白辭云「頭上玉燕釵」，至「還有夢來時」，此最為警策。（竹莊詩話卷十五引）

又如王荊公送人至清涼寺詩云：「斷蘆洲渚蘋花繁，看上征鞍立寺門。投老難堪與公別，倚崗從此望回轅。」詩事云：

> 「看上征鞍立寺門」之句，為一篇警策，尤盡別離情意之實。（竹莊詩話卷九引）

又宋王正德云：

> 古人作斷句，輒旁入他意，最為警策。如老杜云「鷄蟲得失無了時，注目寒山倚江閣」是也。（餘師錄卷二）

此皆以寓意爲主，謂其辭義警絕也。本中以爲老杜及唐人傳世之詩，無不警策；又謂老杜所謂「驚人語」，即警策也；則本中所云「警策」者，似指高妙工穩，遣詞、寓意俱佳之詩，與陸機之僅指寓意警切者小異。如鍾嶸詩品云：

> 陳思贈弟，仲宣七哀，公幹思友，阮籍咏懷，……陶公咏貧之製，惠連擣衣之作，斯皆五言之警策者也。（詩品卷下）

又白居易云：

貞元初，韋應物為蘇州牧，……歌詩甚多，有郡宴詩云：「兵衛森畫戟，燕寢凝清香。」最為警策。（白氏長慶集卷五十九：吳郡詩石記）

又唐殷璠云：

（常）建詩似初發通莊，却尋野徑，百里之外，方歸大道；所以其旨遠，其興僻，佳句輒來，唯論意表。至如「松際露微月，清光猶為君。」又「山光悅鳥性，潭影空人心。」……並可稱警策。（河嶽英靈集卷上）

又葉夢得云：

蔡天啓云嘗與張文潛論韓、柳五言警句，文潛舉退之「暖風抽宿麥，清雨卷歸旗。」子厚「壁空殘月曙，門掩候蟲秋。」皆為集中第一。（石林詩話卷上）

凡此皆指詩語高妙工穩，或謂全篇俱甚超妙，或謂一聯一句之佳，足以光益全詩者。本中所云「警策」，蓋即此意。本中謂詩不警策，則不足傳世，雖爲訓勉子弟，亦有自我期許之意。詩求有「驚人語」，可見無論「悟入」、「活法」，皆不廢鍊詞鍊意之功。世有以爲「活法」流於滑易者，是不知活法，尤不知本中也。

二、字字當活

本中云：

潘邠老言：「七言詩第五字要響，如『返照入江翻石壁，歸雲擁樹失山村。』翻字、失字，是響字也。五言詩第三字要響，如『圓荷浮小葉，細麥落輕花。』浮字、落字，是響字也。所謂響者，致力處也。」余竊以為字字當活，活則字字自響。（童蒙詩訓）

潘邠老（大臨）曰五、七言詩之第三、五字要「響」。響者，聲音高亮之謂，本指聲調而言。邠老乃謂響者爲「致力處」，實屬獨出心裁，別爲新解。魏慶之云：

汪彥章移守臨川，曾吉甫以詩迓之云：「白玉堂中曾草詔，水晶宮裏近題詩。」先以示子蒼，子蒼為改兩字云：「白玉堂深曾草詔，水晶宮冷近題詩。」迥然與前不侔。蓋句中有眼也。古人鍊字只於眼上鍊，蓋五字詩以第三字為眼，七字詩以第五字為眼也。」（詩人玉屑卷八）

邠老所謂「響字」，以位置觀之，與慶之所云句眼同；且響字爲「致力處」，句眼爲鍛鍊處，涵義亦無別；然則邠老之響字，卽慶之之句眼也。本中以爲字字當活，活則字字自響，乃根本否定「響字」之說。蓋本中教人作詩當識活法，使通篇流轉圓美，初不以每句鍊一字爲已足。其所云「字字當活」，當卽本諸「活法」而來，意謂詩句宜寓意新，造語活，不落前人窠臼；此之爲活句。一篇中活句多，則全篇瀏亮圓美，亦卽字字活矣。邠老響字之說，乃舍篇章句法，但求一字之工，固本中所不取也。後世承襲響字或句眼之說者，屈指難數。如嚴羽云：

下字貴響，造語貴圓。（滄浪詩話詩法）

嚴羽自謂「說江西詩病，眞取心肝劊子手。」然其詩論頗有取資於江西者。此云「下字貴響」，雖「響」字之義爲何，未加銓釋，然其爲江西之緒餘，自不待辨。他如魏慶之詩人玉屑立「眼用活字」及「眼用響字」之目，各舉詩例十聯，下註：「五言以第三字爲眼，七言以第五字爲眼。」（註二）又朱子語類云：

擧南軒詩云：「臥聽急雨打芭蕉。」先生曰：「此句不響。」曰：「不若作『臥聞急雨到芭蕉。』」（卷一四〇）

又元楊載云：

詩要鋪敍正，波瀾闊，用意深，琢句雅，使字當，下字響。觀詩之法，亦當如此求之。（詩法家數總論）

又袁枚云：

詩得一字之師，如紅爐點雪，樂不可言。……送黃宮保巡邊云：「秋色玉門涼」，蔣心餘云：「『門』字不響，應改『關』字。」贈樂清張令云：「我慚靈運稱山賊」，劉霞裳云：「『稱』字不亮，應改『呼』字」。凡此類，余從諫如流，不待其詞之畢也。（隨園詩話卷四）

諸家所謂響字，皆就聲調而言，已失邠老及本中之意。唯淸人張蕭亭曰：

七言第五字要響，所謂響者，致力處也。愚竊以為字字當活，活則字字皆響，又何分平仄哉！（師友詩傳錄）

其言除末句外，皆逕取本中之語。然觀末句「何分平仄」，知其能得邠老及本中之旨，爲可喜耳。至明胡應麟云：「昔人謂石之有眼，爲研之一病；余亦謂句中有眼，爲詩之一病。」（註三）對句眼之說根本否定，蓋亦師本中之意云。

三、寧野勿麗

本中云：

> 初學作詩，寧失之野，不可失之靡麗。失之野，不害氣質；失之靡麗，不可復整頓。（童蒙詩訓）

案「質勝文則野」，「野」當爲質樸、生硬、重拙、粗疏、甚至放逸不守繩墨之意。劉克莊云：「捐書以爲詩，失之野。」（註四）是已。蔡百衲詩評云：「韋蘇州詩如渾金璞玉，不假雕琢成妍，唐人有不能到；至其過處，大似村寺高僧。奈時有野態。」（註五）韋詩多古澹，前人以之上配淵明，此評是否允當，姑置不論；其所謂「野態」，似亦粗疏之意。又復齋漫錄云：

> 東坡作聚遠樓詩，本合用「青山綠水」對「野草閒花」，此二字太熟，故易以「雲山煙水」，此深知詩病者。予然從知陳無己所謂「寧拙毋巧，寧樸毋華，寧粗毋弱，寧僻毋俗」之語為可信。（竹莊詩話卷一引）

其言可與本中之語相發明。本中以爲失之野不害氣質，蓋「野」則質樸，而質樸具有自然美，又具充分之可塑性，初學者但博讀勤思，專意苦學，卽可望臻於圓美。「靡麗」則不然，一涉靡麗，則輕佻浮華，辭縟意寡，有皮毛而無精神；入門不正，難於救藥矣。齊梁詩、西崑詩風行一時，終不免爲後世所棄，此本中所以殷殷以「靡麗」爲誡也。

四、由熟入精

本中云：

> 叔用嘗戲謂余云：「我詩非不如子，我作得子詩，只是子差熟耳。」余戲答云：「只熟便是精妙處。」叔用大笑以爲然。（紫微詩話）

叔用謂本中「差熟」，似指作詩之技巧而言，亦即純熟、嫻熟、熟習、熟練之意。本中謂「只熟便是精妙處」，其「熟」似已由作詩技巧而及於詩之風格，正俗語所謂「熟能生巧」之意。庖丁解牛，能恢恢乎遊刃有餘，乃因二十餘年經驗之積累，故能達「進乎技矣」之境。（註六）此與輪扁斲輪之理無異：

> 輪扁曰：「臣也以臣之事觀之：斲輪，徐則甘而不固，疾則苦而不入。不疾不徐，得之於手，而應於心，口不能言，有數存焉於其間。臣不能以喻臣之子，臣之子亦不能受之於臣。」（莊子天道）

所謂「有數存焉於其間」，成玄英疏：「數，術也。」輪扁能不疾不徐，得手應心，妙技若神，而不能傳其子，乃因「梓匠輪輿，能予人規矩，不能使人巧。」（註七）欲求技之巧妙，必手加足履，心領神會不可。劉克莊云：

昔梅聖俞日課一詩。余為方孚若作行狀，其家以陸放翁手錄詩槀一卷為潤筆。題其前云：「七月十一日至九月二十九日，計七十八日，得詩一百首。」陸之日課尤勤於梅。二公豈貪多哉？藝之熟者必精，理勢然也。（詩人玉屑卷五引）

魏慶之云：

歐公謂為文有三多：「看多，做多，商量多。」僕於詩亦云。（詩人玉屑卷五）

看多，做多，駕輕就熟，自能「悟入」作詩法門，其所爲詩，必能漸臻臻圓熟。技巧「熟」，詩亦「熟」，故曰「只熟便是精妙處」。此與悟入說及活法說，皆有血脈相連之關係。

五、有感而作

本中云：

（作詩）或勵精潛思，不便下筆；或遇事因感，時時舉揚；工夫一也。古之作者正如是耳。惟不可鑿空彊作，出於牽彊，如小兒就學，俯就課程耳。（與曾吉甫論詩第一帖）

本中以爲作詩當「勵精潛思」，不宜但求速效，强爲足成。又須遇事因感，成於自然，不可鑿空强作，無病呻吟。班固曰：「感於哀樂，緣事而發。」（註八）此意古人多有言之者。本中又引山谷之言曰：

詩文唯不鑿空強作，待境而生，便自工耳。（童蒙詩訓）

所謂「境」，包括內在之心境與外在之環境。心境曰情，環境曰景，倘不「鑿空强作」，待目有所接，心有所感，隨境興懷，因題著句，則不求工而自工。山谷又嘗曰：「子美詩妙處，乃在無意於文。」（註九）無意於文，遇境而生，此子美詩所以爲妙也。若「如小兒就學，俯就課程。」則事物出於虛構，情景源自空想，而欲其詩能感人肺腑，其可得耶！

【附註】

註一　見六臣註文選卷十七陸士衡文賦註。
註二　見詩人玉屑卷三唐人句法條。
註三　見胡著詩藪內編近體中七言。
註四　語見後村先生大全集卷九十六韓隱君詩序。
註五　見竹莊詩話卷一引。
註六　見莊子養生主。
註七　語見孟子盡心下。
註八　語見漢志詩賦略。
註九　見豫章黃先生文集卷十七：大雅堂記。

第六章　呂本中之江西宗派圖

世皆知宋代有江西詩派，然或不知江西詩派之得名，蓋源於呂本中之作圖。且此圖原本久已湮沒不傳，本中作於何時？其名稱如何？形式如何？內容如何？作圖之動機如何？自宋迄清，衆說紛紜，莫可究詰。今試爬梳載籍，抉理舊說，考其是非而論定之。釋疑祛惑，或可稍裨於來者乎！

第一節　圖之名稱

本中所作江西宗派圖，不知佚於何時，而見諸載籍者，其名稱乃有三說：或作「江西宗派圖」，或作「江西詩社宗派圖」，或作「江西詩派圖」，今迻錄於次，並辨其是非。

一、曰「江西宗派圖」者：

宋范季隨云：

家父嘗具飯，招公與呂十一郎中昆仲。呂郎中先至，過僕書室，取案間書讀。乃江西宗派圖

也。（陵陽先生室中語）

又周紫芝云：

呂舍人作江西宗派圖，自是雲門、臨濟始分矣。（竹坡詩話卷三）

又胡仔云：

呂居仁近時以詩得名，自言傳衣江西，嘗作宗派圖。……其宗派圖序數百言，大略云：「唐自李、杜之出，……。」（苕溪漁隱叢話前集卷四十八）

又曾季貍云：

東萊作江西宗派圖，……予觀其序論古今詩文，其說至矣盡矣，不可以有加矣。（艇齋詩話）

又晁公武云：

（呂本中）少學山谷為詩，嘗作江西宗派圖，行於世。（郡齋讀書志卷九：東萊集敍錄）

又楊萬里云：

江西宗派圖，呂居仁所譜，而豫章自出也。（誠齋集卷七十九：江西宗派詩序）

又周煇云：

呂居仁圖江西宗派，凡二十五人。（清波雜志卷八）

又陳振孫云：

（呂本中）撰江西宗派者，後人亦以其詩入派中。（直齋書錄解題卷二十：東萊集敍錄）

又劉克莊云：

呂紫微作江西宗派，自山谷而下凡二十六人。（後村先生大全集卷九十五：江西詩派總序）

又明胡應麟云：

呂居仁以詩得名，自言傳衣江西，嘗作宗派圖。（詩藪雜編卷五）

又清吳喬云：

呂居仁作江西宗派圖。（圍爐詩話卷五）

又清紀昀云：

呂本中嘗作江西宗派圖，宋詩之分門別戶，實自是始。（四庫全書卷一九五集部詩文評類紫微詩話提要）

二、曰「江西詩社宗派圖」者：

宋趙彥衞云：

呂居仁作江西詩社宗派圖，其略云：「……錄其名字，曰江西宗派。」（雲麓漫鈔卷十四）

又王應麟云：

江西詩社宗派圖：黃庭堅……呂本中。（小學紺珠卷四）

又清張泰來云：

猶恐世遠言湮，卽擧二十五人之姓氏，……人各立一小傳，編次成帙，名曰江西詩社宗派圖

錄。（江西詩社宗派圖錄）

三、曰「江西詩派圖」者：

清錢大昕云：

呂本中江西詩派圖，意在尊黃涪翁，並列陳後山於諸人中。（十駕齋養新錄卷十六）

又李樹滋云：

異哉！呂居仁之作江西詩派圖也，吾不知其去取之意云何？（石樵詩話卷一）

上引三說，言圖名爲「江西宗派圖」者，有范季隨等十二人。考范季隨嘗學詩於韓駒，其父與韓駒及本中兄弟常相過從；曾季貍爲本中高足（註一），此二人皆嘗親接本中謦欬者。周紫芝、胡仔年齒與本中相若（註二）；晁公武郡齋讀書志成於紹興二十一年（一一五一）（註三），且其父沖之列名此圖中；楊萬里生於高宗建炎元年（一一二七），歿於寧宗開禧二年（一二〇六）；周煇清波雜志成於光宗紹熙三年（一一九二）（註四），其從叔知和嘗與本中相過從，煇且親覩二人往還之函牘及詩。（註五）陳振孫於理宗淳祐九年（一二四九）以寶章閣待制致仕（註六）；若南宋中季此圖尚存，則上述八人或皆已目覩。不然，范季隨、曾季貍、胡仔等俱親見此圖，乃灼然無疑，故彼等之言最可信；而衆口一辭，皆曰「江西宗派圖」，是必本中作圖題名如此也。

趙彥衛雲麓漫鈔成於寧宗開禧二年（一二〇六）（註七），稱此圖爲「江西詩社宗派圖」，然所引本中原序，明云：「錄其名字，曰江西宗派。」可見「詩社」二字，乃彥衛所增。意者其時詩人組社已遍及南北，彥衛不自意而書之也。至王應麟已由宋入元（註八），未必親覩此圖。其所著小學紺珠乃分門隸事之類書，自序謂「采掇載籍，用訓童幼。」所記此圖，未錄序文一字，僅於題下注「二十五人」，接敍黃庭堅以次二十五人之姓名，而以呂本中殿其末。案胡仔漁隱叢話所引此圖無本中名，獨趙彥衛雲麓漫鈔曰「居仁其一也」，而應麟所錄適與彥衛之言合，又圖名及諸人姓名、次序皆同，可見即係采自雲麓漫鈔，非別有所本也。清張泰來作「江西詩社宗派圖錄」，序言云其所列名氏係依「王伯厚小學紺珠定本」，則圖名當亦係沿襲王氏者。又張氏復云：

> 大抵宗派一說，其來已久，實不昉自呂公也。嚴滄浪論詩體始於風雅，建安而後，體固不一。逮宋有元祐體、江西體，註云：「元祐體卽江西派。」乃黃山谷、蘇東坡、陳後山、劉後村、戴石屏之詩，是諸家已開風氣之先矣。居仁因而結社，一時壇墠所及，遂有二十五人，爰作圖以記之。

此百餘言中，謬誤有四：

㈠案滄浪詩話言詩體有元祐體及江西宗派體，元祐體下註云：「蘇、黃、陳諸公」；江西宗派體下註云：「山谷爲之宗」。張氏所謂「元祐體卽江西派」之註，其實未有。

㈡滄浪明云「元祐體」爲蘇、黃、陳諸公，張氏乃增益劉後村、戴石屏二人；不知戴復古爲南宋中期人，劉克莊爲南宋中晚期人（註九），上距元祐之世已百餘年矣。

(三)「元祐體」、「江西體」皆嚴羽之言，縱有註云「元祐體卽江西派」，仍屬嚴羽之言，非蘇、黃、陳諸公所自稱，不得云「諸家已開風氣之先」。

(四)考本中生平，無「結社」之事。張氏或深信小學紺珠之「定本」，遂沿其誤，既名此圖爲「江西詩社宗派圖」；因而以爲必有「江西詩社」。而作宗派圖者既爲居仁，則結社者當亦爲居仁也。

張氏之言，既多出耳食及臆測，其對此圖原名之疏於考證，亦無足怪矣。

至稱此圖爲「江西詩派圖」者，則僅清之錢大昕及李樹滋。其時此圖原本必早泯沒，二人不及見之，則以茫然於本名「宗派圖」之義，而習聞於「江西詩派」之名，遂信筆漫書之耳。

綜上所述，可信本中此圖本題「江西宗派圖」。宋志有江西宗派詩集（註一〇），亦可爲此圖本名之旁證。江西者，宗主黃庭堅之籍里也。本中列擧二十餘人，以爲其詩皆以山谷爲宗，因以「江西宗派」命之。諱山谷之名號，一以尊山谷，一以自誌對江西深厚之情也（說詳後）。此名既立，後代以地域冠稱學派、文派或詩派，如濂、洛、關、閩，竟陵派，桐城派，浙派詞等，乃不一而足，蓋皆本中此圖有以啓之也。至「宗派」一詞，遠承宗法制度之義：禮記大傳曰：「別子爲祖，繼別爲宗。」管子輕重己曰：「宗者，族之始也。」宗之下衍生支庶，故宗下有派。近承佛教宗派之義（註一一）：宗派者，乃有創始、有傳授、有信徒、有教義、有教規之宗教集團也。（註一二）移用於學術方面，則宗者主也，尊也；派者，派別也；有所尊而自成派別，故曰宗派。本中命名「江西宗派」，蓋於宗法及佛教二者「宗派」之義，皆有取焉。其不曰「江西詩派」，而曰「江西宗派」者，特重此派之以山谷爲宗也。其不曰「江西詩社宗派」者，以山谷生前未嘗組設詩社，山谷逝後，學其詩者亦未組社；天壤之間，本無所謂「江西詩社」也。

【附　註】

註一　詳第三章第五節。

註二　周著太倉稊米集卷二十一悶題詩下註云：「壬戌歲（紹興十二年，一一四二）始得官，時年六十一。」胡著苕溪漁隱叢話自序作於紹興十八年，有「今老矣，日以廢亡」之語。

註三　見郡齋讀書志自序。

註四　見清波雜志自序。

註五　見周著清波雜志卷八。

註六　見謝素行撰陳振孫及其直齋書錄解題第一章第一節之考證。私立中國文化學院碩士論文，民國五十八年。

註七　見雲麓漫鈔自序。

註八　王應麟卒於元成宗元貞二年（一二九六），享年七十三。見姜亮夫歷代人物年里碑傳綜表。

註九　戴復古生於孝宗乾道三年（一一六七），享年八十以上；劉克莊生於孝宗淳熙十四年（一一八七），卒於度宗咸淳五年（一二六九）。見姜亮夫歷代人物年里碑傳綜表。

註一〇　見宋史卷二〇九藝文八。

註一一　佛教之分宗立派，詳第一章第二節。

註一二　用今人湯用彤說。見氏撰論中國佛教無十宗。收入現代佛教學術叢刊中國佛教的特質與宗派，大乘文化出版社印。

第二節　圖之內容與形式

江西宗派圖之內容，今僅能於胡仔漁隱叢話及趙彥衞雲麓漫鈔二書引文中，得其彷彿。據二書所引，此圖首爲序文，次爲派中人姓名。今分別述論之。

一、序　文

胡仔曰：

其宗派圖序數百言，大略云：「唐自李、杜之出，焜燿一世，後之言詩者，皆莫能及。至韓、柳、孟郊、張籍諸人，激昂奮厲，終不能與前作者並。元和以後至國朝，歌詩之作或傳者，多依效舊文，未盡所趣。惟豫章始大出而力振之，抑揚反覆，盡兼衆體；而後學者同作並和，雖體制或異，要皆所傳者一，予故錄其名字，以遺來者。」（苕溪漁隱叢話前集卷四十八引）

原序「數百言」，而胡氏節引者僅一百一十字。

趙彥衞曰：

呂居仁作江西詩社宗派圖，其略云：「古文衰於漢末，先秦古書存者為學士大夫剽竊之資，五言之妙，與三百篇、離騷爭烈可也。自李、杜之出，後莫能及。韓、柳、孟郊、張籍諸人，自出機杼，別成一家。元和之末，無足論者，衰至唐末極矣。然樂府長短句，有一唱三歎之音。至國朝文物大備，穆伯長、尹師魯始為古文，成於歐陽氏。歌詩至於豫章始大出而力振之，後學者同作並和，盡發千古之秘，亡餘蘊矣。錄其名字，曰江西宗派，其原流皆出豫章也。」

（雲麓漫鈔卷十四）

趙氏引文較胡氏多四十餘字，而頗有差互。今試比合二文，存其所異，併其所同，以冀稍復舊觀：

古文衰於漢末，先秦古書存者為學士大夫剽竊之資；五言之妙，與三百篇、離騷爭烈可也。唐自李、杜之出，焜燿一世，後之言詩者，皆莫能及。至韓、柳、孟郊、張籍諸人，自出機杼，別成一家，激昂奮厲，終不能與前作者並。元和之末，無足論者，衰至唐末極矣。然樂府長短句，有一唱三歎之音。至國朝文物大備，穆伯長、尹師魯始為古文，成於歐陽氏。歌詩之作或傳者，多依效舊文，未盡所趣；至於豫章始大出而力振之，抑揚反覆，盡兼衆體。而後學者同作並和，盡發千古之秘，亡餘蘊矣。雖體制或異，要皆所傳者一，予故錄其名字，以遺來者，曰江西宗派，其原流皆出豫章也。

此或較近原貌，然僅二百一十九字，與「數百言」相距仍遠。曾季貍云：「予觀其序論古今詩文，其說至矣盡矣，不可以有加矣。」（註一）可知原序於魏、晉、六朝之詩文，必有評述。而其敍論兩漢、唐、宋詩文之見諸引文者，恐亦有節略，非原序之全也。外此，張泰來江西詩社宗派圖錄有云：

（呂本中）嘗序詩社宗派圖，謂詩有活法，若靈均自得，忽然有入，然後惟意所出，萬變不窮。

案本中活法之說，見於其夏均父集序（詳上章第二節），衡諸文理，竊疑不應書於江西宗派圖序中。及閱宋人俞成之文：

呂居仁嘗序江西宗派詩，若言靈均自得之，忽然有入，然後惟意所在，萬變不窮，是名活法。（螢雪叢說卷一）

乃恍然張泰來所云，實得自俞成。俞成謂本中嘗序江西宗派詩，本無根之說（註二）；張氏或心知其非，故改爲序宗派圖，而不悟其啓人疑義，尤甚於俞成之說也。

二、派中人姓名

江西宗派圖中詩人名氏，除見於苕溪漁隱叢話及雲麓漫鈔外，尚有詩人玉屑、劉克莊江西詩派序、小學紺珠、詩藪、山堂肆考、豫章志、圍爐詩話、張泰來江西詩社宗派圖錄等，亦記載諸人姓名，而小有參差。案詩人玉屑及山堂肆考係轉錄漁隱叢話，諸人次第全同，惟玉屑誤夏倪爲夏槐，山堂肆考以「何覬」爲「何顗」，並脫高荷一人。小學紺珠係采自雲麓漫鈔，前已言之。劉克莊江西詩派序謂「何人表顒、潘仲達大觀有姓名而無詩。」然何顒不見於漁隱叢話及雲麓漫鈔。又謂「派中以東萊居後山上，非也。今以繼宗派，庶幾不失紫微公初意。」案本中作圖，絕不致置己名於後山之上，可見克莊未見原圖，其所列諸人次第，恐悉出己意；爲便於作傳，故凡屬兄弟皆合而書之也。其餘明、淸人所云，則皆轉錄前人之書。然則今欲知圖中人姓名及次第，自仍宜以漁隱叢話及雲麓漫鈔爲據也。茲將此二書所載者，排比於次：

次序	漁隱叢話	雲麓漫鈔
1	黃庭堅	黃庭堅
2	陳師道	陳師道
3	潘大臨	潘大臨
4	謝逸	謝逸
5	洪芻	洪朋
6	饒節	洪芻
7	僧祖可	饒節
8	徐俯	祖可
9	洪朋	徐俯
10	林敏修	林修
11	洪炎	洪炎
12	汪革	汪革
13	李錞	李錞
14	韓駒	韓駒
15	李彭	李彭
16	晁沖之	晁沖之
17	江端本	江端本
18	楊符	楊符
19	謝薖	謝薖
20	夏倪	夏倪
21	林敏功	林敏功
22	潘大觀	潘大觀
23	何顗	王直方
24	王直方	善權
25	僧善權	高荷
26	高荷	居仁其一也

二書之不同有四：

(一)漁隱叢話列洪朋於第九，漫鈔列第五，而洪芻、饒節、祖可、徐俯四人之位次亦依次遞降。

(二)漫鈔以林敏修作林修。

(三)漁隱叢話有何覬，漫鈔無。

(四)漫鈔有呂本中，漁隱叢話無。

案洪朋等人位次之升降，無關宏旨，且文獻不足，其故亦無從深究。林修當卽林敏修，必漫鈔脫字，非別有其人也。漁隱叢話中何覬之覬，字誤，前人已多考辨，此不贅。至漫鈔中無此人，則與其增入呂本中有關。漫鈔列諸人名，於高荷之後接曰：「凡二十五人，居仁其一也。」若本中原圖嘗列己名於派中，則漁隱叢話不應脫漏；而漫鈔亦應依原圖次序迻錄，不應曰「居仁其一也。」可見原圖必無居仁；趙彥衞或以爲居仁學山谷詩，又爲宗派圖作者，豈可置身派外；然又不知究應列其名於何人之前，何人之後，故但云「居仁其一也」。然增入居仁，則溢出一人，不符原圖「二十五人」之數，遂以意變更，删去何某。而漁隱叢話中之何覬，或卽劉克莊所云之何顒，固有名而無詩者也。

趙彥衞之後，列本中於宗派圖者，有宋王應麟之小學紺珠，劉克莊之江西宗派序，及清張泰來之江西詩社宗派圖錄。趙彥衞爲自我作古，王應麟乃蹈趙氏之誤，張泰來則又承王氏之誤（見上節）。至劉克莊固已知「派中以東萊居後山上」爲非是，而不悟其所見者本非原圖，東萊本未入派中，乃逕以之列於圖末，而謂「庶幾不失紫微公初意」。其果爲紫微之「初意」乎？曰：不然。師友雜志開卷

第四條卽云：

徐俯師川，少豪逸出衆，江西諸人皆從服焉。崇寧初，見余所作詩，大相稱賞，以為盡出江西諸人右也。其樂善過實如此。

第七條又云：

居仁詩自是居仁詩也。

（謝無逸）又語外弟趙才仲云，以居仁詩似老杜、山谷，非也。杜詩自是杜詩，黃詩自是黃詩，

本中記徐俯、無逸之言於師友雜志，使傳於世，可見亦頗以其詩自負。所謂「盡出江西諸人右」，「居仁詩自是居仁詩」，是自居派外也明矣。故趙、劉二氏之以本中入圖，皆有悖本中之初衷也。

此圖除序文及詩人姓名外，是否尚有其他文字？昔人皆未言及，然不能謂其必無。范季隨云本中嘗至其書室，見案間有江西宗派圖，乃曰：「安得此書？切勿示人，乃少時戲作耳。」本中自稱此圖爲「書」，而不曰「文」，則其卷帙或不止一二頁，頗疑圖末附有各人佳作數首，以供觀覽，故得稱之爲「書」也。

宗派圖之內容，已如上述。今再論其形式。

圖乃畫物之象。今人之觀念，所謂「圖」，最簡單者亦必由數條長短不等、曲直不一、縱橫交錯之線條構成。然古人並不作如是想。江西宗派圖之形式如何？宋范季隨曰：

宗派圖本作一卷，連書諸人姓字。後豐城邑官開石，遂如禪門宗派，高下分為數等，初不爾

也。（陵陽先生室中語）

可知所謂「江西宗派圖」，不過於黃山谷之下，直書二十五人姓名；此二十五人姓名，接續相連，並無層次之分。若以今人觀念視之，稱其爲「圖」，似嫌名不副實；甚至不能稱爲「表」（因表內必有格），而僅爲一份名單而已。然在本中之前，已有此種圖形，如唐張爲之「詩人主客圖」是。惟「詩人主客圖」有所謂廣大教化主（白居易）、高古奧逸主（孟雲卿）、清奇雅正主（李益）、清奇僻苦主（孟郊）、博解宏拔主（鮑溶）、瓌奇美麗主（武元衡）等六「主」，各主之下，又分列「上入室」、「入室」、「升堂」、「及門」等不同等第之詩人多人，故雖無線條爲之區隔，然有統有序，若欲繪製圖表，咄嗟可辦，此與江西宗派圖之僅能以二十五人平列於山谷之下者，又不相侔也。至於豐城邑官刻石，一依己意，以諸人分爲高下數等，可謂好事者矣，宜乎其拓本亦不得傳也。又曾季貍云：

> 東萊作江西宗派圖，本無銓次，後人妄以為有高下，非也。……其圖則真非有銓次，若有銓次，則不應如此紊亂，兼亦有漏落，如四洪兄弟皆得山谷句法，而龜父不預，何邪！（艇齋詩話）

此言宗派圖本無銓次，益證范季隨云「連書諸人姓字」之語爲碻。然季貍以爲「其圖則眞非有銓次，若有銓次，則不應如此紊亂，兼亦有漏落。」此則未見其深思者也。倘無銓次，則依常情常理，兄弟之名必連書，僧人之名必接續，然何以三洪、二謝、二潘、二林、二僧，無一連書？潘大臨居陳師道之後，位列第三，而其弟大觀乃居第二十二；僧祖可位第七，而僧善權乃列第二十五；林敏修爲敏功之弟，而位次遠居乃兄之前；四洪兄弟，且遺落其一（註三）；江端本入派，而其兄端友不預；此而謂其無銓次，可乎？故余曰：觀圖中諸人兄弟錯列行間，儕人分居前後，及兄弟或取或捨，足見本中連書諸人姓字時，內心實有高下之分也。

【附　註】

註一　語見艇齋詩話。

註二　江西詩派總集刻於本中身後，詳第三章第四節。

註三　漁隱叢話等皆載洪朋龜父。曾季貍所云「龜父不預」，應係鴻父（洪羽）之筆誤。

第三節　列名圖中之條件

江西宗派圖傳布未久，旋遭非議。如胡仔苕溪漁隱叢話於節錄宗派圖序後，卽曰：

所列二十五人，其間知名之士，有詩句傳於世、為時所稱道者，止數人而已，其餘無聞焉，亦濫登其列。居仁此圖之作，選擇弗精，議論不公，余是以辨之。

趙彥衞、劉克莊亦云：

議者以為陳無己為詩高古，使其不死，未必甘為宗派。若徐師川則固嘗不平曰：「吾乃居行間乎？」韓子蒼云：「我自學古人。」均父又「以在下為恥。」不知居仁當時果以優劣銓次，而姑

記姓名；而紛紛如此，以是知執太史之筆者，戛戛乎難哉！（雲麓漫鈔卷十四）

派中如陳後山，彭城人；……非皆江西人也。同時如曾文清乃贛人，又與紫微公以詩往還，而不入派，不知紫微去取之意云何？當日無人以此叩之。（後村先生大全集卷九十五江西詩派總序）

迄清人張泰來、錢大昕、李樹滋等，猶衆口紛紜，以宗派圖之列名漫無標準爲疑：

考紹興初晁仲石嘗與范顧言、曾裘父同學詩於居仁，後湖居士蘇養直歌詩清腴，蓋江西之派別；坡公謂秦少章句法本黃子，夏均父亦稱張彥實詩出江西諸人，范元實曾從山谷學詩，山谷又有贈晁無咎詩：「執持荊山玉，要我雕琢之。」彼數子者，宗派既同，而不得與於後山之列，何也？（江西詩社宗派圖錄序）

後山與黃同在蘇門，詩格亦與涪翁不相似，乃抑之入江西派，誕甚矣。（十駕齋養新錄卷十六）

如不定以江西人為例，則同時秦少游亦為吳人，日與山谷唱和，胡不入派？如必以江西人為例，則同時曾文清贛人，又與居仁以詩往還，胡以又不入派？（石樵詩話卷一）

然則宗派圖之列名果漫無標準耶？世之有識者，固不信其然也。本中不云乎：「雖體制或異，要皆所傳者一。」「其原流皆出豫章也。」故凡列名圖中者，其詩必出山谷之傳。此爲基本條件，亦卽「必要條件」。至於里貫之是否江西，固無論也。然亦有具此條件，而其名不入派中者，則何以爲說？今試略析圖中諸人與本中之干係，及其彼此間之干係，藉明究竟焉。

一、陳師道

陳師道，字履常，一字無己，自號後山居士。宋徐州彭城（今江蘇銅山縣）人。後山與王直方、饒節往還甚密，後山卒，直方賻弔，且割田十頃以濟其孤。（註一）

二、二潘（大臨、大觀）

潘大臨，字邠老；弟大觀，字仲達。黃岡（今湖北黃岡縣）人。紫微詩話記邠老事四則，童蒙詩訓記邠老事一則，東萊詩集卷四有懷邠老詩二絕，可知本中與邠老情誼匪淺。觀二謝、王直方詩，知邠老與彼等亦皆有過從。又本中因邠老而與大觀交，亦理所必然。

三、二謝（逸、邁）

謝逸字無逸，號溪堂居士，臨川（今江西臨川縣）人。本中云：

謝無逸因汪信民獻書滎陽公，致師事之禮，且與予父子交。政和初，無逸至京師省試，嘗寄予書，極相推重，以為當今之世，主海內文盟者，惟吾弟一人而已。（師友雜志）

本中寄無逸詩，有「交情乃似親骨肉」之語。紫微詩話及童蒙訓、童蒙詩訓中，俱記有無逸事。饒節、洪朋、李彭等，亦皆與二謝往還。

薖字幼槃。本中云：

> 謝薖幼槃，無逸從弟，與予相聞甚久，而未相識。大觀間，幼槃下第歸臨川，始見於符離。嘗讀予詩，作詩所以推重甚至。（師友雜志）

幼槃是否亦隨其兄師事呂希哲，不詳。然全祖望以汪革及二謝同入滎陽學案。或即據前引師友雜志，而又以理推知也。

四、三洪（朋、芻、炎）

洪朋字龜父；弟芻，字駒父；弟炎，字玉父；豫章（今江西南昌市）人。山谷之甥也。又弟羽，字鴻父，未入派中。

本中師友雜志記玉父事一則，紫微詩話記龜父詩一首。謝逸、李彭、王直方等皆與龜父、駒父往還。本中是否與之遊，不詳。師友雜志云：

> 大觀間，東萊公迎侍赴真州船場，過楚州，汪信民為教官，洪玉父迎其祖母文城君赴官潁州，信民、玉父與予會飲舟中甚樂。……別後，玉父有寄予與信民四言詩。

東萊詩集中又有寄玉父詩，題曰：「山陽、寶應道中，與汪信民兄弟、洪玉父、杜子師、張益中日夕過從。自過高郵，不復有此樂也，因作此詩寄懷。」知三洪兄弟中，本中與玉父交誼獨厚也。

五、饒　節

饒節，字德操。臨川（今江西臨川縣）人，祝髮後更名如璧，自號倚松道人。德操與本中情誼甚篤。本中云：

崇寧初，予家宿州，汪信民為州教授，黎確介然初登科，依妻家孫氏居，饒德操亦客孫氏，每從予家游。三人者，嘗與予及亡弟揆中由義會課，每旬作雜文一篇，四六表啓一篇，古律詩一篇，旬終會課，不如期者，罰錢二百。（師友雜志）

師友雜志又云德操與其「相親如骨肉」，德操之爲僧，似出本中祖希哲之薦引。紫微詩話記德操事四則。東萊詩集有贈德操詩七首。

六、徐　俯

徐俯，字師川，自號東湖居士。分寧（今江西修水縣）人。母爲山谷姊。本中師友雜志謂與師川於崇寧初年相識，又曰：「徐俯師川，少豪逸出衆，江西諸人皆從服焉。」紫微詩話記師川事二則。東萊詩集卷十九挽師川詩三首，有曰：「念昔從者舊，公知我獨深。」可見二人交誼甚深。師川與韓駒、謝逸、洪芻、洪炎、李彭等，亦皆有過從。

七、二林（敏功、敏修）

林敏功，字子仁；弟敏修，字子來；蘄春（今湖北蘄春縣）人。

敏功與夏倪、謝逸善，紫微詩話記敏功贈夏倪詩二聯，謝逸溪堂集有奉懷敏功詩一首。

八、汪革

汪革，字信民，臨川人。本中云：

信民教授宿州，又師事滎陽公。嘗言：「吾平生有意於善，張、呂二公之力也。」（師友雜志）

又云信民與饒節當時嘗與本中、撰中會課，每旬作詩、雜文、四六文各一篇。（見前引）童蒙訓、紫微詩話皆記有信民軼事。東萊詩集中有贈信民詩七首。饒節、洪炎等，俱有懷信民詩。

九、李錞

李錞，字希聲。里籍不詳。

希聲與王直方、謝逸善。紹聖元年，直方赴官河內，希聲作詩送之。（註二）謝逸溪堂集補遺有懷希聲詩。

十、韓　駒

韓駒字子蒼，淯井監（今四川長寧縣北）人。

本中師友雜志記子蒼於大觀間嘗贈其外弟蔡伯世詩，本中或因此而知子蒼。又李彭日涉園集有歸來堂爲韓子蒼題及同子蒼放船南山石壁下詩二首，可知二人常有往還。

十一、李　彭

李彭，字商老，南康軍建昌（今江西永修縣）人。

本中寄商老詩有「君家兄弟固不凡」、及「只今江西二三子，可到元和六七公」之語，可知本中與商老兄弟皆熟諗，且極賞商老之詩。

十二、晁沖之

晁沖之，字叔用，一字用道，鉅野（今山東鉅野縣）人。公武其子也。本中云：

> 晁沖之叔用，文元之後，少穎悟絶人，其為詩文，悉有法度。……大觀政和間，予客京師，叔用日來相招，如不能往，即再遣人問訊。（師友雜志）

本中又有詩三題寄叔用，其一曰：

平生親愛獨諸晁，叔也相親共寂寥。半日不來須折簡，暫時相遠定相招。（東萊先生詩集卷十五：閑居感舊偶成十絕乘興有作不復銓次）

紫微詩話亦有記叔用事三則。可見二人情誼之篤。

十三、江端本

江端本，字子之，陳留（今河南陳留縣）人。本中與子之相知甚深，集中贈友人詩，以子之八首爲獨多。其奉送子之還京師詩有云：

頗懷平生友，相就語肝膈。諸江好兄弟，夫子眉最白。（東萊先生詩集卷三）

可知本中與子之兄弟皆有交誼。晁沖之亦然，集中有寄子之、子我詩五首。

十四、楊　符

楊符，字信祖。里貫不詳。本中云：

（王直方）崇寧間病廢，……托楊符信祖附來寄予書。（師友雜志）

可知信祖與本中固早相識矣。

十五、夏　倪

夏倪，初名侔，字均父，蘄州（今湖北蘄春縣）人。均父與本中及饒節、汪革善。本中有詩曰：

壁老投冠去學禪，堂堂一鼓陣無前。平生老伴唯均父，馬病途窮不著鞭。（東萊先生詩集卷十五：閑居感舊偶成十絕乘興有作不復銓次）

謂爲「平生老伴」，可見相與之深。又云：

夏倪均父，先名侔，少能文樂善，其妻又賢，使均父多從賢士大夫游。饒德操每依均父，如家也。後德操作僧，所度弟子，皆令與均父諸子聯名。（師友雜志）

紫微詩話稱均父詩「文詞富贍，儕輩少及。」本中又爲均父詩作序，倡「活法」之說。（詳上章第二節）

十六、王直方

王直方，字立之，汴州（今河南開封）人。山谷、陳師道、饒節、諸晁、夏倪、謝等皆與之善。本中云：

王直方立之，京師人。自少游前輩諸公間，諸公皆稱之。崇寧間病廢。予初未識也，立之盡以平生書籍圖畫散之故人朋友，予亦得數種，托楊符信祖附來寄予書，書不成字矣。……立之先未病時，上滎陽公書，書詞奇偉，並雜文詩兩軸，喪亂失之。予嘗答立之書，晁以道京師適見

之，極相稱賞，但言不合説得佛學太多。（師友雜志）

是可知立之與本中固早通書問矣。

十七、二僧（祖可、善權）

祖可、姓蘇，字正平，丹陽（今江蘇丹陽縣）人。善權，姓高，字巽中，靖安（今江西靖安縣）人。祖可詩爲徐俯所推（註三）。謝逸溪堂集補遺有贈善權詩。

十八、高荷

高荷，字子勉，京西（宋置路名，治河南府，即今河南洛陽。）人。與本中是否相識，無考。

十九、何覬

名誤。前人雖多考辨，未有定論。山谷云：「予因邠老故識二何。」（註四）此何某或即二何之一，然其名已不可知矣。

據上所述，除高荷、何覬（？）二人與本中之干係無可考外；餘二十三人中，本中嘗與之過從者，有二潘、二謝、洪炎、饒節、徐俯、汪革、李彭、晁沖之、江端本、楊符、夏倪、王直方等十四人，居總數三之二。餘人則與上述諸人中之某人或數人相交，本中因而聞之知之，或可謂爲間接之友人者，計陳師道、洪芻、洪朋、二林、李錞、韓駒、僧祖可、善權等九人。由此可知，列名宗派圖之標準，在其人必具左列二條件：

㈠嘗學山谷詩法。（必要條件）

㈡本中之友人或間接友人。（充要條件）

明乎此，千載之疑，可以釋然矣。蓋凡合此二條件者，本中卽以之列名圖中，固不問其人之首肯與否。至位次高下，則依本中之鑒裁而定，又不必亦不能待天下之公論也。「江西」者，以山谷之籍里為言也，非必其人為贛人也。蘇養直、秦少章、張彥實、晁無咎輩雖學山谷詩，然非本中聞見所及，故不得列名於圖。曾幾與本中以詩往還，晁仲石、范顧言、曾衮父等皆學詩於本中，然本中既未以己名入圖，自亦勿須列彼等於圖中矣。況彼等與本中往還，其時間或在本中作圖之後乎？至李樹滋謂「秦少游日與山谷唱和，胡不入派？」其語殊覺可哂，唱和者豈必為同一宗派耶？

外此尚有言者：宗派圖中諸人，除皆具上述二條件外，或尚有宗教信仰與理學淵源之因素存焉。如陳後山卽篤信佛教，多與佛徒禪師遊。有詩云：「頓悟而漸修，從此辭世故。」（註五）「平生西方願，擺落區中緣。」（註六）「少日書林頗著勳，暮年貪佛替論文。」（註七）又嘗曰：「但恨與釋氏未有厚緣，少假數年，積修香火，亦不恨矣。」（註八）可見其信佛之誠。後山又有寄答王直方詩云：「平生功名意，回作香火願。」（註九）本中答直方書，亦「說得佛學太多。」（見前引師友雜志）可信直方亦佛教中人。又汪革亦尚禪學（註一〇）；謝逸「閑居多從衲子遊，不喜對書生。」（註一一）李彭「尤究心禪典」（註一二）；此與本中宗教信仰相同者也。至理學淵源方面，二謝、饒節、汪革嘗師事本中之祖希哲，故全祖望以之入滎陽學案；徐俯師事楊時，故入龜山學案；皆與本中爲理學之同門也（註一三）。案宋代佛教盛行，理學興起（詳第一章），圖中諸人宗仰佛教與究心理學者，必不止上述數君子，然文獻不足，今已無可詳考矣。且此二因素之有無，亦不影響於其人是否列名圖中也。

【附註】

註一　見晁說之撰王立之墓誌銘，嵩山文集卷十九。
註二　見王直方詩話。
註三　見曾季貍艇齋詩話。
註四　見豫章黃先生文集卷二十：書倦殼軒詩後。
註五　見後山詩註卷三：次韻蘇公勸酒與詩。
註六　見後山詩註卷三：寄參寥。
註七　見後山詩註卷四：南軒絕句。
註八　見後山集卷十：與魯直書。
註九　見後山詩註卷四。
註一〇　見劉克莊江西詩派小序。
註一一　見冷齋夜話卷十。

註一二　見張泰來江西詩社宗派圖錄。

註一三　參見本節所列上述諸人之事蹟。又龔鵬程撰江西詩社宗派研究論宗派圖中諸人之學術關係頗詳，可參閱。

第四節　作圖之時間與動機

本中之江西宗派圖作於何時？動機爲何？至今疑不能明，已爲治詩史者之一大公案。案山谷詩蜚聲士林，學步者衆；然徽宗崇寧二年（一一〇三）之後，學者不免疑沮。蓋崇寧元年蔡京輔政，即假紹述之名，大興黨禍，是年九月，以元祐及元符末臣僚爲姦黨，立姦黨碑，請御書刻石於端禮門，東坡、山谷皆與焉。十月，詔山谷等二十五人並罷祠祿。崇寧二年三月，山谷以撰荆南承天院碑語涉謗訕，詔除名勒停，送宜州編管。四月，詔三蘇及山谷等文集、印板，悉行焚毀。十一月，詔以元祐學術政事聚徒傳授者，委監司擧察，必罰無赦。(註一)政和元年（一一一一），監察御史李彥章言經學爲先王之學，習史爲流俗之學，作詩害於經術，自陶潛至李、杜，皆爲譏詆，請詔士專意先王之學，勿流於世俗之習。詔送敕局立法，次年遂禁士習詩賦及史學。馬端臨曰：「按尊經學，抑史學，廢詩賦，此崇、觀以後立科造士之大指。其論似正矣，然經之所以獲尊者，以有荆舒之三經也。史與詩之所以遭斥者，以有涑水之通鑑，蘇、黃之酬唱也。」(註二)其言甚是。宣和六年（一一二七），蔡條因所著西淸詩話專宗蘇、黃，爲言者論詆，詔落職毀板。可見蘇、黃詩文之禁，久而愈嚴。迄高宗卽位，始弛黨禁，建炎二年（一一二八）五月，追復東坡端明殿學士；建炎四年三月，追贈山谷直龍圖閣。（註三）在政治之高壓下，學術已無自由，則自崇寧二年四月山谷詩集及印板遭毀，至高宗建炎二年前，本中似不致作江西宗派圖流布於世。縱本中特立獨行，不畏斧鉞，寧不爲他人計乎？是此圖不作於崇寧二年四月之前，必成於南渡之後也。考宋人著述，言及此事者，最早見於曾季貍之艇齋詩話及范季隨之陵陽先生室中語。曾季貍云：

予嘗見東萊自言少時率意而作，不知流傳人間，甚悔其作也。

范季隨言之尤詳：

家父嘗具飯，招公（案：指韓駒）與呂十一郎中昆仲。呂郎中先至，過僕書室，取案間書讀，乃江西宗派圖也。呂云：「安得此書？切勿示人，乃少時戲作耳。」他日公前道此語，公曰：「居仁却如此說。」

二氏所記本中之語，皆親所接聞者；且韓駒亦云本中「如此說」；則此圖作於本中少時，要無可疑。然吳曾曰：

蘄州人夏均父，名倪，能詩，與呂居仁相善。既歿六年，當紹興癸丑二月一日，其子見居仁嶺南，出均父所為詩，囑居仁序之。序言其本末尤詳。已而居仁自嶺外寄居臨川，乃紹興癸丑之夏，因取近世以詩知名者二十五人，謂皆本於山谷，圖為江西詩派，均父其一也。然則居仁作宗派圖時，均父歿已六年矣。余近覽贛州所刊百家詩選，其序均父詩，因及宗派之次第。且

云：「夏均父自言，以在下列為恥。」殊不知均父歿已六年，不及見圖；斯言之妄，蓋可知矣。（能改齋漫錄卷十議論門）

案紹興三年癸丑（一一三三），本中年已五十，其時作圖，自不得謂爲「少作」。兩說牴牾若此，遂啓後人之無數紛爭矣。今試覈其情實，辨析如次：

㈠考今傳本中著述中，於宗派圖未著一字。若圖作於紹興三年，幾近於晚年之定論，則在童蒙詩訓、紫微詩話、或師友雜志中，不應無一語及之。推原其故，唯一可以解釋者，厥惟此圖爲「少時戲作」，其後深悔之，故不復言及也。

㈡本中師友雜志謂徐俯「崇寧初，見余所作詩，大相稱賞，以爲盡出江西諸人右也。」（詳上節引文）此所謂「江西諸人」，自係指江西宗派圖中諸人。蓋本中當時隨父、祖家居宿州，以其身世，所與遊者，斷非籍屬江西而已。然則宗派圖必作於崇寧初或更早也。案崇寧元年（一一〇二）本中十九歲，焉得不謂爲「少作」乎？

㈢宗派圖中有僧三人，本中於僧祖可、善權皆不書其俗名，獨於僧如璧以俗名稱之。案師友雜志云：饒節字德操，……元符間，客知樞密院曾布子宣家，子宣遇之極厚。上皇旣踐阼，稍收用舊人，德操上子宣書，請引用蘇子瞻、黃魯直諸公，不能，卽辭去。崇寧初，客宿州，從余父祖游。後往鄧州，滎陽公使之見香嚴智月師，遂悟道祝髮，更名如璧。後游江淮間，與予家數相遇，相親如骨肉也。

又東萊詩集卷一，有符離諸賢詩云：「符離雖陋邦，賢士稍羅列。德操青雲器，議論輩前哲。」同卷又有詩題「德操充之皆約九月間見過今皆未至扶杖出門悠然有感」；此後有詩七首，則皆不稱德操，改呼「璧公」或「璧上人」，蓋作於德操祝髮爲僧之後也。由是可知宗派圖書饒節，而不稱其僧名，亦必作於饒節爲僧之前。考嘉泰普燈錄卷十二如璧禪師本傳云：

> 建炎三年四月旦書偈遺衆而逝，……世壽六十有五，夏臘二十有七。

夏臘，「又曰法臈，比丘之年歲也。比丘每歲爲九旬之安居，由其安居之數，以算法齡，稱曰法臈幾歲。」（註四），故「夏臘二十有七」，亦卽出家二十七年。以卒年逆推之，其祝髮當在崇寧元年（一一〇二）或二年，此與本中之言適合。於此又可證宗派圖之作，不能後於崇寧二年也。

(四)本中與曾幾論詩第二帖云：

> 曹子建七哀詩之類，宏大深遠，非復作詩者所能及此，蓋未始有意於言語之間也。近世江西之學者，雖左規右矩，不遺餘力，而往往不知出此，故百尺竿頭，不能更進一步，亦失山谷之旨也。（苕溪漁隱叢話前集卷四十九引）

在本中此圖流行之前，尚無人以「江西」代山谷，更無「江西詩派」，故此帖所謂「江西之學者」，當卽指江西宗派之詩人。大約其時江西宗派後繼者已多，而皆誤於成說，死守常法，規行矩步，不知新變，故本中謂彼等「亦失山谷之旨」。據曾幾云本中書此帖時，客寓桂林，時爲紹興元年辛亥（一一三一），二人年皆未五十也。又云本中詩集二十卷，係沈公雅「次第歲月」編成。（註五）今考卷十一有丁未（欽宗靖康二年，一一二七）圍城之詩；卷十二末賀州聞席大光陳去非諸公將至作詩迎之一首有「五年避地走窮荒，嶺海江湖半是鄉」之句；卷十三開端卽有初至桂州二首，及與曾幾唱和之詩，計其歲月，正紹興元年也；可證曾說不誤。是宗派圖必作於此年之前，而吳曾之說爲妄矣。

㈤本中詩集卷十四贈童堯詢蔡楠謝敏行云「七年避胡塵，無復少年事。適從嶺外歸，眼病不識字。」下接和范仲熊舜元游橘園見梅詩云：「風物粗知江左勝，瘴煙新離嶺南來。」詩當作於紹興三年，皆言甫離嶺南。下接答錢遜叔詩有云：「北風吹霜夜飛雪，江城草木凍欲折。病夫袖手無所爲，一坐臨川已三月。」可知本中自嶺外至臨川，至早當在紹興三年秋末。此又可證吳曾之說爲非矣。蓋能改齋漫錄頗有謬妄，已爲當時衆論所不滿，四庫提要云：

> 劉昌詩蘆浦筆記嘗摘其舛誤十一條，又稱其比事門中多所漏略，舉史記八事，以例其餘。趙彥衛雲麓漫鈔，亦摘其中論佛法與天地並原一條，為所學之誣妄。併稱其詬訾前賢不少，如詩人得句偶有相犯，卽以為蹈襲。及恃記博，妄有穿鑿。（四庫全書總目卷一一八子部雜家類二能改齋漫錄提要）

考宋人劉昌詩曰：「漫錄說詩門云：『山谷南還，至南華竹軒，令侍史誦詩版。』按南華在韶州，屬廣東；山谷謫宜州，屬西路，且卒於宜；而曰『南還』，何耶？」（註六）山谷貶宜州而卒於其地，寧有南還令侍史誦詩之事？其記事之誣妄如此，則所言本中作圖時間，羌無故實，其可信耶！

㈥宋人著述記江西宗派圖序文者，僅胡仔與趙彥衞之二書。此亦可證作圖甚早，流傳已稀。若作於紹興三年，則南宋諸多筆記、詩話中，何至更無他人記述？

綜上所論，本中此圖作於崇寧元年或更早，斷然無疑。從而可知紫微詩話言范元實「從山谷學詩，要字字有來處。」而宗派圖中無其人之故。蓋宗派圖在先，詩話成書在後，作圖之時，尚不悉元實學山谷爲詩；亦猶山谷明言高荷「作詩以杜子美爲標準」（註七），而本中但知其學山谷詩，故仍以之入圖也。或曰晁沖之大觀後始與本中游，何以得列名圖中？不知本中年十八侍滎陽公寓京師，歷時歲餘（註八），安知其時不已熟聞沖之之名耶！

作圖之時間既明，今請言其作圖之動機。

胡仔云：「元祐文章，世稱蘇、黃。」（註九）本中之童蒙詩訓亦屢以蘇、黃並擧：

自古以來，語文章之妙，廣備衆體，出奇無窮者，唯東坡一人；極風雅之變，盡比興之體，包括衆體，本以新意者，唯豫章一人；此二者當永以為法。

老杜歌行與長韻律詩，後人莫及；而蘇、黃用韻下字用故事處，亦古所未到。

讀莊子，令人意寬思大敢作；讀左傳，使人入法度，不敢容易；此二書不可偏廢也。近世讀東坡、魯直詩，亦類此。

可見本中於蘇、黃無所輕重。而元祐間學蘇詩者亦衆（註一〇），何以本中獨爲山谷立派？蓋本中對江西之情分特深也。據其侄孫呂祖謙云：

先君子嘗誨某曰：「吾家全盛時，與江西諸賢特厚。文靖公與晏公戮力王室，正獻公靜默自守，名實加於上下，蓋自歐陽公發之。平生交友如王荊公、劉侍讀、曾舍人，屈指不滿十。雖中間以國論與荆公異同，元豐末守廣陵鍾山，猶有書來，甚惓惓；且有絶江款郡齋之約，會公召歸乃止。已而自講筵還政路，遂相元祐，二劉、三孔、曾子開、黄魯直諸公，皆公所甄敍也。侍講於荆公乃通家子弟，李泰伯入汴，亦嘗講繹焉。聖紹後，始與李君行游。晚節居黨籍，右丞以筦庫之祿養親，雖門可設雀羅，然四方有志之士，多不遠千里從公。謝無逸、汪信民、饒德操自臨川至，奉几杖侍左右，如子姪；退見右丞，亦卑抑嚴事；不敢用鈞敵之禮。舍人以長孫應接賓客，三君一見，折輩行為忘年交，談賞篇什，聞於天下。是時吾家筐筥瑣碎，僮僕能言，諸名勝無不諳悉。南渡以來，此事便廢。紹興初，寇賊稍定，舍人與諸父相扶携出桂嶺，過臨川，訪舊皆隔死生，慨然太息。乃收聚故人子弟曾獬父、裘父輩，與吾兄弟共學，親指畫，孳孳不怠；既又作詩勉之，今集中寄臨川聚學諸生數詩是也。自秦氏專國，風俗日益隘陋，吾几案間無江西書札久矣。蓋江西人物之盛衰，觀人文者將於此乎考。而吾家江西賢士大夫之疎密，亦門戸興替之一驗也。」言畢，復蹙然久之。某再拜識之，不敢忘。（東萊集卷七：題伯祖紫微翁與曾信道手簡後）

可知呂氏自本中高祖夷簡起，歷經五世，皆與江西諸賢特厚。本中少時即與臨川二謝、汪、饒等人爲忘年交，諳悉江西人物風土；山谷爲江西人，又嘗爲本中曾祖公著所甄拔；故本中對江西、對山谷皆有特殊感情，與到筆隨，遂作此圖，所謂「少時戲作」，殆不虛也。倘作於行年五十之時，其動機自非「戲作」，而必出於對「江西宗派」之「使命感」，希冀此一頁重要詩史，不致隨時光之流逝而湮沒；則其對何人宜列名圖中，亦必博采愼思，絕不致以一己之少時交遊爲限也。以本中之文章道德，若謂五十之作，而銓取不善如此，此理之所必無也。後人或謂本中「少時戲作」之言，爲「黨東萊者創此說以蓋時論」（註一二），乃純屬臆測之詞，不足與辯矣。（註一三）

【附　註】

註一　參閱第一章第一節。

註二　見文獻通考卷三十一選舉四。

註三　見增入名儒講義皇宋中興聖政。

註四　見丁福保編佛學大辭典頁一七一五，天華出版公司。

註五　見曾幾東萊先生詩集後序。

註六　見蘆浦筆記卷三。

註七　見豫章黃先生文集卷二十六：跋高子勉詩。

註八　見師友雜志。

註九　見苕溪漁隱叢話前集卷四十九。

註一〇　劉克莊後村詩話云：「元祐後詩人迭起，不出蘇、黃二體。」

註一一　見宋周煇清波雜志卷八。

註一二　此文草就後，承同窗林慶彰教授之介，獲覩大陸學者莫礪峯先生著江西詩派研究，有關宗派圖之考辨，

第七章　結　論

東萊呂氏，自本中七世祖夢奇以下，滿門公卿，累世名儒。蒙正、夷簡、公著三世宰執，輔翼四朝，並爲名相。公弼仕神宗樞密使，公孺官哲宗戶部尚書，其餘爲學士、爲藩鎭者，不知凡幾。本中父好問，任欽宗御史中丞、兵部尙書，高宗尙書右丞。從父二人爲安撫使。此一家族衣冠之盛，聲名之隆，載籍以來，未之有也。政治地位如此，學術方面亦然：呂氏爲理學世家，文獻世家。公著年三十餘卽負重名，與歐公、荆公、二程往來最契。希哲遍遊當世大儒之門，參融諸家，致其廣大，遂爲士林所宗仰，父子並爲宋元學案之學宗。好問得家學之傳，又歷從當世賢大夫遊，徽宗末年，學者間流行口語云：「南有楊中立，北有呂舜徒。」可見好問名望之重。呂氏一門，自公著至本中，登宋元學案者四世十二人，二十學案。故就本中之家世背景言，歷代學者、詩人，罕有倫比。而此與「江西宗派圖」之流行，所關者鉅。

本中初以元祐子孫不得仕進，繼因不附秦檜，飲恨罷官，無以展其經世之長才；然自幼得父祖指授，長而問學於楊時、游酢、尹焞等，理學乃卓然名家，亦爲宋元學案之學宗。南渡後，北方之學中絕，而本中獨得中原文獻之傳，至有謂其「議論文章，字字皆是中原諸老一、二百年醞釀相傳而得者。」(註一)其爲時所重如此。理學之外，本中復精於詩學。曾幾謂本中之詩，「不在陳無己下」(註二)。方回云：

> 宋以後山谷一也，後山二也，簡齋為三，呂居仁為四，曾茶山為五。其他與茶山伯仲亦有之，此詩之正派也。餘皆傍支別流，得斯文之一體者也。(瀛奎律髓卷十六節序類)

本中以詩名世，迨流寓江南，有千里來學者；曾幾亦嘗問以作詩之法。惜乎其詩無人爲之箋注，故元、明之後，日趨沈晦。世不惟不知其詩，於其詩學理論之精義與價值，並亦茫然不曉矣。

學詩須能悟入，而本中爲悟入說之作始者或先驅。作詩當識活法，而本中爲活法說之首倡者。對如何悟入，何謂活法，及如何獲致活法，本中皆言之綦詳，教作詩之秘奧，度後學以金鍼。宋以後論學詩者，莫不言「悟」與「法」，蓋本中有以啓之也。探本溯源，本中爲不朽矣。

本中之「江西宗派圖」，原屬一時戲作，然呂氏門生故吏遍天下，「天下之士，不出於韓，即出於呂。」(註三) 凡呂氏之著，必爭相傳觀。則此圖之不脛而走，又可知也。此圖流傳於世後，影響至爲深遠。舉其大者，蓋有三端：

其一，「江西宗派」本無其名，更無其實。此圖傳布，後學者乃翕然以山谷爲宗，競相步趨，江西宗派遂籠罩南宋詩壇；而宋詩之特殊風貌，因以樹立。

其二，考諸往史，以衆多詩人類合爲一，並賦予一詩派之專名，「江西宗派圖」實肇其始。前此載籍，未之見也。若無此圖，吾國文學史上是否有所謂「江西詩派」，殆爲疑問。甚而「田園」、「

邊塞」、「四靈」、「江湖」、「公安」、「竟陵」、「同光」……等詩派、文派之名，是否可見諸於後世之文學批評中？吾人雖不能斷其必無，亦不能信其必有。而以詩人文士歸類分派，乃後代文學批評重要方法之一。是則本中創始之功，不可謂小矣。

其三，宋世之詩，蘇、黃、王各占一體；宋人普聞云：

> 老杜之詩，備於衆體，是為詩史。近世所論，東坡長於古韻，豪逸大度；魯直長於律詩，老健超邁；荊公長於絶句，閑暇清癯；其各一家也。（詩論）

故本中謂黃詩「抑揚反覆，盡兼衆體。」胡仔卽不以爲然。而坡公詩文兼擅，掩映前古；山谷未成名前，坡公文名已如日中天。宋王偁云：

> 始庭堅與秦觀、張耒、晁補之皆游蘇軾之門，號四學士。而庭堅於文章特長於詩，獨江西君子以庭堅配蘇軾，謂之蘇、黃云。（東都事略卷一一六）

可見山谷與東坡齊名，事在江西宗派圖問世之後，而當時尚有非之者。又王世貞云：「蘇長公之詩，在當時天下爭趨之，若諸侯王之求封於西楚。……至其後則若垓下之戰，正統離而不再屬。」（註四）是坡公由盛而衰，尤在江西宗派大張赤幟之後。故山谷爲宋詩之盟主，實此圖有以成之。本中誠山谷之功臣也哉！

本中之詩，居宋人第四；其詩論與江西宗派圖，皆具開闢之功，影響於後世者至鉅。有一於此，已足不朽。然則今之學詩者，其可不知呂本中耶！

【附　註】

註一　語見韓淲澗泉日記。

註二　語見茶山集拾遺東萊先生詩集後序。

註三　語見邵伯溫聞見錄卷三。

註四　見汪著讀書後卷四書蘇詩後。

重要參考書目

一

東萊詩集	宋呂本中	四庫全書本
東萊先生詩集	宋呂本中	商務印書館四部叢刊本
東萊先生詩集及補遺	宋呂本中	袁氏手抄本
師友雜志	宋呂本中	新文豐公司叢書集成本
童蒙訓	宋呂本中	四庫全書本
童蒙詩訓	宋呂本中	宋詩話輯軼本
柴微詩話	宋呂本中	新文豐公司叢書集成本
紫微詞	宋呂本中	校輯宋金元人詞七十一種
官箴	宋呂本中	四庫全書本
紫微雜說	宋呂本中	四庫全書本
紫微雜記	宋呂本中	說郛本

軒渠集　宋呂本中　說郛本

春秋集解　舊題宋呂本中　通志堂經解本

呂氏雜記　宋呂希哲　四庫全書本

二

二十五史補編　開明書店

史記　漢司馬遷　鼎文書局

漢書　漢班固等　鼎文書店

晉書　唐房玄齡等　鼎文書局

隋書　唐魏徵等　鼎文書局

舊唐書　後晉劉昫等　鼎文書局

新唐書　宋宋祁、歐陽脩　鼎文書局

宋史　元脫脫　鼎文書局

資治通鑑　宋司馬光　洪氏出版社

續資治通鑑長編　宋李燾　四庫全書本

皇宋通鑑長編紀事本末　宋楊仲良　商務印書館宛委別裁本

續宋編年資治通鑑　宋劉時舉　四庫全書本

續資治通鑑	清畢沅	文光出版社
九朝編年備要	宋陳均	四庫全書本
古今紀要	宋黃震	四庫全書本
增入名儒講義皇宋中興聖政	宋留正	商務印書館宛委別裁本
通志	宋鄭樵	新興書局
文獻通考	元馬端臨	中文出版社
續文獻通考	清劉錦藻	新興書局
宋史全文	元不著撰人	四庫全書本
宋史紀事本末	明馮琦編陳邦瞻增輯	世界書局四庫薈要本
宋史新編	明柯維琪	新文豐公司
宋史翼	清陸心源	文海出版社
宋會要輯稿	清徐松	世界書局
宋朝事實	宋李攸	四庫全書本
南宋書	明錢士升	日本進修館刊本
南宋書	清蔣超伯	聯經出版公司
建炎以來朝野雜記	宋李心傳	商務印書館叢書集成初編

靖康要錄	宋不著撰人	四庫全書本
三朝北盟會編	宋徐夢莘	四庫全書本
東都事略	宋王禹偁	四庫全書本
宋宰輔編年錄	宋徐自明	四庫全書本
三朝名臣言行錄	宋朱熹	商務印書館四部叢刊本
五朝名臣言行錄	宋朱熹	商務印書館四部叢刊本
宋名臣言行錄	宋李幼武纂	四庫全書本
南宋館閣錄	宋陳騤	四庫全書本
宋名臣奏議	宋趙汝愚編	四庫全書本
名臣碑傳琬琰集	宋杜大珪	四庫全書本
名賢氏族言行類稿	宋章定	四庫全書本
陳後山年譜	鄭師因百	聯經出版公司
元祐黨籍碑考	明海瑞	新文豐公司叢書集成本
歷代黨鑑	清徐貴	廣文書局
宋人軼事彙編	丁傳靖	源流出版社
宋人生卒考示例	鄭師因百	華世出版社

宋史	黎傑	九思出版公司
宋史	方豪	華岡出版部
宋史試析	林天蔚	商務印書館
宋代史事質疑	林天蔚	商務印書館
宋史新探	蔣復璁	正中書局
兩宋史研究彙編	劉子健	聯經出版公司
國史舊聞	陳登原	明文書局
中國社會政治史	薩孟武	三民書局
水經注	後魏酈道元	商務印書館四部叢刊本
元和郡縣志	唐李吉甫	四庫全書本
太平寰宇記	宋樂史	四庫全書本
輿地廣記	宋歐陽忞	四庫全書本
齊乘	元于欽	清乾隆四十六年重刻本
明一統志	明李賢	四庫全書本
河南郡志	明陳宣等纂修	明弘治十二年刊本
壽州志	明栗永祿等修	嘉靖二十九年刊本

元和姓纂　唐林寶　四庫全書本
元和姓纂四校記　岑仲勉　臺聯國風出版社
萬姓統譜　明淩迪知　新興書局
呂氏宗譜　呂賢銘修　旌德呂氏續印宗譜、民六年刊本

三

老子　河洛出版社
莊子集釋　清郭慶藩　河洛出版社
管子　唐房玄齡注　中華書局四部備要本
論衡校釋　黃暉校注　商務印書館
張子全書　宋張載　四庫全書本
皇極經世書　宋邵雍　四庫全書本
周元公集　宋周敦頤　四庫全書本
近思錄　宋朱熹、呂祖謙　四庫全書本
二程遺書　宋朱熹編　四庫全書本
二程外書　宋朱熹編　四庫全書本
伊洛淵源錄　宋朱熹　新文豐公司叢書集成本

性理大全書	明胡廣等	四庫全書本
王文成全書	明王陽明	四庫全書本
宋元學案	明黃宗羲、淸全祖望	商務印書館萬有文庫薈要本
宋元學案補遺	淸王梓材、馮雲濠	四明叢書本
漢學商兌	淸方東樹	廣文書局
宋明理學概述	錢穆	文化大學
中國哲學史	馮友蘭	不詳
中國哲學原論	唐君毅	新亞書院
中國哲學史	勞思光	香港中文大學
理學纂要	蔣伯潛	正中書局
宋學概要	夏君虞	華正書局
理學綱要	呂思勉	華正書局
宋明理學	蔡仁厚	學生書局

四

金剛經注	晉僧肇	中國佛教會景印續藏經
肇論疏	晉達慧	中國佛教會景印續藏經

高僧傳　梁釋慧皎撰　大藏經
弘明集　梁釋僧佑編　四庫全書本
頓悟入道要門論　唐慧海　中國佛教會景印續藏經
五燈會元　宋普濟編　中國佛教會景印續藏經
大慧普覺禪師書　宋慧然錄　大藏經第四十七册
六祖大師法寶壇經　元宗寶編　中華佛教文化館景印大藏經
佛祖歷代通載　元會常編　中國佛教會景印續藏經
歷代釋氏資鑑　元熙仲編　中國佛教會景印續藏經
釋氏稽古略　明覺岸編　中國佛教會景印續藏經
中國佛教研究史　梁啓超　佛教出版社
漢魏兩晉南北朝佛教史　湯用彤　鼎文書局
中國佛教史　蔣維喬　莊嚴印書館
中國佛教史　黃懺華　河洛出版社
中國佛學源流略講　呂澂　九思出版公司
中國佛教之歷史研究　陳垣　九思出版公司
中國佛教史籍概論　陳垣　三人出版社

隋唐佛教宗派研究　顏尚文　新文豐公司
佛教史年表　釋慈怡　佛光出版社

五

涑水記聞　宋司馬光　四庫全書本
澗泉日記　宋韓淲　新文豐公司叢書集成本
蘆浦筆記　宋劉昌詩　四庫全書本
蒙齋筆談　宋鄭景望　新文豐公司叢書集成本
嬾眞子　宋馬永卿　四庫全書本
雲麓漫鈔　宋趙彥衞　四庫全書本
碧鷄漫志　宋王灼　新文豐公司叢書集成本
能改齋漫錄　宋吳曾　四庫全書本
老學庵筆記　宋陸游　新文豐公司叢書集成本
却埽編　宋徐度　四庫全書本
聞見錄　宋邵伯溫　四庫全書本
揮麈錄　宋王明清　四庫全書本
玉照新志　宋王明清　四庫全書本

北溪字義	宋陳淳	四庫全書本
青箱雜記	宋吳處厚	新文豐公司叢書集成本
梁谿漫志	宋費袞	四庫全書本
清波雜志	宋周煇	四庫全書本
避暑錄話	宋葉夢得	四庫全書本
曲洧舊聞	宋朱弁	四庫全書本
癸辛雜識	宋周密	四庫全書本
五總志	宋吳坰	四庫全書本
小學紺珠	宋王應麟	四庫全書本
輟耕錄	元陶宗儀	四庫全書本
山堂肆考	明彭大翼	四庫全書本
說郛	清陶珽重編並續	清順治四年兩浙督學李際期刊本
池北偶談	清王士禎	清康熙三十九年臨汀郡署刊本

六

全上古三代秦漢三國六朝文	清嚴可均輯	宏業書局
漢魏六朝百三家集	明張溥	四庫全書本

全唐文及拾遺	清董誥等編陸心源補輯	大化書局
唐詩別裁	清沈德潛	商務印書館
宋文鑑	宋呂祖謙編	四庫全書本
紀批瀛奎律髓	元方回	佩文書社
兩宋名賢小集	宋陳思、元陳世隆	四庫全書本
宋詩鈔	清吳之振	商務印書館
宋詩紀事	清厲鶚編	中華書局
宋詩紀事補遺	清陸心源輯	中華書局
宋詩精華錄	石遺老人評點	廣文書局
宋詩選註	錢鍾書	木鐸出版社
宋詩三百首	金性堯	文津出版社
花菴詞選	宋黃昇	四庫全書本
全宋詞	唐圭璋編	盤庚出版社
校輯宋金元人詞七十一種	趙萬里編	中研院史語所印
駱丞集	唐駱賓王	新文豐公司叢書集成本
李白集校注	瞿蛻園等注	九思出版公司

李翰林分體全集	明劉少彝編	萬曆間平原劉氏刊李杜集合刻本
杜詩鏡銓	清楊倫注	里仁書局
分門集注杜工部詩	唐杜甫	商務印書館四部叢刊本
韓昌黎集	唐韓愈	河洛出版社
李文公集	唐李翺	四庫全書本
王右丞集	唐王維	商務印書館四部叢刊本
白氏長慶集	唐白居易	商務印書館四部叢刊本
溫飛卿詩集箋注	明曾益注清顧予咸補	四庫全書本
李義山詩集注	清朱鶴齡注	學生書局
韋江州集	唐韋應物	商務印書館四部叢刊本
儲光羲詩集	唐儲光羲	四庫全書本
溫國文正司馬公文集	宋司馬光	商務印書館四部叢刊本
歐陽脩全集	宋歐陽脩	華正書局
徂徠集	宋石介	四庫全書本
臨川先生文集	宋王安石	商務印書館四部叢刊本
蘇學士文集	宋蘇舜欽	商務印書館四部叢刊本

嘉祐集　宋蘇洵　四庫全書本
東坡全集　宋蘇軾　四庫全書本
東坡七集　宋蘇軾　中華書局四部備要本
集註分類東坡先生詩　宋王十朋編　四庫全書本
東坡題跋　宋蘇軾　新文豐公司叢書集成本
山谷全集　宋黃庭堅　中華書局四部備要本
豫章黃先生文集　宋黃庭堅　商務印書館四部叢刊本
山谷外集詩注　宋任淵等注　商務印書館四部叢刊本
山谷詩外集補　宋黃庭堅　新文豐公司叢書集成本
山谷詩別集補　宋黃庭堅　新文豐公司叢書集成本
山谷題跋　宋黃庭堅　新文豐公司叢書集成本
後山集　宋陳師道　中華書局四部備要本
後山詩註　宋任淵注　商務印書館四部叢刊本
陳簡齋詩集合校彙注　鄭師因百校注　聯經出版公司
二程文集　宋程顥、程頤　四庫全書本
謝幼槃文集　宋謝邁　新文豐公司叢書集成本

誠齋集	宋楊萬里	商務印書館四部叢刊本
石門文字禪	宋洪覺範	商務印書館四部叢刊本
拙齋文集	宋林之奇	四庫全書本
晦菴集	宋朱熹	四庫全書本
渭南文集	宋陸游	四庫全書本
劍南詩稿	宋陸游	中華書局四部備要本
大倉稊米集	宋周紫芝	四庫全書本
日涉園集	宋李彭	四庫全書本
姑溪居士集	宋李之儀	四庫全書本
文定集	宋汪應辰	四庫全書本
樂全集	宋張方平	四庫全書本
晁具茨先生詩集	宋晁沖之	新文豐公司叢書集成本
古靈集	宋陳襄	四庫全書本
華陽集	宋張綱	四庫全書本
浮溪集	宋汪藻	商務印書館四部叢刊本
東萊集	宋呂祖謙	四庫全書本

東萊別集	宋呂祖謙	四庫全書本
文忠集	宋周必大	四庫全書本
西山文集	宋眞德秀	四庫全書本
南澗甲乙稿	宋韓元吉	四庫全書本
鴻慶居士集	宋孫覿	四庫全書本
燭湖集	宋孫應時	四庫全書本
橫浦集	宋張九成	四庫全書本
孫明復小集	宋孫復	四庫全書本
雪山集	宋王質	四庫全書本
後村先生大全集	宋劉克莊	商務印書館四部叢刊本
遺山先生文集	金元好問	商務印書館四部叢刊本
雪樓集	元程鉅夫	四庫全書本
讀書後	明王世貞	四庫全書本
惜抱軒文集	清姚鼐	商務印書館四部叢刊本
鮚埼亭集	清全祖望	商務印書館四部叢刊本
西河集	清毛奇齡	四庫全書本

苦瓜和尚畫語錄	清釋道濟	新文豐公司叢書集成本
東莊論畫	清王昱	美術叢書初集第二輯

七

文化雕龍注	范文瀾注	粹文堂
詩品注	汪中注	正中書局
皎然詩式輯校新編	許清雲	文哲史出版社
歷代詩話	清何文煥	藝文印書館
續歷代詩話	丁仲祜	藝文印書館
詩話叢刊（增訂螢雪軒叢書）	朱道序	弘道文化公司
百種詩話類編	臺師靜農編	藝文印書館
現存唐人詩格著述初探	許清雲	東吳大學碩士論文
苕溪漁隱叢話	宋胡仔	廣文書局
詩人玉屑	宋魏慶之	九思出版公司
竹莊詩話	宋何谿汶	四庫全書本
餘師錄	宋王正德	四庫全書本
滄浪詩話校釋	郭紹虞校釋	東昇出版公司

文章精義	舊題宋李耆卿	四庫全書本
詩林廣記	宋蔡正孫	廣文書局
螢雪叢說	宋俞成	百川學海本
後村詩話	王秀梅點校	中華書局
姜氏詩說	宋姜夔	新文豐公司叢書集成本
宋詩話輯佚	郭紹虞	華正書局
宋詩話考	郭紹虞	漢京文化公司
詩法源流	元傅與礪	廣文書局
唐音癸籤	明胡正亨	木鐸出版社
詩　藪	明胡應麟	廣文書局
圍爐詩話	清吳喬	廣文書局
昭昧詹言	清方東樹	不詳
石遺室詩話	清陳衍	商務印書館
箋注隨園詩話	雷瑨注	鼎文書局
甌北詩話	清趙翼	廣文書局
清詩話	丁福保	藝文印書館

清詩話續編　郭紹虞　木鐸出版社

八

文學概論　王師夢鷗　藝文印書館
中國文學批評史　羅根澤　龍泉書屋
中國文學批評史　郭紹虞　明倫出版社
中國文學批評史大綱　朱東潤　開明書店
中國文學發展史　劉大杰　華正書局
北宋文學批評資料彙編　黃啓方編　成文出版社
南宋文學批評資料彙編　張　健　成文出版社
中國文學理論史　王金凌　華正書局
宋代文學　呂思勉　商務印書館
宋文學史　柯敦伯　商務印書館
宋詩概說　吉川幸次郎著鄭清茂譯　聯經出版公司
宋詩研究　胡雲翼　宏業書局
宋詩派別論　梁　昆　東昇出版公司
黃庭堅和江西詩派卷　傅璇琮　九思出版公司

景午叢編	鄭師因百	中華書局
高明文輯	高師仲華	黎明出版公司
兩宋文史論叢	黃啓方	學海出版社
中國詩律研究	王了一	文津出版社
談藝錄	錢鍾書	野狐出版社
詩詞散論	繆　鉞	開明書店
邃加室講論集	蘇文擢	文史哲出版社
中國文學批評論集	張　健	天華出版公司
古典詩的形式結構	張師夢機	尚友出版社
禪學與唐宋詩學	杜松柏	黎明文化公司
方虛谷之詩及其詩學	許清雲	東吳大學博士論文
江西詩社宗派研究	龔鵬程	文史哲出版社
詩史本色與妙悟	龔鵬程	學生書局
呂東萊之文學與史學	劉昭仁	文史哲出版社
韓文公闢佛的研究	黎光蓮	師大博士論文
唐代詩歌與佛家思想	黎金剛	師大博士論文

歷代詩論中法的觀念之探究　林正三　臺大碩士論文
唐人絕句研究　黃盛雄　文史哲出版社
黃山谷的交遊及作品　張秉權　香港中文大學
江西詩派研究　黃礪峯　齊魯書社

九

直齋書錄解題　宋陳振孫　中文出版社
郡齋讀書志　宋晁公武　中文出版社
遂初堂書目　宋尤袤　廣文書局
菉竹堂書目　明葉盛　成文出版社書目類編本
十萬卷樓叢書　清陸心源　廣文書局
國史經籍志　明焦竑　廣文書局
內閣藏書目錄　明張萱　廣文書局
崇文總目輯釋　清錢侗　廣文書局
中興館閣書目　清陳騤　成文出版社書目類編本
四庫全書總目提要　清紀昀等　商務印書館
皕宋樓藏書志　清陸心源　廣文書局

經義考　清朱彝尊　四庫全書本

湖北金石志　清張仲炘輯　新文豐公司石刻史料新編第一輯

初唐詩學著述考　王師夢鷗　商務印書館

藏園羣書題記　傅增湘　廣文書局

後記

此書於三年前撰就，自知不免瑕疵，復以交打字行油印成册後，亦有脫漏訛誤，遂束諸書櫃，擬俟得暇時逐字校讀一過，並於未盡處略事修正，再付剞劂。不意教學繁忙，而此事非屬急切，昕夕相對，竟視若無覩。友朋偶或詢及，輒漫應之。去夏報載新聞局擧辦「重要學術專門著作」之評審，將遴選優良學術著作補助出版，內子謂何妨一試；乃匆匆讎校，補正脫誤，於截稿之日送出。倖獲選取，評語且多溢美之辭；而出版時間則有統一期限。余疏懶成性，此書之面世，實全賴新聞局之資助與督促。較之舊作楊萬里研究稿置篋中，歷十餘年未再啓閱，此書亦云幸矣。然於初稿無暇增刪，禍及梨棗，終覺耿耿耳。

書樣二校時，適 潘師石禪莅校課徒，遂持之面請 教益，蒙欣然 賜予題耑，感激無似，謹此敬申謝悃。

歐陽炯
八十一年六月二十日
於臺北士林外雙溪畔